DE L'ESCLAVAGE

A

MADAGASCAR

PAR

Ed.-C. ANDRÉ

DOCTEUR EN DROIT

AIDE-COMMISSAIRE DES COLONIES

PARIS
LIBRAIRIE NOUVELLE DE DROIT ET DE JURISPRUDENCE
ARTHUR ROUSSEAU, ÉDITEUR
14, RUE SOUFFLOT ET RUE TOULLIER, 13
1899

DE
L'ESCLAVAGE A MADAGASCAR

DE
L'ESCLAVAGE
A
MADAGASCAR

PAR

Ed.-C. ANDRÉ

DOCTEUR EN DROIT

AIDE-COMMISSAIRE DES COLONIES

PARIS

LIBRAIRIE NOUVELLE DE DROIT ET DE JURISPRUDENCE

ARTHUR ROUSSEAU, ÉDITEUR

14, RUE SOUFFLOT ET RUE TOULLIER, 13

1899

AU COMITÉ DE MADAGASCAR

A MESSIEURS LES MEMBRES D'HONNEUR;

A MESSIEURS LES MEMBRES DU BUREAU;

A MESSIEURS LES MEMBRES DU CONSEIL;

J'ai l'honneur de dédier cette étude, écrite sans prétention, sur un sujet que la discussion envenime. Tribut d'admiration d'un Colonial pour l'œuvre éminemment colonisatrice entreprise en France et poursuivie à Madagascar, sous les auspices bienfaisants du Comité, par tous ceux qui ont à cœur de défendre les intérêts métropolitains dans la France Orientale.

Ed.-C. André.

Juin 1899.

DE LA CONDITION DE L'ESCLAVE

DANS LA SOCIÉTÉ MALGACHE AVANT L'OCCUPATION FRANÇAISE

ET DE L'ABOLITION DE L'ESCLAVAGE

INTRODUCTION

> Lorsque j'ai voulu traiter cette question de l'esclavage des Nègres, je me suis adressé d'abord à ma conscience, qui m'a assuré que c'étoit une malheureuse institution, et qu'on ne pouvoit la défendre sans condition. — Voilà mon excuse pour les colons. Soutenir d'une manière absolue la nécessité, la justice de la servitude des noirs ! j'aurois frémi d'en concevoir le projet. Il n'y a qu'un examen réfléchi des rapports de cet état de servitude à l'intérêt national, et des suites désastreuses de sa dissolution qui présente des motifs justes et suffisans pour la maintenir.
>
> MALOUET, Gouverneur de la Guyane (1).

C'était au milieu de l'année 1896. Depuis quelque temps déjà, nous occupions Madagascar et la question de l'abolition de l'esclavage se posait.

Cette abominable institution fonctionnait encore dans la France orientale malgré les louables efforts de quelques âmes généreuses. On se demandait anxieusement si nous

---

(1) Malouet, p. 5. *Mémoire sur l'esclavage des nègres*, dans lequel on discute les motifs proposés pour leur affranchissement, ceux qui s'y opposent, et les moyens praticables pour améliorer leur sort. (Neufchâtel, 1788).

resterions impuissants à la détruire ou indifférents à sa marche. Les hommes à la tête du pouvoir étaient harcelés de questions et de plaintes.

Ces récriminations douloureuses finirent par émouvoir la masse de la Nation et gagner l'enceinte du Parlement où des esprits avisés osèrent élever la voix pour les combattre, les annihiler, affronter la colère de la majorité et la supplier de se garder des entraînements dangereux que déchaîne inévitablement la sonorité ronflante de certains mots à effets.

Et nous, à Madagascar, pénétrés de la haute importance de la question, arrivés d'hier et pourtant déjà gagnés à cette horrible institution de par la nature même de son fonctionnement et l'examen des avantages politiques et économiques qu'elle assurait momentanément à la Grande Ile, persuadés que l'œuvre essentiellement colonisatrice entreprise par la France en dépendait, nous étions confiants en la sagesse du Parlement.

Toutefois qu'on ne se méprenne pas. Ainsi que l'affirme Malouet : « A Dieu ne plaise que j'essaie ici de consacrer l'esclavage, et de le réduire en principes ! Il est, il sera toujours une violation du droit naturel dans la personne de celui qui le connoit et le respecte (1). »

Mais n'oublions pas que cette institution d'un autre âge qui maintenant nous est devenue odieuse parce que nous la considérons non seulement comme nuisible mais encore comme inutile, fut en réalité une fonction indispensable qui permit aux races les mieux douées, de franchir les principales étapes du progrès. Avant de désirer bouleverser la société malgache pour la reconstruire

---

(1) Malouet : *Mémoire sur l'esclavage des nègres*, p. 25.

à l'image des nations civilisées, il aurait peut-être été sage et prudent d'examiner à quelle étape se reposait ce groupe, et si le maintien provisoire de l'institution barbare de l'esclavage ne lui convenait pas mieux que sa suppression immédiate. Nous croyons avec Roscher que « l'injustice sociale de l'esclavage a fait perdre de vue ses avantages économiques »; on est allé trop vite. Pénétrés de la grande supériorité du travail libre sur le travail servile, nous n'avons point remarqué la grande étendue de sol fertile non approprié que renferme notre nouvelle possession, et nous ne nous sommes point demandé si l'offre de travail libre répondrait à la demande au jour de la disparition légale de la servitude. Cette réflexion cependant avait son importance (1).

D'autre part, ignorants de la véritable situation des esclaves, avec notre esprit prompt à généraliser, sans données sérieuses et sans aucune certitude, nous avons confondu l'esclavage malgache avec l'esclavage africain que nous nous efforçons de combattre, peut-être parce que nous ne connaissons que les terribles conséquences de son fonctionnement, la traite. Puis nous l'avons comparé sans

---

(1) Note : « Il arrive très malheureusement, constate M. Leroy-Beaulieu, que cette offre du travail libre n'existe pas dans les colonies où il y a une grande étendue de sol fertile non approprié. Alors les hommes libres dédaignent le salaire, si considérable qu'il puisse être, et se dispersent sur cette vaste étendue déserte, y cultivant de petits champs qui, en retour de quelques heures de travail par semaine, leur donnent une nourriture suffisante. Il se produit alors non pas une société, mais une juxtaposition de petits propriétaires végétant dans une indolence barbare sur un sol d'une étonnante fertilité, et à la longue un retour complet à la barbarie. (*La Colonisation chez les peuples modernes;* 2ᵉ partie ; doctrine, page 600.)

raison apparente, et avec de nombreuses chances d'erreur, à l'esclavage moderne tel qu'on l'a vu fonctionner dans les colonies sucrières, inévitablement accompagné d'un cortège infamant de peines corporelles. L'esclave était devenu pour nous un être dégradé, une machine, un instrument, une misère! Nous ne pouvions admettre qu'on traîtât ainsi un homme en marchandise, en chose, et nous restions sincèrement convaincus, qu'avec l'institution de l'esclavage, il ne saurait en être autrement.

Cette conviction devient inébranlable après la lecture des nombreux ouvrages écrits sur l'esclavage par des économistes éminents, défenseurs ardents de la dignité humaine, apôtres de la liberté et de l'égalité des races.

Malgré nous, les caractères bienfaisants de l'esclavage antique et patriarcal s'éclipsent dans l'ombre ; nous ne nous souvenons que des atrocités commises en Grèce et à Rome à l'occasion de cette manière d'être ; nous ne parlons que des horreurs, des abominations constatées dans les colonies sucrières au début de ce siècle. Puis les exigences dégradantes et déshonorantes du fonctionnement de l'esclavage africain provoquent chez nous un sentiment de dégoût insurmontable qui nous fait condamner sans appel cette institution. De longues théories noires parcourant les sables du désert, se dirigeant vers une côte inhospitalière, hantent notre esprit! Des tribus entières arrachées de leur foyer, des multitudes de nègres accouplés, la fourche au cou, les membres enchaînés, les chairs labourées de coups de fouet, soulèvent d'indignation tout notre être. L'écœurement nous abat si nous songeons que l'Europe coupable tolère la perpétration de crimes pareils. Du moins, à Madagascar, il ne faut plus qu'il en soit ainsi, la Nation Française le veut!

Étant donné cet état d'esprit, il faut quelque courage pour oser crier à la foule frémissante qu'elle se méprend, qu'on l'induit en erreur, que cette situation traîtreusement dépeinte est l'œuvre d'ignorants, qu'on l'engage dans une voie désastreuse, qu'en un mot l'esclavage peut exister sans la traite, et que cette institution peut être excellente, nécessaire, obligatoire à la vie d'un peuple dans une période donnée, et qu'elle peut fonctionner tout naturellement et sans abus.

Un groupe de Représentants du Peuple, irréductibles partisans de cette idée, l'a défendue opiniâtrément dans l'enceinte du Parlement français, le 19 mars 1896. La majorité de la Chambre s'est inclinée devant la concision et la précision d'arguments irréfutables réunis comme en se jouant, par ces redoutables défenseurs de la vérité, en un faisceau qu'elle était inhabile à rompre.

C'est que l'esclavage malgache n'était point l'esclavage africain (1); il était même tout autre chose que ce que l'on s'imaginait, et l'on s'explique ainsi la passion des anti-esclavagistes. On ne connaissait point encore à fond cette société divisée en castes, et l'on se refusait à croire que la caste des esclaves, naturellement la dernière de toutes, pût s'accommoder de son rang et vivre heureuse. Pour la supprimer, il fallait s'attaquer à l'édifice social lui-même, abolir le régime des castes interdisant à qui que ce soit de

---

(1) Dernière partie du Livre Jaune, distribué au moment de la rentrée des Chambres après les affaires de Madagascar; M. Hanotaux s'exprime en ces termes : « des nombreuses observations qui ont été recueillies, il résulte que l'esclavage revêt, à Madagascar, un caractère particulier qui le différencie sensiblement de l'esclavage africain..... » (Remarque reproduite dans le *Bulletin du Comité de Madagascar*, 2ᵉ année, F. 2, p. 86, février 1896.)

s'élever au dessus de sa condition et l'esclavage aurait disparu de lui-même. C'était une œuvre possible avec le temps, mais on ne bouleverse pas impunément d'un trait de plume la constitution fondamentale d'une société, sans se soucier du milieu, pour satisfaire les oreilles chatouilleuses de quelques humanitaires.

Nous ne nous proposons pas ici d'entreprendre une défense de l'esclavage; cette idée ne nous est jamais venue. Le champ des discussions sur cette matière est clos depuis déjà longtemps, et tout le monde est d'accord pour proclamer que cette institution doit disparaître. Mais où les opinions diffèrent, c'est sur les moyens à employer pour atteindre ce but. C'est là que gît tout l'intérêt de la question.

Cependant n'a-t-on pas dit, avec quelque raison : « Le Sauvage, le brasilien est un animal qui n'a pas encore atteint le complément de son espèce; c'est une chenille enfermée dans sa fève et qui ne sera papillon que dans quelques siècles » (1).

Commençons donc par éduquer les tribus qui dépendent de notre influence, amenons-les insensiblement à goûter les avantages de la civilisation, pressons-les pour qu'elles se hâtent de la désirer, et le jour où elles seront à même, sans secousse, de jouir des droits des peuples libres et de comprendre leurs devoirs, le jour où elles réclameront, majeures, le droit à la liberté, nous leur rendrons leurs comptes de tutelle et nous aurons accompli une œuvre sage digne d'une grande nation.

Que n'avons-nous écouté la raison !

---

(1) H. Taine. *Origine de la France contemporaine;* l'ancien régime, p. 233.

Forts de ce principe, nous allons exposer dans les pages suivantes ce que fut l'esclavage à Madagascar; nous nous efforcerons de montrer le fonctionnement réel de cette institution tel que nous l'avons vu et étudié sur place durant notre séjour dans la Grande Ile africaine. Nous dirons ensuite comment on l'a supprimé et par quoi on l'a remplacé; nous tâcherons d'analyser les conséquences politiques et économiques qu'entraîna pour notre colonie l'acte d'émancipation de septembre 1896 et nous verrons s'il n'aurait pas été meilleur, tout en tendant au même but, de procéder autrement qu'on ne l'a fait, c'est-à dire de proclamer l'abolition de l'esclavage, puis de poursuivre progressivement la libération pleine et entière de tous les esclaves, suivant un plan arrêté en rapport avec la situation économique de l'île, les mœurs et les usages de ses habitants. Rien ne pressait.

La situation de l'esclave malgache était naturelle; nous allons nous convaincre que l'on commettrait une erreur grossière en la comparant à celle de l'esclave que connut l'antiquité; d'autre part, ici la servitude ne ressemble en rien aux institutions en vigueur chez les peuples musulmans; enfin, elle n'a et ne saurait avoir aucun rapport avec l'esclavage moderne tel qu'il fut pratiqué par toutes les grandes nations civilisées au début de l'ère de la colonisation moderne.

CHAPITRE PREMIER

ORIGINE DE L'ESCLAVAGE

I

Comment on devient esclave. — Sources diverses. Conquête. — Naissance. — Pénalités. — Importation.

COMMENT ON DEVIENT ESCLAVE

Les tribus malgaches ont-elles imaginé l'esclavage, ou bien cette manière d'être provient-elle des civilisations extérieures qui l'auraient introduite à une époque indéterminée dans les mœurs de ces tribus? Problème délicat à résoudre avec les connaissances actuelles de l'histoire madécasse.

On peut cependant constater à Madagascar quatre sources de l'esclavage. Ici comme à Rome cet adage de Justinien reste vrai : « Servi aut nascuntur aut fiunt » (1).

L'esclave malgache doit sa manière d'être :

1º A la conquête ;
2º A la naissance ;
3º A certaines dispositions de la loi ;
4º Enfin à l'importation.

---

(1) *De Jure personarum*, p. 4.

Examinons successivement ces différents cas d'origine et voyons les rapports qu'ils peuvent avoir tant avec l'esclavage antique qu'avec l'esclavage pratiqué au commencement du xix° siècle dans les Colonies françaises.

§ 1ᵉʳ. — De la Conquête.

La conquête fut-elle le mode originaire et unique de la constitution de l'esclavage ?

Trois opinions se trouvent en présence, également soutenues et discutées par des partisans autorisés.

Si l'on admet, *a priori*, que l'esclavage ait pris naissance dans le pays même, il est facile de se rendre compte que la conquête a dû en constituer le premier élément et certainement le plus important.

A la suite de guerre de tribu à tribu, parfois même de village à village, les vaincus étaient emmenés en captivité, réduits en esclavage avec leurs femmes et leurs enfants. A cette époque de morcellement, le peu de forces dont elle dispose ne permet pas à la tribu d'organiser la conquête après un coup de main heureux ; seul le butin l'attire et lui suffit ; elle s'empare des bœufs, fait des prisonniers et se sert de ces derniers comme esclaves, mais elle ne songe point à conserver le pays envahi ; elle le ruine et l'abandonne.

Ces procédés se retrouvent à chaque page de l'histoire malgache, aussi bien lors des premières époques magnifiquement décrites dans les mémoires des anciens gouverneurs de la France orientale, que dans les périodes ultérieures.

D'après les traditions indigènes, c'est toujours à la conquête qu'est attribuée l'origine première de l'esclavage. Pour elles cela ne fait aucun doute. De vieux documents épars consultés dans les archives du gouvernement malgache, l'attestent formellement (1).

Ce fait, bien que particulier aux Antimerines, a dû se reproduire dans chaque peuplade, où des circonstances analogues l'ont certainement amené. C'est une opinion générale qui paraît certaine ; toutefois elle ne saurait nous fixer sur ce point important, bien que sa valeur soit considérable et que l'on puisse s'appuyer sur elle pour démontrer que la conquête fût réellement le mode originaire de l'esclavage malgache.

Car, si nous parcourons les mémoires de de Flacourt, nous constatons, en effet, que la conquête a joué un rôle indiscutable dans la constitution de la servitude, mais cependant ce n'est point à elle que des traditions qui tiennent de la légende attribuent l'origine de cette manière d'être.

Le gouverneur de nos établissements dans la grande île nous rapporte une croyance d'après laquelle il y aurait eu des esclaves de tout temps à Madagascar. Ce récit nous

---

(1) « Tsia dia nisy taranak' andevo hatramy ny voalohony tsia-
« kovy teto Madagascar fa noha ny vahoatra niady an-trano ka, izay
« resy dia nataon'ny mahery andevo nampanompoiny azy. »

« Autrefois il n'y avait pas à Madagascar de castes d'esclaves, mais
« la guerre civile ayant éclaté, les vainqueurs réduisirent en servitude
« ceux qui furent vaincus. »

« Araka ny voalazan'ny tantara dia teto Imerina hiany no nitom-
« boan'ny Hova ho maro ; ka rehefa nihamaro izy izay resy an-ady
« dia ataony andevo manonyo ny mahery. »

« La chronique raconte que c'est en Emyrne seulement que les
« Hova ont commencé à peupler, et lorsqu'ils furent nombreux les
« luttes intestines se déclarèrent et les vaincus furent réduits en ser-
« vitude. »

ramène à la création du monde telle que la tradition la faisait connaître à ces peuplades au xvııᵉ siècle ; elle est si curieuse que nous ne pouvons nous empêcher de la rapporter. Afin de ne rien enlever à la saveur de ce texte par une analyse aussi brève qu'inutile, nous le citerons en entier :

« Je (1) n'ay point voulu insérer dans la suite de cette
« histoire une fable que les Grands d'Anossi faisaient ac-
« croire aux Nègres, afin de les raualler au dessous d'eux ;
« qui est que Dieu ayant créé Adam de la terre, il luy
« envoya un sommeil pendant lequel il tira une femme
« de sa cervuelle, de laquelle sont descendus les Roan-
« drian. Une autre femme du col, de laquelle sont descen-
« dus les Anacandrian. Une autre de l'espaule gauche dont
« sont issus les Ondzatsi ; une autre du costé droict, dont
« sont descendus les Grands Voadziri qui sont noirs ; une
« autre de la cuisse, de laquelle sont venus les Lohano-
« hits. L'autre du gras de la jambe, dont sont venus les
« Ontsoa. Et l'autre de la plante du pied, de laquelle sont
« issus les Esclaues. Ce qui a fait inventer aux Grands
« cette Fable, ç'a esté pour contenir chacun dans son
« rang et dans sa qualité : car en ce païs un homme ne
« peut jamais estre plus relevé que ce que porte sa nais-
« sance quelque richesse qu'il ayt peu acquérir par son
« industrie ou mesnage, et dont le Maistre hérite après
« sa mort et non ses enfans. »

Ainsi donc les esclaves seraient issus directement d'Adam

---

(1) *Histoire de la Grande Ile Madagascar* composée par le sieur de Flacourt, directeur général de la compagnie Francaise de l'Orient, et commandant pour Sa Majesté dans ladite isle et isles adjacentes, M. DC. LVIII. (Troisième page.)

et de la septième femme ; ils auraient formé dès l'origine une caste à part qui se serait développée naturellement à côté des autres, sans les pénétrer.

La tradition actuelle, à l'intérieur de l'île, ne connaît plus la légende qui avait cours il y a deux siècles à peine chez les tribus de la côte est. Ceci ne saurait nous étonner, le malgache se soucie aussi peu de l'avenir que du passé ; celui-ci surtout ne l'intéresse aucunement. Il n'a de vénération que pour les ancêtres dont il se souvient, et il ne cherche pas à les faire connaître ; il les vénère pour lui, parce que, très superstitieux, il craint leur ressentiment.

Enfin une troisième opinion est soutenue par les auteurs qui croient à l'invasion de la tribu des Hova. On avance que si l'esclavage n'existait point à Madagascar, il a pu y être importé de l'extérieur. Les Hova, jetés à la côte au cours d'une tempête, chassés par les indigènes, se seraient retirés dans l'intérieur des terres à la recherche de cieux plus cléments, emmenant avec eux leurs familles et leurs esclaves.

De ces trois théories, la première revit encore avec persistance sur le plateau central. La fable, rapportée avec une rigoureuse exactitude par de Flacourt, n'est plus connue de la masse ; peut-être quelques « Ombiasses », gardiens des antiques croyances, la réservent-ils dans l'attente de jours meilleurs ! Nous n'avons pu nous en assurer. Quant au récit de l'invasion, il reste encore à l'étayer de preuves authentiques et irréfutables. On croit savoir que les premiers habitants sont venus, les uns de Malacca, les autres de la Cafrerie ; ils ont été suivis par des musulmans de l'Inde et de l'Arabie. Les dernières études de M. Jully sur les immigrations arabes à Madagascar jettent un jour nouveau sur cette question encore peu étudiée (1). La première théorie paraît la plus sérieuse ; elle reste conforme aux idées émises de tout temps dans les écrits où l'on traite de l'esclavage ; aussi allons-nous montrer que les exemples cités plus haut ne sont point des faits isolés et que les mêmes causes ont amené les mêmes effets depuis l'origine jusqu'au jour de l'occupation du pays par nos troupes, de la pénétration chez les diverses tribus de l'île et de notre établissement définitif au milieu d'elles.

D'après les traditions que nous avons pu recueillir, grâce à l'aménité de M. le Dʳ Lacaze, administrateur des Colonies, directeur des affaires indigènes, voici les origines vraisemblables de l'esclavage.

La conquête est citée en première ligne; l'hérédité, l'importation viennent ensuite ; enfin le jeu régulier des lois complète et termine l'énumération des sources de l'esclavage malgache (2).

Ici comme autrefois dans les mondes anciens la guerre eut toujours pour conséquence la réduction en servitude des populations vaincues. Et s'il paraît certain que les premiers esclaves qu'aient eus les Romains furent des

---

(1) *Les Immigrations arabes à Madagascar* par M. Ant. Jully, adjoint au Directeur des travaux publics. *Revue mensuelle* : Notes, reconnaissances et explorations, 16 livraison, publiée à Tananarive, 1898.

(2) « Ary ny nahatonga ny andevo ho maro eto Madagascar : 1º ny
« resy any ny ady dia babonia natao andevo ho any ny mahery... »
 « Les causes de la multiplication des esclaves à Madagascar sont :
« 1º lors d'une guerre les vaincus, faits prisonniers, étaient réduits en
« esclavage par les vainqueurs....... »

ennemis pris sur le champ de bataille, comme le dit Justinien : « Servi ex eo appellati sunt quod imperatores cap-
« tivos vendere ac per hoc servare nec occidere solent,
« qui etiam mancipia dicti sunt eo quod ab hostibus manu
« capiuntur », il paraît évident qu'il en fut de même à Madagascar.

Cependant la tradition populaire de l'Imérina paraît vouloir fixer une époque à l'apparition de l'esclavage. Nous avons au début de ce chapitre cité un texte qui affirme qu'autrefois il n'y avait point d'esclaves à Madagascar. Ce texte ajoute que les premiers esclaves apparurent sous le règne de Ralambo, roi d'Ambohidratimo (1).

Or, ce monarque régnait vers la fin du XVIe siècle. Les ouvrages du XVIIe siècle constatent tous l'existence de l'esclavage et nous montrent dans leurs récits les peuplades ennemies s'enlever tour à tour hommes et enfants et les réduire en servitude. Les Français eux-mêmes établis à Fort-Dauphin, dans l'île Sainte-Marie et sur la baie d'Antongil, La Case, Labigorne, Pronis, de Flacourt, prennent cette habitude du pays ; à l'issue de toute expédition guerrière, ils amènent sur leurs terres les troupeaux pris sur l'ennemi et les prisonniers faits dans la lutte. Ils ont d'ailleurs des esclaves en toute propriété et ils ne s'en cachent point.

Souchu de Rennefort, secrétaire de l'État de la France orientale, en relatant les événements qui se passèrent vers 1665 et 1666 lors d'une expédition de la colonie de Fort-

---

(1) « Araka ny voalazan'ny tantara dia tamin d'Ralambo, mpan-
« jaka tao Ambohidratimo no voalaza ho nisy andevo. »

« D'après la tradition ce n'est que sous le règne de Ralambo, roi
« d'Ambohidratimo qu'apparurent les premiers esclaves. »

Dauphin contre un de ses plus puissants voisins, Dian Mananghe, s'exprime ainsi :

« Le gouverneur réduit à une vengeance importante
« avant de marcher chés Dian Mananghe, envoya des
« Nègres chercher La Case et luy porter ordre de l'y venir
« joindre sans delay. A ce commandement La Case qui
« avait pris plus de 5.000 esclaves et 15.000 bestes, ne
« pouvant fier tant de testes qu'à beaucoup d'autres,
« donna la liberté à la moitié de ses prisonniers et laissa
« aller ses bêtes maigres (1).

Au XVIIe siècle et au XVIIIe, ces coutumes sont toujours pratiquées sur la côte est :

« Ces guerres sont d'ailleurs fort peu meurtrières et se
« terminent par des esclaves pour les vainqueurs, sort

---

(1) Souchu de Rennefort, secrétaire de l'État de France orientale. M. DC. LXVIII (page 121).

Rennefort nous raconte plus loin la revue des troupes de La Case après la bataille, revue qui fut passée dans la plaine de Manampy, (p. 240) :
« Il restait encore un parti en campagne qui ne réussissait pas si
« promptement que les deux autres, que La Case ne pensa pas à pro-
« pos d'attendre où il était campé, il résolut de lever le picquet de la
« plaine de Manampy, et de le replanter en celle de Manambambé,
« envoyant dire au chef de l'y joindre le plutost qu'il pourroit. Il s'y
« rendit en peu de jours, et la revue exactement faite de ce qui s'y
« trouva, fut de 29 français, le trentième ayant été laissé malade au
« païs des Matahanes, de cinq mille cinq cens quatre-vingts nègres
« amis, de cinq mille esclaves et de vingt mille bœufs ou vaches. »

D'autre part, M. de V... commissaire de l'artillerie de France, qui se rendit à Fort-Dauphin l'an 1663, dut quitter bientôt cette résidence pour se rendre à l'isle de Mascareigne.

Voulant réaliser tout son avoir, il nous dit en terminant :
« Je vendis aussi aux nouveaux venus une partie de mes esclaves, de
« manière que je fis une somme de plus de deux cens pistoles, que je
« portai avec moi dans le dessein de les faire valoir. »

« réservé aux prisonniers, et par la mort de ceux que leur
« grand âge empêche de vendre, dont le nombre est bien
« peu considérable, et selon la gravité de ce qui a causé
« la guerre.

« Elles ne sont presque jamais occasionnées que par
« des vols (leur péché favori) et l'appât des esclaves.
« Les plus graves sont l'enlèvement des femmes et des
« enfants. »

C'est ainsi que s'exprime Jacques de Lasalle dans son mémoire sur Madagascar (1797) où cet intrépide compagnon de Benyowsky retrace avec originalité les péripéties souvent émouvantes de son séjour parmi les tribus indigènes (1).

Nous voyons, enfin, qu'au XIXe siècle c'est encore à la conquête que recoururent les tribus malgaches pour assurer le recrutement de l'esclavage.

Selon le capitaine anglais Samuel Pasfield Oliver, en 1833 Ratsimanisa envoyé à la tête d'une expédition dans le Sud tua beaucoup de monde et retourna dans la Capitale avec 2.000 captifs. Le tanghen fut administré selon la coutume à quatre des chefs, dont trois furent tués ainsi que tous les hommes influents des districts dont ils prove-

---

(1) Ce mémoire, extrait des archives de Sainte-Marie par M. Ant. Jully, adjoint au Directeur des travaux publics à Madagascar, a d'ailleurs été réédité par son inventeur ; il a été publié dans la 17e livraison de la *Revue Mensuelle* : Notes, reconnaissances et explorations.

M. Jully avait bien voulu nous le communiquer auparavant. Ce fonctionnaire, dont la connaissance approfondie de tout ce qui touche à Madagascar est précieuse à ceux qui l'ont approché, nous a fourni bien souvent de remarquables documents intéressant le sujet que nous traitons.

naient. Leurs femmes et leurs enfants furent vendus comme esclaves.

Diverses autres expéditions furent la même année dirigées dans d'autres parties de l'île et obtinrent les mêmes résultats.

En 1834, les mêmes troupes furent envoyées dans le Sud où elles firent un grand massacre et ramenèrent plus de 10.000 captifs.

M. Rasanjy, gouverneur général indigène de l'Imérina, nous citait, au cours d'une conversation que nous avons eue avec lui en 1897, les grandes expéditions organisées par les Antimerina dans le but de rançonner les tribus voisines et d'approvisionner les marchés de l'Emyrne. Parmi les plus importantes, M. Rasanjy nous rappelait celles qui furent dirigées en 1820 contre les Betsiléos et les Betsimisaraka, et plus récemment, en 1852, contre les Antaimoro, les Vangaindrano et les Mahamanayana sur la côte Sud-Est, dont les résultats dépassèrent toutes les prévisions.

Après une victoire éclatante, fidèles à leurs usages, les Hova, dans cette dernière expédition, firent un nombre considérable de captifs qui furent partagés selon la coutume royale. D'après celle-ci la plus large part revenait à la Reine ; les ministres, puis les officiers choisissaient ce qui leur convenait ; enfin les soldats se partageaient la part de prise qu'on voulait bien leur laisser.

En 1894 ces habitudes n'étaient point tombées en désuétude. M. Duruy, lieutenant aux tirailleurs algériens, dans une étude très intéressante sur la région comprise entre Tsaratanana et Nossi-Bé, nous retrace les mœurs des indigènes qu'il visite, et il constate là aussi l'habitude des expéditions lointaines, organisées avec l'espoir du butin. Ce sont ici des descendants des Sihanaka et des

Sakalaves, établis dans la région située entre la Sofia et la Betsiboka, près de Marovoay ; on les désigne sous le nom de Marofotsys (1).

Les peuplades du Sud ont agi de même. Nous lisons, en effet, au *Journal officiel* de Madagascar et Dépendances, dans un compte rendu sur la situation de la circonscription de Midongy, près de Fianarantsoa, après le retour dans leur pays d'origine des esclaves nouvellement affranchis, que « cependant le nombre des manquants est assez considérable car, pendant les années précédentes, de véritables razzias ont été faites dans le pays par les tribus pillardes du Sud qui ont emmené beaucoup d'habitants en esclavage » (2).

C'est le « jus gentium » en honneur chez toutes les tribus de la Grande Ile, aussi bien chez celle qui se ré-

---

(1) « On trouve des traces d'expéditions marofotsys, dit M. Duruy,
« jusqu'à Merirano, dans la vallée de l'Anjingo, au nord de Befan-
« driana, c'est-à-dire à plus de 300 kilomètres de Tsaratanana par le
« chemin le plus direct.

« Malgré la présence des Hova, la région au nord de la Sofia était
« régulièrement pillée tous les mois (ce dire est confirmé par les ha-
« bitants de Béfandriana, ceux de Marofotstra et de Mevaheka) par
« des bandes de Marofotsys. Sur la rive droite de la Sofia, en face de
« l'île d'Ambelaniampandro, existait autrefois un village du même
« nom. Les Marofotsys le détruisirent en 1894, et tous les habitants
« furent emmenés comme esclaves à Tsaratanana. Dans la vallée du
« Tsirahaka, affluent de droite de la Sofia, il y a deux emplacements
« d'anciens villages, Ambodimotsy et Tsirahaka, détruits en 1892 par
« les Marofotsys. Les habitants sakalaves se sauvèrent à Béfandriana,
« les pillards prirent les troupeaux et brûlèrent les cases. (Notes, re-
« connaissances et explorations, p. 34 de la 11ᵉ livraison de la *Revue*
» *mensuelle.*)

(2) *Journal officiel de Madagascar et dépendances*, n° 167, p. 1121.

servait la prépondérance que chez celles qui luttaient pour défendre leur liberté.

Il nous paraît suffisamment démontré que si la conquête ne peut être considérée affirmativement comme le mode originaire de la constitution de l'esclavage à Madagascar, elle dut néanmoins être une des sources les plus importantes de cette manière d'être. Ce qui est certain c'est que ce mode fut pratiqué, sans interruption, des temps les plus reculés jusqu'à nos jours, et que seule l'occupation effective du pays a su y mettre fin après la solennelle déclaration de l'abolition de l'esclavage faite pourtant dès 1896.

Rapprochons de ce mode quasi-légal de constitution de l'esclavage les rapts de personnes trop fréquents à Madagascar pour omettre de les signaler. Un nombre de gens sans aveu avaient pour unique préoccupation d'enlever sur leur terre les habitants dans le but de les vendre sur les marchés des districts éloignés ; comme cela se passait en Grèce dans la période historique (1).

Les gens enlevés par des voleurs de personnes étaient emmenés dans un district éloigné pour y être vendus (2).

Néanmoins les lois de l'Imérina réprimaient sévèrement ces actes de brigandages invétérés. Déjà de Flacourt, qui dans son chapitre IV, page 10, nous décrit la Vohitsland située sous le Tropique du Capricorne, s'exprime ainsi sur les habitants :

« Ils sont tous noirs et ont de grosses cheveleures fri-
« sées. Ils sont larrons et volleurs et vont enlever des en-

---

(1) *La Grande Encyclopédie*, lettre E, p. 256.
(2) Document trouvé dans les archives. « Ary ny olon'izay, anga-
« larin'ny mpangalatra olona dia entiny amidy ho andeva amy ny
« fari tony fola. »

« fans de leurs voisins et des esclaves pour les vendre au
« loing et quelques fois leurs parents proches ».

Après la conquête, l'esclavage devait trouver un aliment considérable dans la reproduction.

§ 2. — De l'hérédité.

Les vaincus réduits en servitude voyaient leurs descendants subir leur dure condition : *Nascuntur ex ancillis nostris* a dit Justinien. L'enfant suit toujours la condition de la mère. D'autre part, ainsi que nous le verrons plus loin, s'il n'est permis à personne de s'élever au dessus de sa condition, les simples relations qu'une femme libre pouvait avoir avec un esclave suffisaient pour la faire déchoir et chasser de sa caste : elle devenait esclave. Grâce à l'hérédité, l'esclavage devait se maintenir et se perpétuer indéfiniment, même si le droit de conquête venait à ne plus fournir son contingent annuel. En réalité, dans ces dernières années, où la guerre était impossible pour le peuple hova, où la loi indigène, ainsi que nous le verrons plus loin, ne permettait plus aux tribunaux de la reine de priver de leur liberté ceux qui l'auraient méconnue, où enfin la traite, sévèrement prohibée, devenait de plus en plus difficile, la reproduction restait le mode unique et l'esclavage trouvait en lui une vitalité incontestable et incontestée, contrairement à ce que l'on a constaté chez tous les peuples qui ont pratiqué l'esclavage. C'était encore en 1896 la source légale, la seule reconnue, bien que l'importation n'en continuât pas moins à jeter sur le sol malgache, par les ports de la côte ouest, un contingent plus ou moins considérable d'Africains, grâce à la connivence des Indiens de la province de Tulléar et du Ménabé. Les effets de l'hérédité ne devaient être annihilés qu'au jour de l'abolition générale, bien qu'il eût été facile aux autorités françaises, tout en ne libérant pas les esclaves, de tarir les sources de la servitude en décidant qu'à l'avenir tout homme naîtrait libre, quelle que fût la condition des auteurs de ses jours.

Les résultats pratiques de cette mesure n'eussent point tardé à se faire sentir ; insensiblement les esclaves auraient disparu, car il eût été facile de contrôler la qualité d'un indigène en se reportant aux registres de l'État civil que devait ouvrir pour eux le général Galliéni.

§ 3. — Des cas de réduction en esclavage dus à certaines dispositions de la loi. - Esclavage pour dettes.

Après la conquête et l'hérédité, la source la plus intéressante de l'esclavage est celle qui procédait du jeu régulier des lois.

La tradition et les différentes lois écrites des Souverains de l'Imérina, promulguées dès 1828, nous indiquent que, dans des cas très nombreux, les hommes libres qui commettaient des actes limitativement prévus encouraient tantôt la peine de mort, tantôt la perte de leur liberté. La plupart du temps, la déchéance qui les atteignait était étendue, *ipso facto*, à toute la famille du coupable ; celle-ci était presque toujours condamnée à la servitude.

Examinons successivement les cas visés par le droit ancien, nous verrons ensuite les actes réprimés par le droit écrit.

A. — *Droit ancien.*

Loi des ancêtres. — D'après la tradition, toute désobéissance grave à la loi du roi entraîne la peine de l'esclavage pour son auteur (1).

Un vieil adage dépeint fort bien la situation nouvelle du coupable :

« Celui qui déchoit devient zaza-hova ou descendant d'homme libre. »

« Izany no nisehoon'ny tenin-drazana hoc : izay very aloha zazahova. »

Nous verrons plus loin ce qui différencie les zaza-hova des esclaves proprement dits.

Il ne nous a pas été possible de recueillir l'énumération des fautes qui autrefois entraînaient la réduction en esclavage; il est probable que les coutumes devaient être souveraines et dictaient aux juges le verdict. Il est aussi presque certain que le droit écrit a dû reproduire au début les usages consacrés par la tradition.

Cependant, l'insolvabilité est citée comme ayant été de tout temps une cause de perte de la liberté pour le débiteur et les siens.

C'est ainsi que s'exprime la loi des ancêtres (2) :

---

(1) « Ny diso amy ny lalam-panjakana amy ny heloka lehibe dia « no verizina natao andevo. » « Celui qui désobéit gravement à la loi « devient esclave. »

(2) Raha nisy misambotra volan-olona ka tsy manampanana lon-« doavana dia amidy ho andevo ny tenany; ary raha miteraka izy dia « tonga andevo koa ny zanany, fa be ny mparana volo teo aloha. »

« Celui qui ne peut rendre l'argent qu'il a emprunté est vendu « comme esclave ; ses enfants deviennent esclaves. »

Nous constatons ici l'apparition de l'esclavage pour dettes. Jusqu'en 1868, le débiteur insolvable dut abandonner sa liberté, celle de ses femmes et de ses enfants au profit de son créancier ou de l'État.

Les dettes les plus criardes ont pour origine la passion du jeu très développée chez le Malgache.

D'autre part, l'insolvabilité est un crime très grave, qui confère le droit au prêteur de réduire en esclavage le malheureux débiteur et avec lui toute sa famille, si leur valeur marchande est inférieure à celle de la somme empruntée (1).

---

(1) Ces dures obligations ont été signalées par M. Alfred Grandidier pendant l'un de ses derniers séjours à Madagascar. Au cours de l'une de ses études sur la fortune des Malgaches, et publiée dans le *Bulletin du Comité de Madagascar* du mois de juillet 1896, n° 7, page 18, le célèbre explorateur nous dit :

« L'amour du lucre est très fort chez tous les Malgaches, et ils considèrent l'insolvabilité comme l'un des plus grands crimes ; les dettes sont sacrées et l'emprunteur qui ne paye pas son créancier au jour fixé (tsatok'andro) est passible de pénalités très sévères ; tout récemment encore chez les Merina (Hova), nitolo-batana (litt : il apportait son corps), c'est-à-dire qu'il était obligé de se donner lui-même en payement, qu'il devenait l'esclave de son prêteur, et, si sa valeur était inférieure à celle de la somme empruntée, on vendait ses femmes, que leurs parents, il est vrai, avaient le droit de racheter en soldant la dette du mari, puis un ou plusieurs des enfants vivant sous son toit et non mariés ; par conséquent non émancipés. Ce fait s'est encore passé en 1880. Le tiers du produit de la vente des Hova (ou libres) pour dettes revient au souverain. Chez les Sakalava, on paye ses dettes avec ses enfants, mais non pas avec ses femmes. »

M. Grandidier nous rapporte ensuite les coutumes des peuplades indépendantes dont il a bien des fois traversé les territoires.

« Chez les peuplades indépendantes, dit-il, où l'argent n'a pas

Toutes les peuplades malgaches condamnaient à l'esclavage le malheureux débiteur insolvable. Toute sa famille était responsable, toute sa descendance même servait de gage et de garantie au prêteur. Les récits reproduits en note, que nous avons empruntés à M. Alfred Grandidier, donnent à cette assertion une authenticité indiscutable.

Combien nos lois actuelles vont leur paraître bénévoles ! Le jour où un indigène sera débiteur d'un Européen, il trouvera peut-être fort commode de se voir débarrassé de sa dette par une saisie plus ou moins anodine.

Et l'huissier, satisfait, ouïra bien souvent, sans doute, cette phrase si connue des Vahasa et dont le ton sérieux de conviction, bégayé en mauvais français, fait toujours sourire : « Ze m'en f.... pas mal ! »

B. — *Droit écrit.*

Code de Ranavalona III (1881). — Désormais, les

« cours, on n'est cependant pas moins âpre au gain. Si un Sakalave
« achète un bœuf à crédit pour le manger et meurt sans l'avoir payé,
« ses enfants et petits-enfants en sont responsables, sans qu'il y ait
« jamais prescription, et, à leur défaut, les amis qui ont mangé de
« ce bœuf et qui, très longtemps après le festin, peuvent être re-
« cherchés pour cause du non-payement de la dette par leur hôte et
« être vendus comme esclaves, s'ils n'ont pas les moyens de solder
« cette dette. L'intérêt se fixe de la manière suivante : si le bœuf était
« une bête de six à sept ans par exemple, qu'à Madagascar on con-
« sidère comme ayant la même valeur que trois ou quatre jeunes tau-
« reaux ou génisses, on calcule le nombre de veaux qu'eussent
« produit ces taureaux et génisses et que ceux-ci, une fois devenus
« grands, eussent à leur tour produit pendant les années écoulées
« depuis la livraison du bœuf. »

hommes libres ne peuvent plus être réduits en esclavage, stipule l'article 107 (1).

Le Code dit des 305 articles était en vigueur lors de l'entrée des troupes françaises à Tananarive; il forme actuellement la base du statut personnel des Antimérina, en attendant la refonte des lois malgaches entreprise par une commission de légistes convoquée en novembre 1897 par le général Galliéni.

Ainsi se trouvait supprimée, bien avant notre prise de possession effective, une des sources de l'esclavage légal, de celui dont toute la force résidait uniquement dans des textes législatifs émanant de la volonté du Souverain. Elle devait se tarir la première et se perdre desséchée sous l'ardeur dévorante des rayons de la Civilisation qui envahissait enfin l'immense domaine de Rainilaïarivony.

Mais il n'en avait pas toujours été ainsi.

Le droit écrit, et régulièrement promulgué, est représenté par les Codes de Ranavalona Ire (1828), de Radama II (1862), de Rasoherina (1863), de Ranavalona II (1868), enfin de Ranavalona III (1881).

Ces diverses lois, parées du nom de code, énumèrent successivement les crimes et délits punis de mort ou de la perte de la liberté, suivant le degré de gravité reconnu à la faute, par la législation alors en vigueur.

On peut classer en trois catégories les actes qui tombent ainsi sous le coup de la loi. Dans la première nous placerons les crimes entraînant la peine de mort pour leur auteur et la servitude pour les membres de sa famille; dans la seconde prendront rang les crimes et délits entraînant la réduction en esclavage pour leur auteur et les

---

(1) « Ny amboniande tsy mba very. » article 107 du Code de 1881.

siens ; enfin, dans la troisième nous mettrons les actes dont la répression est suivie de la perte de la liberté pour le coupable seulement.

Code de Ranavalona Ire (1828-1862). — Les lois édictées par Ranavalona Ire sont connues sous le nom de Code de 1828 ; elles prévoient les trois genres de fautes comprises dans la classification que nous avons adoptée.

Les articles 2 et 5 de ce code énumèrent les crimes de la première catégorie, l'article 3 ceux de la deuxième ; enfin, les articles 6, 9 et 12 indiquent les délits que nous avons rangés dans la troisième catégorie.

Voici quels sont les crimes entraînant la peine de mort pour leur auteur et la réduction en esclavage pour sa famille :

Art. 2. — Se révolter,
Procurer les femmes du Souverain,
Voler dans le Palais,
Poignarder un Souverain,
Exciter le peuple à la révolte,
Le faire changer de Souverain,
Le meurtre,
La fabrication des maléfices.

Art. 5. — La sorcellerie.

Cette simple énumération montre combien la royauté s'entourait déjà de précautions ; la personne du Souverain, ses biens doivent être sacrés aux yeux de tous ; il n'appartient plus aux Antimerina de déposer celui qui les gouverne. Seuls le meurtre et la sorcellerie restent des crimes de droit commun punis des mêmes châtiments que les crimes de lèse-majesté.

Cependant, des crimes qui précèdent, la sorcellerie est en quelque sorte le plus redouté de la population et des grands. Le sorcier, considéré comme un être malfaisant, est rejeté du sein de la société des hommes libres ; mort, alors que le dernier des humains peut prétendre au repos, il n'a même pas le droit d'être inhumé comme ses semblables ; la loi des ancêtres prescrit de le placer en terre la tête au sud, ce qui constitue, paraît-il, le dernier des outrages pour les Antimerina (1).

A la mort du sorcier, le souverain s'emparait de sa fortune dans le but, dit-on, d'inspirer l'horreur d'un pareil crime ; la femme et les enfants devenaient la propriété du monarque comme partie intégrante des biens du défunt.

L'article 3 énumère ensuite les crimes et délits entraînant pour le coupable et sa famille la perte de la liberté. Il est ainsi conçu :

---

(1) On raconte, à cet effet, une anecdote assez curieuse qui prouve combien cette superstition est ancrée dans l'esprit de la population. Vers le milieu de l'année 1897, le Résident général, pour des mesures de haute politique, prescrivit le transfert à Tananarive, dans les tombeaux du Grand Palais, des cendres royales contenues dans les sépulcres d'Ambohimanga et qui donnaient à cette ville un caractère de sainteté, exploité sourdement par les Chefs de l'insurrection. Durant le cours de la cérémonie, alors que les restes du grand ancêtre Andrianampoinimerina venaient d'être exhumés et transportés, dans un lamba de pourpre, sous la tente royale dressée dans le but d'abriter les douze souverains qui reposaient dans le rova, le gouverneur général indigène de l'Imerne, fort troublé, s'en vint trouver un des officiers qui assistaient à la cérémonie comme délégués de la commission spéciale d'inventaire du Palais de la Reine, et s'efforça de lui faire entendre dans un langage très imagé que le Grand Ancêtre n'avait jamais pratiqué la sorcellerie. Andrianampoinimerina se trouvait étendu la tête placée au sud et il fallait au plus tôt modifier cette position si l'on ne voulait mécontenter le peuple déjà très ému.

Art. 3. — Vols de gens ;

Vols de bœufs ;

Vols de riz dans le silo ;

Vols de riz sur pied pendant la nuit ;

Vols avec effraction dans une maison ;

Vols d'argent serré dans le coin du lamba (formant bourse) ;

Faire prêter serment sans autorisation du souverain ;

Administrer le tanghin sans autorisation du roi et en cachette ;

Enlèvement des pierres placées par le souverain (bornes ou pierres commémoratives).

Ainsi, le vol sous certaines formes, et commis dans des circonstances bien déterminées, est considéré par les Antimerina comme une faute grave qui entraînera la perte de la liberté non seulement pour le coupable, mais encore pour toute sa famille. La loi s'efforce ici de prémunir le Hova contre la dépossession de ses richesses, car, à part ses esclaves, ses bœufs, son riz et quelques piastres d'économie enserrées dans un coin du lamba, il ne possède pas grand'chose, puisque sa terre, sa case, appartiennent à la Reine. En cas d'incendie il a bientôt fait de déménager et d'installer sa case à côté. Pour lui les conséquences d'un vol sont plus considérables ; elles l'atteignent dans sa richesse, dans ses moyens d'existence, elles peuvent même l'amener à l'insolvabilité et de là à l'esclavage pour dettes.

La loi ne saurait être trop sévère pour l'auteur d'un vol, acte dont la perpétration peut avoir de si funestes contre-coups.

Les articles 6, 9 et 12 relatent les délits entraînant réduction en esclavage du coupable seulement.

On remarquera, dans l'énumération que nous donne l'article 6 un délit dont le caractère de gravité ne le cède en rien à celui des crimes punissables de mort (1). Nous voulons parler de la violation des tombeaux.

On ne peut s'expliquer tout d'abord comment la violation des tombeaux, chez un peuple aussi respectueux de ses ancêtres et qui professe pour eux une si grande vénération, ne soit pas suivie de la peine de mort et n'entraîne pas réduction en esclavage pour toute la famille du coupable.

Cependant, lorsque l'on connaît la structure de la grande majorité des tombeaux hova, on se rend compte que leur profanation est une quasi-impossibilité. Trois lames de granit d'environ dix centimètres d'épaisseur constituent les trois murailles du caveau ; le plancher et le plafond sont formés de deux lames semblables. L'entrée regarde l'ouest, elle est ménagée par une solution de continuité entre deux lames plus courtes placées parallèlement à celle du fond. Dans son ensemble, le monument est carré ; un remblai d'un mètre cinquante environ recouvre le caveau, enfin une forte muraille de pierres taillées retient et cache aux regards la terre protectrice. L'ouverture donnant accès à l'entrée du caveau, hermétiquement close à l'aide d'une dalle mobile

---

(1) Cet article est ainsi conçu :
Art. 6. — Violation des tombeaux,
Usage et fabrication de fausses mesures,
Vol de l'argent serré dans le coin du lamba en défaisant le nœud,
Union avec des esclaves,
Bestialité,
Fabrication de fausse monnaie,
Frapper quelqu'un avec du fer ou même avec du bois ferré.

de granit, est aussi recouverte de terre, la muraille de pierres ne laisse apparaître de celle-ci, au plafond du tombeau, qu'une surface égale en grandeur à l'entrée du caveau. Toutes les fois que l'on voudra pénétrer dans le tombeau, d'ailleurs placé devant la case de l'indigène, il faudra venir creuser longuement avant d'atteindre la dalle qui en protège l'entrée ; pour dégager celle-ci il sera nécessaire de rejeter en dehors toute la terre bouleversée, avant de songer à faire mouvoir la dalle ; un homme seul ne peut entreprendre une œuvre pareille, et plusieurs, avant de la terminer, auraient bientôt réveillé tout le village.

En conséquence, ce crime était forcément très rare de par son impossibilité matérielle, et c'est ce qui nous explique l'extrême bienveillance de la loi. Il était cependant prudent de le prévoir.

On trouve ensuite, parmi les délits énumérés dans l'article 6 le vol de l'argent serré dans le coin du lamba en défaisant le nœud. Cette dernière condition constitue une exception au cas prévu par l'article 3 ; on est tenté de conclure que le vol du lamba contenant l'argent n'est pas aussi grave que le vol de l'argent seul, car le voleur pourrait alors défaire le nœud en toute tranquillité. Cependant, si l'on songe que généralement l'homme du peuple ne possède qu'un lamba pour tout vêtement, et qu'il s'en pare le jour et la nuit, on conviendra qu'il devient presque impossible d'en déposséder le propriétaire à son insu ; il est, par contre, beaucoup plus commode d'en couper le bout et de s'approprier l'argent qu'il contient.

Les articles 9 et 12 (1) visent deux cas spéciaux : le

---

(1) Art. 9. — Les zaza-hova qui cherchent à s'unir avec des femmes

mariage des zaza-hova et l'adultère commis au préjudice d'un soldat envoyé aux frontières.

Sous le nom de zaza-hova, on désignait les hommes libres devenus esclaves de par le fait de la loi. Ils formaient parmi les esclaves une caste à part ; la distinction entre eux et les esclaves de race paraît avoir été la suivante : s'ils se rachetaient, ils rentraient dans leur ancienne caste, tandis que les esclaves de race, devenus libres, ne pouvaient faire partie que de la dernière caste des hommes libres, dite « les noirs ».

Toutefois, la pénalité édictée par cet article ne s'expliquerait point si l'on ne savait que ce que la loi punit ici ce n'est point la fraude commise par le zaza-hova, mais la mésalliance qu'elle entraîne irrémédiablement pour la femme, condamnée à suivre la condition du mari. Le préjudice serait considérable et la loi estime que la sanction destinée à réprimer toute tentative de ce genre ne saurait être trop sévère ; elle ne craint pas de prescrire qu'à jamais le zaza-hova coupable d'un crime aussi vil ne saurait prétendre un jour rentrer au milieu des gens de sa caste ; elle le relègue pour toujours au rang des noirs, c'est-à-dire des affranchis. La crainte de ne pouvoir en se rachetant figurer de nouveau dans la caste de ses ancêtres, devait servir de frein aux passions de ce voleur d'un nouveau genre.

Les Antimerina ne conçoivent pas la mésalliance. Ils

---

libres ou se faisant passer pour des hommes libres, seront réduits au rang de véritables esclaves, esclaves de race.

Art. 12. — La femme adultère, si l'adultère est commis pendant que son mari est en expédition de guerre, est vendue comme esclave ainsi que son complice.

la considèrent comme une forfaiture et ne la tolèrent dans aucune caste; ils l'interdisent aussi bien à l'homme qu'à la femme. Celui qui s'allie avec une personne d'une caste inférieure à la sienne se mésallie, la loi le chasse de sa caste et lui impose celle qui compte parmi ses membres l'individu qu'il a choisi. La loi des Ancêtres ordonnait la vente du coupable comme esclave.

C'est ainsi que le noble andriana, qui aurait eu des rapports avec son esclave, se voyait impitoyablement encore sous Ranavalo Ire, dépouillé de ses prérogatives et réduit au rang de zaza-hova, d'après les sévères dispositions du quatrième alinéa de l'article 6 précité. Sous les juridictions postérieures, il fut permis au coupable de se racheter en donnant le prix d'un esclave; cette somme était consacrée à l'achat de manioc distribué à la population. On rendait ainsi publique la honte qui rejaillissait sur le mésallié. Le code de Ranavalo III, n'inflige plus qu'un emprisonnement de 8 mois à l'homme et de 4 mois à la femme coupable de mésalliance (art. 63 du code de 1881).

Quant à l'adultère, la loi ne paraît intervenir que lorsqu'il s'agit de la femme d'un soldat.

Par conséquent, si le mari n'était point retenu par le service de la Reine hors de son foyer, s'il n'était point en expédition, la loi ne s'occupait pas des actes de sa femme. Mais, en cas de guerre, la situation n'était plus la même; le soldat devait partir quelquefois subitement, à une époque qu'il ne pouvait choisir et pour une durée indéterminée. L'État se constituait son protecteur; il se portait garant de la conduite de l'épouse; la servitude attendait le ravisseur; la femme coupable, indigne d'être accueillie dorénavant par son mari, était réduite en esclavage.

Cette extrême sévérité de la part de la loi, dans un pays où les mœurs sont si faciles, ne laisserait pas d'étonner, si l'on ne se trouvait ici en présence d'une impérieuse nécessité. Il fallait à tout prix s'assurer des soldats et c'est ce qui explique en partie les rigueurs des dispositions de l'article 12.

Tels sont les crimes et délits prévus et punis par le code de 1828 et que nous avons cru devoir ranger en trois catégories, selon la gradation de la peine. Les mêmes fautes ont été sensiblement réprimées d'une façon à peu près identiques dans les dispositions édictées par les lois de Ranavalo Ire jusqu'en 1881. Un rapide coup d'œil permettra de se convaincre des progrès successifs réalisés par la législation malgache jusqu'au jour où il fut décrété qu'un homme libre ne saurait être réduit en esclavage.

Code de Radama II (1862). — Le code de 1862 ne connaît pas la peine de mort, que supprima Radama II, ce prince dont les tendances politiques, empreintes de clémence, laissent clairement entrevoir l'influence bienfaisante des représentants de la France dans les heureux résultats obtenus si rapidement sous un règne aussi court. Dorénavant, les sanctions prévues pour les actes les plus graves réserveront à leur auteur la servitude pour lui et sa famille ; les autres entraîneront la réduction en esclavage pour leur auteur seulement. En outre, l'échelle des peines sous ce monarque, avide de civilisation, va s'augmenter de deux degrés, et nous saluons l'apparition de l'amende et du cautionnement, destinés à réprimer des délits moins importants (1).

---

(1) Les articles 1 et 2 énumèrent les faits dont la consommation privera de la liberté le coupable et les siens. Ils sont ainsi conçus :

Des cas entraînant la peine de mort sous le règne précédent, Radama n'a retenu que les quatre dont les conséquences avaient incontestablement une importance dynastique : la révolte, le meurtre, les excitations à la révolte et le vol dans le palais. Les constructions enfermées dans le Rova contenaient en effet des quantités innombrables de marchandises entassées sans ordre apparent jusque dans les appartements particuliers du souverain. Ces diverses marchandises, qui provenaient des perceptions en nature opérées par les douanes hova, étaient destinées à gagner à la politique du souverain les ennemis du dehors et à lui conserver ses alliés. Elles constituaient une réserve de présents. Or leur variété et leur multiplicité ne pouvaient que tenter les habitués du

---

Art. 1er. — Se révolter,
Fabrication des poignards (fom-pohy),
Attaquer les palais royaux,
Faire prêter serment sans en demander l'autorisation du souverain,
Pousser le peuple à la révolte,
Tuer quelqu'un.
Art. 2. — Voler dans le palais,
Voler des personnes,
Voler des bœufs,
Voler du riz dans le silo,
Voler du riz sur pied dans les champs,
Voler dans les maisons avec effraction,
Voler de l'argent en coupant le bord du lamba,
Vendre des choses volées : esclaves, bœufs, etc.
Déposer quelque chose chez quelqu'un dans l'intention de l'accuser d'avoir volé tel objet, telle somme,
Cacher des biens appartenant au souverain,
Détourner les revenus de l'État.

palais. Un châtiment sévère devenait indispensable pour réprimer toute velléité d'un vol dont les conséquences auraient pu devenir désastreuses.

Les autres cas ont disparu. Certain de l'amour de tous ses sujets, ce prince, plein de sollicitude, désarme les siens contre des coups improbables. Sa fin tragique et prématurée prouva sa téméraire confiance en ceux que sa politique avancée froissait dans leur vénération pour la loi des ancêtres, ou atteignait dans leurs privilèges. Jusqu'alors, en effet, la concussion était en quelque sorte officiellement tolérée, et Radama s'arrogeait le droit d'interdire aux grands de le dépouiller et de détourner les revenus de l'Etat.

On reconnaît dans ces dernières dispositions de l'article 2, l'influence heureuse ressentie par le gouvernement royal à la suite de ses relations quotidiennes avec les représentants des nations européennes.

Non seulement le vol quel qu'il soit est interdit, mais encore on poursuit l'emploi et la vente des objets volés, on inflige aux coupables la même pénalité. La civilisation pénètre à grands pas par toutes les issues largement ouvertes par le jeune souverain; malgré les sourdes menées d'une réaction entichée des prescriptions de la loi des ancêtres, le progrès tend à se manifester dans une marche en avant qui paraît irrésistible.

Les articles 4, 5, 9, 11 et 12 énumèrent en effet les crimes ou délits qui dorénavant mériteront la servitude à leur auteur seulement.

La sorcellerie, la violation des tombaux, l'adultère, réprimés par l'article 12 de Ranavalo 1re, sont successivement visés par les articles 4, 5 et 9. Si nous exceptons la sorcellerie, autrefois punie de mort, les deux autres crimes sont restés passibles du même châtiment et les actes qui tombaient sous le coup des articles 6 et 9 du code de 1828 n'ont pas été retenus en 1862. Nous laisserons de côté les dispositions de ces articles sensiblement semblables à celles du code de Ranavalo, pour examiner plus longuement les remarquables prescriptions des articles 11 et 12. Ici la loi consacre une innovation considérable dans la législation hova, dès lors marquée au coin de la civilisation. Nous en avons d'ailleurs déjà dit un mot plus haut. Radama décide qu'à l'avenir les vols de petites choses seront punis d'une amende, et que, au cas où celle-ci resterait impayée, le coupable serait, alors seulement, vendu comme esclave. Ainsi, l'on sera réduit en servitude non pas parce que l'on aura volé, mais parce que l'on ne pourra dédommager pécuniairement la victime du délit, autrement dit parce que l'on sera insolvable. L'esclavage pour dette entre dans le droit écrit sous une forme nouvelle et inattendue; il s'y maintiendra jusqu'en 1868 (1).

L'article 11 prescrit qu'à défaut de payement et si la famille l'abandonne, l'auteur du vol sera vendu comme esclave. La famille est légalement invitée à secourir le

---

(1) Art. 11. — L'amende infligée contre les vols de petites choses, porcs, moutons, volailles, etc..., est de 7 piastres et de 7 bœufs; si l'auteur est dénoncé par autrui, il doit payer en plus 20 piastres et à défaut de payement, et si la famille l'abandonne, il sera vendu comme esclave.

Art. 12. — Les gens de la caste noire et les esclaves qui ne peuvent pas payer l'amende infligée contre eux seront mis en vente comme esclave; si, en cas de vol, ils ne peuvent payer l'amende, le tiers du prix sera pour le maître de l'esclave, les deux tiers se partagent entre le volé, l'État et l'accusateur.

coupable ; elle lui sert en quelque sorte de caution et lui permet de conserver une liberté follement compromise. Radama donne à son innovation toute l'ampleur désirable, il comprend mieux le rôle de la famille réduite jadis en servitude avec l'auteur du vol, il en fait ce qu'elle doit être, un milieu où les sentiments de solidarité doivent naturellement se développer au profit de tous. Si un membre déchoit, c'est dorénavant au sein de sa famille qu'il pourra trouver les moyens de se relever. Le voleur ne sera mis en vente que si personne ne veut se porter garant du remboursement de l'amende encourue. Dans ce cas, nous dit l'article 12, sa valeur représentative est partagée entre le volé, l'accusateur et l'Etat. Mais au cas où le voleur est un esclave, nous voyons que le 1/3 du prix de vente reviendrait seulement au maître. Pourquoi cette dépossession presque totale de sa chose au profit d'autrui? Le maître est rendu responsable des actes de son esclave et il est atteint dans sa fortune, si ses ressources ne lui permettent pas de payer l'amende infligée. Nous trouvons ici une curieuse application de la théorie du risque professionnel tel qu'il est actuellement compris par la plupart des grandes nations européennes qui se flattent de marcher en tête de la civilisation. Le maitre retirait de son esclave tous les avantages que lui procurait une propriété indiscutée, le législateur hova estime avec quelque raison qu'il doit supporter les risques inhérents à sa chose. Cette manière de voir devait paraître incohérente aux Européens, possesseurs d'esclaves qui habitaient jadis le plateau de l'Imérina ; elle est cependant tout à l'honneur des Antimerina.

Telles étaient les prescriptions du code de 1862. Elles témoignent qu'en dehors du caractère de bienveillance dont est empreinte la politique de Radama II, ce souverain possédait une largeur de vue inconnue de ses prédécesseurs. Le monarque était persuadé que les pénalités excessives, indispensables à l'origine, devenaient de moins en moins justifiées au fur et à mesure que l'affermissement de l'ordre leur enlevait une partie de leur utilité. Il lui semblait indispensable d'admettre des degrés dans la peine. Cette rupture avec un passé pourtant illustre prouve néanmoins, elle-même, que le niveau intellectuel du peuple se ressentait à son tour des relations avec le dehors et qu'il s'élevait au contact presque journalier des peuples civilisés, se livrant déjà à l'assaut d'un riche territoire, domaine particulier de la France.

Malheureusement, cette marche en avant dans la voie des réformes soulevait de vives protestations parmi les Andriana et les grands de la cour. Radama ne pouvait encore s'appuyer sur ce peuple qu'il voulait émanciper et ouvrir au progrès; il succomba victime de la haine des nobles qui voyaient leur puissance et leurs privilèges sérieusement menacés.

Code de Rasoherina (1863-1868). — L'assassinat de Radama II amenait sur le trône la princesse Rasoherina. Son avènement, dû au triomphe réactionnaire du vieux parti hova, fut le signal d'une forte reculade, d'un retour très marqué aux anciennes coutumes. Rasoherina rétablit la peine de mort et décréta que la famille du coupable serait réduite en servitude comme en 1828; on revenait brusquement aux institutions en honneur sous le règne de Ranavalo 1re (1).

___

(1) Une simple lecture de l'article 1er permettra de s'en convaincre :

Cependant le recul ne se produit que sur ce point; partout ailleurs les progrès de la civilisation débordent ses adversaires.

Lisons en effet le dernier alinéa de l'article premier que nous avons omis à dessein dans l'énumération des actes punis de mort. Le législateur s'exprime ainsi : « Quiconque accusera quelqu'un à faux des crimes ci-dessus sera puni des travaux forcés, et sa femme et ses enfants seront réduits en esclavage ».

C'est ainsi que, malgré la formidable influence du vieux parti hova sur la nouvelle souveraine, dont l'avènement était dû cependant à la révolte, au changement de souverain, au meurtre, crimes tombant sous le coup de la loi, il n'est plus possible d'arrêter subitement l'élan du peuple hova engagé dans la voie du progrès par la politique française du monarque déchu. Les fausses dénonciations, les faux témoignages seront à l'avenir poursuivis et punis de peines excessivement sévères dont l'exagération est pourtant une marque de progrès. En outre, l'échelle des

---

Art. 1er. — Se révolter,
Faire usage des poignards,
Procurer les femmes du souverain à d'autres personnes,
Faire prêter serment sans autorisation du souverain,
Exciter le peuple à la révolte,
Le faire changer de souverain,
Le meurtre,
La fabrication de monnaie d'or ou d'argent,
La bestialité,
Les faux en matière de cachets officiels ou de signature, etc...
Il nous semble même remarquer une aggravation sensible de la peine tant pour la prestation de serment que pour la bestialité et la fabrication des monnaies; puis un crime nouveau, le crime de faux, apparaît pour la première fois dans la législation hova.

peines s'accroît d'un échelon : entre la mort et l'esclavage édictés par Ranavalo Ier et l'amende étayée du cautionnement qui s'était frayée une place dans la législature de Radama II, les travaux forcés sous Rasoherina viennent compléter en quelque sorte le Code pénal madécasse.

La réaction contre les tendances du règne précédent n'est en réalité qu'apparente et incomplète, elle est l'œuvre de quelques-uns, de ceux qui détiennent une parcelle du pouvoir ; mais elle a contre elle la masse du peuple et de l'opinion que Rasoherina écoute, sans se douter qu'elle entre à son tour dans la voie des innovations.

Code de Ranavalomanjaka II (1868). — Rasoherinamanjaka fut remplacée sur le trône de ses ancêtres par Ranavalona II. Sous le règne de cette souveraine, l'esclavage dû à certaines dispositions de la loi disparaît de la législation, il est remplacé dans l'échelle des peines par les travaux forcés, soit à perpétuité, soit à temps, et par l'amende. C'est un progrès considérable. De plus, si la peine capitale est conservée pour douze crimes, dits crimes de rébellion, et énumérés dans l'article 1er du Code de 1868, la famille n'est plus réduite en esclavage ; elle subit néanmoins durement les conséquences de la faute du coupable, car elle est entièrement dépouillée des biens qui lui appartenaient (1).

Ainsi, dès 1868, la loi défend de réduire en esclavage un homme libre quel que soit le crime dont il se serait

---

(1) Notes, reconnaissances et explorations, fascicule 17, p. 602 et suivantes. « Quiconque se rendra coupable d'un des douze crimes ci-
« dessus énumérés, nous dit le dernier alinéa de l'article 1er, sera
« puni de la peine capitale, et tous ses biens, quelle que soit la ré-
« partition qu'il en aura faite antérieurement, seront confisqués. »

rendu coupable. Le débiteur insolvable lui-même ne redoute plus la servitude ; il est vrai que la mise aux fers paraîtra sans doute plus pénible que le service patriarcal qu'il devait jusqu'alors à son créancier. Ces dispositions sont contenues dans les articles 59 et 93 dont la haute importance n'échappera à personne (1). L'article 107 du Code de 1881 les a reproduites très brièvement mais en des termes plus impérieux.

Ces prescriptions, malgré la sévérité réelle de la sanction imposée par l'article 93, constituent néanmoins un progrès moral ; les peines sont plus dures tout en paraissant moins sévères. C'est d'ailleurs le caractère général des lois de Ranavalc II. Le faux en écritures, la sorcellerie, le vol avec effraction, les faux témoignages seront dorénavant punis de 20 ans de fers ; les voleurs de profession seront châtiés de même (articles 14 à 19 inclus du Code de 1868).

Enfin, les fers à perpétuité, la confiscation des biens ou l'amende se réservent à la femme adultère d'un soldat en expédition et à son complice, ainsi que le prescrit l'article 70 (2).

---

(1) Art. 59. — Les personnes libres ne doivent, en aucun cas, servir de gage ; elles ne peuvent plus être réduites à l'esclavage ; ceux qui transgresseront cette prescription seront passibles d'une année de fers.

Art. 93. — Quiconque, étant débiteur d'un particulier, ne le remboursera pas, cherchera à gagner du temps, différera de jour en jour le moment du versement ou s'enfuira, subira la peine des fers jusqu'à complet payement de la somme due par lui.

(2) Art. 70. — « Quiconque, dit cet article, débauchera la femme
« d'un soldat parti en expédition sera passible d'une amende de
« 500 francs dont un tiers sera payé par la femme et les 2/3 par

Et puisqu'il n'est plus question d'esclavage, sinon d'esclaves, dans les lois de 1868, ne nous attardons plus à un examen qui nous entraînerait hors du sujet que nous avons choisi. La rupture avec les traditions du passé est complète, on ne reconnaît plus les lois des ancêtres, d'Andrianampoinimerina, de Lehidama et de Ranavalomanjaka Ire. Le Code de 1881 consacre définitivement les dispositions de Ranavale II ; Ranavale III décrète solennellement, avons-nous dit, qu'elle ne saurait tolérer sous son règne qu'un homme libre devînt zaza-hova.

§ 4. — De l'Importation.

La dernière source de l'esclavage, le quatrième mode de constitution est l'importation. Contentons-nous de le signaler ici ; nous nous réservons d'en parler longuement lorsque nous examinerons la traite et les mesures prises par le gouvernement malgache à l'effet d'y mettre fin.

Cette source de l'esclavage, quoique bien appauvrie, sourd toujours de temps à autre. Son rendement, cependant, est devenu de nos jours presque nul, grâce à la vigoureuse intervention du général Galliéni qui dut en 1899, malgré la pénétration du Ménabé consommée l'année précédente, organiser une flottille locale pour visiter et nettoyer les moindres recoins de la côte ouest, que ne pouvaient at-

---

« l'homme. A défaut les coupables seront condamnés aux fers et y
« seront maintenus jusqu'à parfait payement de l'amende ; au cas où
« le mari de la femme adultère viendrait à mourir à la guerre, les
« deux complices seraient mis aux fers à perpétuité et tous leurs biens
« confisqués. »

teindre les bâtiments de la division navale, et forcer les Indiens, sujets de sa très gracieuse majesté, la reine Victoria, à renoncer enfin, non sans protestations amères, aux bénéfices considérables que leur procurait leur commerce de chair humaine.

Nous avons ainsi terminé l'étude des origines de l'esclavage. Voyons maintenant quelles étaient les différentes castes d'esclaves.

II

Différentes castes d'esclaves.

§ 1. — De la Société malgache.

Chez les nombreuses peuplades qui habitent la Grande Ile, nous retrouvons en 1896 la société répartie en quatre classes primordiales : la noblesse, la bourgeoisie, les affranchis et les serfs, qui se subdivisaient à leur tour en de grandes catégories ou castes.

Nous ne nous proposons pas d'exposer ici l'organisation de la société malgache et de discuter les origines des différentes tribus madécasses. Des auteurs plus autorisés que nous, de célèbres explorateurs l'ont déjà fait ; les résultats de leurs recherches savantes sont consignés dans la plupart des ouvrages et des monographies parus sur ce sujet aussi attrayant que nouveau (1).

---

(1) Consulter à ce sujet l'étude très documentée sur les immigrations arabes à Madagascar, de M. Jully, parue dans la *Revue mensuelle*, notes, reconnaissance et explorations, 16e livraison du 30 avril 1898,

La caste malgache est un ensemble de plusieurs familles issues d'une même souche. La noblesse était formée de huit castes, à la tête desquelles se trouvaient le Souverain et ses enfants désignés sous le nom de Andriana. Chacune des castes de la noblesse portait un nom spécial et avait des attributions distinctes et des privilèges particuliers.

Immédiatement après les nobles, désignés sous le terme générique de Andrianes, venaient les castes roturières qui comprenaient tous les sujets libres dénommés Hova et répartis en de nombreuses castes. Par suite d'une extension inexpliquée, on a désigné à tort sous ce nom la tribu entière des Antimérina, nous lui restituons ici sa véritable signification.

Les hova et les affranchis formaient le « Vahoaka », c'est-à-dire le peuple. Ceux-ci, ainsi que nous le verrons, se subdivisaient en quatre classes, suivant leur origine ; nous y reviendrons quand nous parlerons de l'affranchisment. Il nous reste à étudier les castes d'esclaves ; nous

---

p. 438 ; le n° 296 du *Journal Officiel de Madagascar*, p. 2362 sur l'origine arabe des Antaimoro ; l'étude de M. de Willèle sur la même tribu reproduite dans le n° 324, p. 2.614, du *Journal Officiel de Madagascar* ; l'origine des Bezanozanos et des Wazimbas du lieutenant Vallier, nos 304, 305, 307 et 308 du *Journal Officiel* ; l'origine des Sakalaves, 18ᵉ livraison du 30 juin 1898, p. 800 de la *Revue mensuelle*; de l'Ecriture, note sur Robin par Jully, 17ᵉ livraison, p. 514, 31 mai 1898, *Revue mensuelle* ; étude de M. Alfred Grandidier parue dans le n° 3 du *Bulletin du Comité de Madagascar* de juin 1895 ; de Jean Carol, *La Société Malgache « chez les Hovas »*. Enfin l'ouvrage de de Flacourt, p. 1, ch. II, p. 4, ch. XVI, p. 46 et 47 ; l'ouvrage de M. de V..., commissaire de l'artillerie de France à Madagascar. en 1723, p. 246, 249, 250. Lire surtout les documents historiques amassés par M. Jully sur l'origine des Andrianes, insérés dans la 19ᵉ livraison de la *Revue mensuelle*, p. 890. Tableau des castes.

allons le faire dans la mesure de nos moyens, en exposant les renseignements que nous avons glanés un peu partout, nous efforçant de rejeter ceux qui ne nous semblaient point provenir de sources sûres.

§ 2. — Des différentes castes d'esclaves.

La classe des esclaves ou des « Andevo » se divise en deux grandes catégories bien distinctes en tout et pour tout, soit de par l'origine des serfs qui les forment, soit de par les obligations qu'elles leur imposent et des droits qu'elles leur confèrent.

La première comprend les esclaves proprement dits connus à l'origine sous le nom de « Tangita », littéralement : ceux qui ont les cheveux crépus.

« Tangita no anaran'ny andevo tamy ny voalohony indrindra ».

« Les *crépus* était le nom donné aux esclaves à l'origine (1) ».

La seconde est composée des serfs royaux, appelés « Olomainty » c'est-à-dire des hommes noirs.

Avant d'énumérer les subdivisions très nombreuses de ces deux grandes classes, recherchons si l'une des deux ne serait pas plus ancienne, où si dès l'origine, elles auraient existé simultanément, côte à côte, se développant naturellement après avoir pris naissance à la suite d'événements complètement étrangers.

Nous avons déjà constaté que la conquête pouvait être considérée comme l'une des premières sources de l'escla-

---

(1) Tradition.

vage, sinon la première de toutes. La tradition indique même que Ralambo, qui régnait en Imérina à la fin du XVI⁰ siècle, aurait été le premier souverain possesseur d'esclaves. Puis ceux-ci seraient devenus si nombreux en Emyrne que quelques-uns auraient réussi à s'enfuir chez le roi de Betsiléos, d'autres seraient allés chez les Sakalaves (1).

D'autre part, si nous nous rapportons au récit du R. P. de la Vaissière, de la Compagnie de Jésus, il serait d'usage de signaler sous le nom de Tsiarondahy (caste d'Olomainty) les descendants des premiers esclaves venus à Madagascar à la suite des conquérants. Au partage des terres, ils auraient eu un lot comme leurs maîtres, le lot du souverain auquel ils appartenaient. L'esclavage n'aurait point alors pris naissance sur les hauts plateaux ; il y aurait été introduit par l'invasion. Cette assertion, loin de contredire la tradition, est d'accord avec elle. Celle-ci nous dit à son tour que les Tsiarondahy sont venus de l'Est. Elle nous apprend qu'une partie proviendrait des esclaves des ancêtres, tandis que l'autre ne comprendrait que la part de butin prise sur l'ennemi revenant au roi, augmentée des achats que le souverain faisait aussitôt parmi les parts de ses soldats (2).

---

(1) « Ary ny Tangita sasany nandositra nankany Betsiléo ka niha-
« maro raha tongo tany dia natao hoe : Betsiléo eran-tany eran-
« danitra. Ary ny sasany randositra nankany Antsakalava dia niha-
« maro nony tongo tany. »

« Quelques crépus s'enfuirent chez les Betsiléos où ils se multi-
« plièrent à tel point qu'on les dénomma dans la suite : remplissage
« du ciel et de la terre. D'autres s'enfuirent jusque chez les Sakalaves
« où ils firent souche. »

(2) « Ary ny nihavian' ny Tsiarondahy andevon' Andriana kosa : ny

Mais si les Olomainty viennent de la côte est, nous devons retrouver les traces de leur passage, et nous sommes amenés à rapprocher ces esclaves des ancêtres des Oulou-Mainthi et des Oulou-Poutchi, des hommes noirs et des hommes blancs, dont nous parlent bien souvent les anciens voyageurs qui ont parcouru la côte est de Fort-Dauphin à la baie d'Antongil.

Dans sa description de la « province de Carcanossi ou Androheizaha, à trois lieues de Fort-Dauphin », le Gouverneur des Établissements français dans la Grande-Terre (1) nous dit :

« Dans cette province habitent les noirs qu'ils nomment
« Oulou-Mainthi Marinh qui sont divisez en quatre, sça-
« voir : Voadziri, Lohavohits, Outsoa et Andeves. Les
« Voadziri sont les plus grands d'entre les Noirs, et sont
« les chefs des contrées, descendus des maistres du païs
« avant qu'ils se fussent soubmis sous les Blancs...

« sasany andevo lava tamy ny razany dia atao hoc : « Olomainty ; »
« ary ny sasany andevondrazany hiany fa natokony trano tony ny
« novotsorany dia nataony hoc « manisotra. »

« Ny sasany Kosa dia babo azo ka no vidin' ny. Andriana ny
« anjoran' ny vahoaka ;

« Ary ny sasany anjanran' ny andrirna rahateo. »

« Voici la provenance des Tsiarondahy, esclaves royaux : une
« partie provenait des esclaves des Ancêtres, on les appelait « Olo-
« mainty, » hommes noirs. Une autre partie provenait également
« des Ancêtres, mais non issus de la famille habitant la même
« maison, on les appelait « Manisotra », supplanteurs.

« Une autre partie provenait des achats faits par le roi dans la
« part de butin revenant au peuple.

« Enfin le reste provenait de la part de butin revenant au Sou-
« verain. »

(1) De Flacourt.

« Les Lohavohits sont ceux qui sont descendus de Voad-
« ziri et qui sont grands aussi entre les noirs; mais la
« différence qu'il y a entre l'un et l'autre, c'est que l'un
« commande en une contrée et l'autre a seulement com-
« mandement sur ses gens et en son village, et y peut
« couper la gorge à la beste qu'il veut manger, estant
« esloignés des Blancs; les Ontsoa sont dessoubs les Loha-
« vohits, les Andeves sont les pires de tous; ce mot d'An-
« deve signifie homme perdu. »

Ainsi, avant les immigrations arabes, l'esclavage était déjà pratiqué sur la côte par les tribus indigènes; celles-ci ont des « Andeves ». Puis se produit l'invasion, et de Flacourt nous rapporte qu'une catégorie d'Oulou-Mainthi, les Voadziri, seraient les descendants des anciens chefs des contrées, maîtres du pays avant l'arrivée des Blancs, et réduits en esclavage en même temps qu'en captivité par le vainqueur.

Et lorsque les infiltrations se sont produites, lorsque la race conquérante a pénétré sur les hauts plateaux à la suite d'événements qui restent encore dans l'ombre, cette race, « à la peau rouge, aux cheveux longs point ou peu frisez » (1), entraînant à sa suite dans l'intérieur du pays ses troupeaux et ses esclaves, les Oulou-Mainthi aux diverses castes, introduit en Imérina ses mœurs et ses institutions, après avoir détruit les habitants du pays, peut-être ces Vazimba dont on parle avec tant de mystère et dont les tombes sanctifient encore certains lieux redoutés des Antimérina actuels.

Les Olomainty, les Tsiarondahy, esclaves des ancêtres,

---

(1) M. de V.

venus de l'Est, doivent avoir de curieuses affinités avec les Oulou-Mainthi, les Voadziri de la côte est.

Enfin, nous ne pouvons nous empêcher de comparer en même temps les « Oulou-Poutchi », connus par M. de V... et les Andrianes actuels. M. de V... s'exprime ainsi (1) :

« Les Olompoutchi (car c'est ainsi que l'on appelle les
« Blancs de l'un et de l'autre sexe) portent les cheveux
« fort longs et les femmes surtout les tressent si délicate-
« ment qu'à peine s'aperçoit-on qu'ils le soient. »

D'autre part. « L'Andriane, pur de tout mélange, nous
« dit Jean Carol (2), celui qui ne s'est pas allié avec la
« race conquise, se reconnaît facilement. Il est de nuance
« claire. Ses cheveux sont luisants et plats. Il a le nez al-
« longé et peu proéminent, des yeux tranquilles et fixes,
« la bouche dédaigneuse. » Et plus loin : « En somme,
« l'Andriane pur sang, rejeton un peu efféminé des an-
« ciens chefs conquérants de l'Imerne, est un type déco-
« ratif, une noble façade derrière laquelle il y a plus de
« préjugés que d'idées. »

On retrouve des Olom-Potsy. » chez les Betsiléos, ainsi que nous l'apprend le docteur Besson (3).

« On ne connaît, dit-il, ou plutôt on ne connaissait que
« deux castes chez les Betsiléos ; les nobles ou zanak-an-
« driana encore appelés Hova et Tompomenakely (pos-
« sesseurs de fiefs), et les roturiers appelés Vaoaka
« (peuple) ou Olompotsy (hommes libres). »

---

(1) M. de V, p. 249.
(2) Jean Carol, p. 22.
(3) Dr Besson, administrateur en chef de la province, 12e livraison de la *Revue mensuelle de Madagascar*.

Ce nom d'Olompotsy ne serait-il pas ici détourné de sa signification première et donné par extension aux esclaves dont la tradition nous a raconté la fuite chez les Betsiléos ?

Quoi qu'il en soit, s'il est vrai qu' « auparavant, il n'y avait point de castes d'esclaves à Madagascar », ainsi que le colporte la tradition : « Tsia dia nisy taranak'andevo « hatrany ny voalohony tsiakory teto Madagascar », s'il est vrai que Ralambo fut le premier souverain des Antimerina qui en possédât, s'il est vrai que les « Olomainty » soient venus de l'Est à la suite des conquérants obligés de quitter des côtes peut-être inhospitalières, il deviendrait probable que l'esclavage n'aurait point été pratiqué sur les hauts plateaux et que les premiers esclaves y auraient été introduits par le vainqueur. Ces esclaves, désignés sous le nom d'esclaves des ancêtres, ont dû certainement occuper une situation supérieure à celle réservée aux habitants du pays, privés de tous droits à la suite de la conquête. Puis ils ont fini par comprendre dans leurs rangs tous les esclaves des chefs du pays, par opposition à la masse de la population vaincue et réduite en esclavage.

Au début donc, les esclaves des ancêtres, devenus plus tard les serfs royaux, ne furent que des esclaves ordinaires. Leur situation privilégiée serait due, à notre avis, aux conséquences qu'entraîna pour eux l'installation de leurs maîtres au milieu de tribus asservies.

Ce point discuté, voyons les différentes catégories d'esclaves qui rentrent dans ces deux grandes classes de « Tangita » : les Andeves et les Tsiarondahy.

Les Andeves peuvent se subdiviser en cinq catégories qui se différencient uniquement par le genre d'occupations de l'esclave ; cette classification artificielle que nous avons adoptée nous permettra plus de clarté. Chacune de ces catégories doit son nom au mode de travail de ses membres.

Nous placerons en première ligne les esclaves familiers, qui occupent au foyer domestique une place enviée et font partie intégrante de la famille.

Les esclaves agricoles viennent ensuite ; leur unique occupation consiste dans la mise en culture des rizières.

Puis les esclaves pasteurs, chargés de la surveillance et de la garde de riches troupeaux de bœufs, de porcs, de dindons et d'oies.

Le esclaves commerçants qui détiennent entièrement le petit commerce sur les marchés et s'enrichissent, tout en faisant la fortune de leur maître.

Enfin, les esclaves porteurs, la plus considérable et certainement la plus heureuse de toutes les catégories que nous venons d'énumérer ; toujours ivre de liberté et folle de gaîté, allant où son humeur vagabonde la pousse pour ne revenir au foyer du Maître que de loin en loin, lorsque la lassitude ou la maladie la force de se rappeler qu'elle a pourtant elle aussi un gîte pour se reposer. Jaloux de sa liberté, l'esclave porteur fait la joie du voyageur qu'il charrie sur ses épaules avec tant de facilité ; l'étape finie, alors que le Blanc pris de pitié pour ses « mpilanza » leur octroie un repos, ma foi, bien gagné, ceux-ci se retirent dans les cases indigènes et cherchent à passer leur soirée le plus agréablement possible. Les jeux, les chansons et les danses commencent aussitôt et se prolongent fort avant dans la nuit. Ces passe-temps déjà décrits par de Flacourt n'ont rien perdu de leur actualité (1).

---

(1) Chap. xxxiv, page 108 : « Ils ont le jeu d'Andronne et le jeu du

Mais si les Andèves ou esclaves proprement dits ne se divisent point en castes réellement différentes, il n'en est pas de même des serfs royaux sévèrement répartis en de nombreuses catégories, tant à cause de leur origine que de leurs attributions particulières.

Néanmoins, par rapport aux Andèves, les Tsiarondahy sont constitués sous un régime d'exception ; pour ce motif, il convient donc, tout en passant en revue les diverses castes auxquelles ils peuvent appartenir, de dire un mot de leurs droits et devoirs, afin de n'avoir pas à y revenir ultérieurement, et nous consacrer uniquement à l'étude de l'esclavage du droit commun.

D'après la tradition, ainsi que nous l'avons vu, les premiers serfs royaux, dénommés communément les esclaves des ancêtres, étaient désignés sous le nom générique de « Olomainty », puis, plus tard, de « Manisotra ». La légende explique comment le terme générique de Tsiarondahy se serait étendu à tous. Elle raconte qu'un monarque conquérant, voyant un jour un de ses esclaves sortir du bain, se serait écrié en voyant l'eau qu'il venait de quitter : Ode Tsiarondahy. — Oh ! quelle crasse

---

« Fifangha. Celuy d'Andronne c'est avec de certaines coquilles fortes
« qu'ils trouvent au bord de la mer, qu'ils font pirouetter en les pous-
« sant d'un peu loing contre d'autres qui sont en ieu. Tous les
« hommes grands et petits sont fort asprès à ioüer ce ieu, et ils y
« perdent bien quelquefois des bœufs.

« Le Fifangha est un ieu d'esprit comme l'autre est d'adresse, il
« tient du ieu de Dame et du Tricquetrac, on ioue avec de certains
« fruits ronds qu'ils nomment bassy, sur une tablette de bois où il y
« a trente deux trous en quatre rangs, seize servant à un ioueur
« et seize à l'autre. Il faut avoir chacun trente deux bassi. Ce ieu est
« assez récréatif... »

d'homme », et depuis cette exclamation, répétée par la foule qui entourait le souverain, serait restée synonyme de Serfs de la Couronne et se serait étendue à toute cette grande caste (1).

Quoi qu'il en soit, on entend ordinairement par Tsiarondahy les serfs royaux quelle que soit leur caste particulière.

On prête aux « Manisotra » une origine légendaire beaucoup plus récente.

D'après le R. P. de la Vaissière cette caste descendait de trente affranchis fort célèbres qui auraient reçu la liberté d'une femme d'Andriamasinavalona. Le monarque amoureux des combats, sous le sceptre duquel tout l'Imérina s'était incliné, voyait une seule ville lui résister victorieusement : c'était Ambohijoky. Il la donna aux trente affranchis de son épouse et à leurs descendants, à condition qu'ils la soumettraient. Ceux-ci s'introduisirent de nuit dans Ambohijoky, condamnèrent les portes de toutes les maisons au moyen de cordes apportées dans ce but, puis, les ouvrant successivement une à une, ils en massacrèrent tous les hommes, se réservant les veuves pour épouses. Andriamasinavalona les dénomma les « Manisotra », c'est-à-dire littéralement les supplanteurs.

Afin de remplir rapidement la ville qu'un tel massacre avait rendue déserte, ils en firent un refuge où accoururent en foule les brigands et des esclaves déserteurs. Ambohijoky devint bientôt, par ce moyen, une principauté forte et redoutée, pouvant, dit-on, mettre sur pied jusqu'à dix mille combattants. Ses habitants, au temps

---

(1) Nous donnons cette explication pour ce qu'elle vaut et simplement à titre de curiosité.

d'Andria*nam*poinimerina, résistèrent fort longtemps au fondateur de la dynastie hova ; ils furent réduits les derniers. Dispersés sur les divers points des provinces conquises, leur nom fut changé par le vainqueur en celui de Tsimanisotra, c'est-à-dire non supplanteurs.

Ce qui paraît certain, c'est que les Olomainty et les Manisotra représentaient incontestablement les deux castes les plus considérables de Tsiarondahy.

Les Manendy venaient ensuite ; leur principale attribution consistait à rechercher le bois à brûler ; puis les Mangarana, tresseurs de nattes ; les Maintyanirainy, chargés de transporter les affaires du souverain dans tous ses déplacements, etc., etc..... Les femmes dénommées Tsiarond'bavy devaient approvisionner d'eau le Palais, le nettoyer, etc.....

Les diverses fonctions du Palais étaient confiées aux serfs royaux qui prenaient alors le nom générique de « Andapa » ou Officiers du Palais.

Nous trouvons là une nouvelle subdivision qui tient encore à l'origine : les Andapafotsy et les Andapamainty, les blancs et les noirs. Dans les premiers, on rangeait les zaza-hova ou zaza-very, dans les derniers les serfs conquis ou achetés.

Ces Andapafotsy, qui comprenaient les Tondanaka, les Varatraviando et les Andapa proprement dits étaient chargés des fonctions de l'office, de la table et de la maison du roi. Conformément à la loi malgache, toute alliance avec eux conférait leur qualité à ceux qui les épousaient (1).

---

(1) « Raha manam-bady ireo ahy ireo dia ahy, hoy izy. Ny hova
« manam-body ny Tandonaka dia an' ny Andriana. Izany no mahabé

Les Tandapamainty s'augmentaient sans cesse des achats royaux. La légende raconte qu'Andriapoinimerina avait coutume de payer trois piastres les esclaves qu'il achetait à Andriamananyanaha, roi des Betsiléos, qui habitait Masoandro (1).

Les Tandapamainty étaient plus connus sous le nom de Tsimando, nom qui leur est d'ailleurs resté ; ils étaient éparpillés en Emyrne et habitaient spécialement Anosivato, Ambohipoloatina et Fenoarivo (2).

« ny Tandonaka ; telo no anarany Tandonaka, Varatraviando, Tan-
« dapa. Ny Tandonaka zaza-very ela ka navotan' ny Andriana na-
« taony mpitaiza na mpanao nahandro, na mpampisotro, na mpam-
« pibinana azy. »

« Lorsque vous épouserez un des miens, dit Andriapoinimerina,
« vous serez à moi. Et si les hommes libres épousent des Tandanaka,
« ils seront à moi. Voilà pourquoi les Tandanaka sont si nombreux ;
« ils sont désignés sous trois noms : Tandanaka, Varatraviandro,
« Tandapa. Les Tandanaka, zaza-very, furent rachetés par le roi et
« devinrent gardes, émissaires, échansons, domestiques. »

(1) « Ary ny Bibitsimihoadandy Andevon' Andriamananyanaka teo
« Masoandro ; andriana tany Betsileo dia nomen' Andrianampoini-
« merina telo isan-tsambotra. »

« Les nombreux comme les chenilles qui sortent d'une poche de
« soie appartenaient au Noble aux dix milliers d'enfants de Masoan-
« dro, il était roi de Betsiléo et Andrianampoinimerina lui donnait
« trois piastres par homme. »

(2) « Ka ny fahatelony nataony teo Anosivato, ary ny fahatelony
« teo Ambohipoloatina, ary ny fahàtelony teo Fennoarivo ; ary dia
« nataony namany ny Tsiarondahy. Ataoko Tsiarondahy no anara-
« nareo fa betsaka hianareo ka tsy an olona fa aky. Mpanjaka toy
« ony lahy intsony izao hoy Andrianampoinimerina. Tsiarondahy
« naman' ny Tsimando (fatsimando many no anarany fony izy tamy
« ny Andriana Betsiléo). »

« Il (Andrianampoinimerina) répartit ainsi ses achats : un tiers à
« Anosivato, un tiers à Ambohipoloatina, un tiers à Fénoarivo. Il les

Les Tsiarondahy et les Tsimando occupaient en effet des villages particuliers, construits sur des terrains royaux et lorsqu'ils étaient mêlés au reste du peuple, ils possédaient invariablement un lot de terrain spécial.

Les Tandapamainty ou Tsimando étaient plus particulièrement employés comme courriers de la Reine. C'est ainsi que le nom qu'ils devaient aux circonstances s'appropriait fort bien à la fonction qu'ils remplissaient, car si Tsimando veut dire « qui ne paye pas », les courriers de la Reine devaient, en effet, être hébergés et nourris gratuitement partout où ils passaient.

Jean Carol s'exprime ainsi en parlant des Tsimando :

« Les tsimandous — des coureurs sans rivaux dans ce
« pays où tout le monde a des jambes de fer — étaient et
« sont encore, sous le régime actuel, employés comme
« courriers d'État. Leur personne était quasi-sacrée. Dans
« l'exercice de leurs fonctions, tout sujet de la Reine, sur
« toute l'étendue du pays, leur devait la nourriture et le
« logement. De là ce nom de tsimandou (tsy mandoa),
« mot à mot : celui qui ne paye pas. Que de pauvres dia-
« bles, en France, changeraient leur carte d'électeur pour
« une plaque de tsimandou, si cette plaque leur conférait
« les mêmes avantages qu'à Madagascar !

« Le tsimandou, sous la monarchie houve, fut un per-
« sonnage considérable et redouté. L'autorité dont il

« fit compagnons de Tsiarondahy. Je vous appellerai Tsiarondahy,
« dit le roi d'Ambohimanga, parce que vous êtes nombreux et que
« vous n'appartenez à nul autre qu'à moi, le roi ne manquera plus
« d'hommes. Le Tsiarondahy deviendra le compagnon du Tsimando.
« (Ce nom était celui qu'Andrianampoinimerina portait chez le
« roi Betsiléo, tandis qu'il était son hôte, textuellement, qui ne paye
« pas). »

« jouissait ne peut être comparée qu'à celle d'un émis-
« saire du Conseil des Dix. Il parlait toujours au nom du
« Prince, n'avait qu'à se présenter, qu'à faire un signe
« pour être obéi, même des plus grands. Avait-on décidé
« l'arrestation d'un gouverneur suspect ou frappé de dis-
« grâce, pas n'était besoin de lui dépêcher des gendarmes ;
« il suffisait de lui envoyer un tsimandou. Innocent ou
« coupable, le haut fonctionnaire s'inclinait devant l'es-
« clave de la couronne ; sans demander d'explication,
« passivement, avec une terreur superstitieuse, il le sui-
« vait. Ce singulier prestige n'est pas encore entièrement
« effacé depuis que nous avons substitué notre pouvoir à
« celui de la Reine. »

On classe encore, parmi les serfs royaux, les Moçambiques, devenus Tsimando en 1877, lors de leur émancipation.

Les castes des Tsiarondahy, et spécialement les Olomainty, devaient résider à Faliary, à l'est d'Ambohijeno, à
Mangarano, à l'ouest d'Imerimandroso, et à Ambohipoloatina.

En résumé, les Tsiarondahy étaient la propriété du
souverain régnant. Et si, par suite des guerres civiles, il
est arrivé que quelques-uns d'entre eux aient appartenu à
des particuliers, l'affranchissement seul leur permettait de
retrouver leur qualité première et de rentrer dans la
classe des serfs de la couronne. Les immenses privilèges
dont ils jouissent, comparativement à la situation des
« Andèves », les privent de la liberté au sens réservé à ce
mot par les nations d'Europe. Né serf, il doit rester serf,
avons-nous dit; aussi l'esclave proprement dit dédaigne-t-
il son alliance et se soucie-t-il peu d'aliéner à jamais une
liberté qu'il peut toujours se procurer.

En outre, le serf royal est astreint à la corvée, il paye l'impôt comme un homme libre ; il peut aspirer aux fonctions de l'État. D'aucuns même les ont obtenues d'autant plus facilement qu'ils approchaient de plus près le souverain de par leurs fonctions journalières dans le Palais.

Le R. P. de la Vaissière raconte que l'un d'eux, Rainigory, fut promu à la dignité de 16ᵉ Honneurs, et remplit officiellement la première dignité dans le royaume après celle de 1ᵉʳ ministre, et cela depuis 1864 à 1876, époque de sa mort.

Ramena, dans le Sud, a laissé un nom synonyme de hardiesse et d'intrépidité.

D'autres occupent dans le Palais des fonctions délicates, tandis que beaucoup sont chargés de la haute police du royaume et se trouvent placés, par un pouvoir absolu rempli de défiance, auprès des Gouverneurs et des Chefs d'expédition, prêts à renseigner la capitale sur les faits et gestes de ceux qu'ils sont chargés d'observer. Leur crédit est extrême auprès des hommes libres et des nobles ; aussi les Gouverneurs les redoutent-ils, et cette influence marquée sur tous les points du royaume à cause de leur immixtion dans les affaires les plus secrètes, a-t-elle un effet salutaire sur la politique gouvernementale. Leur condition, par suite, est très aisée ; la plupart d'entre eux possèdent de brillantes fortunes, auprès desquelles pâlissent les richesses de bien des nobles ; quelques-uns possèdent même des centaines d'esclaves. Il serait curieux de savoir de quel œil ces Tsiarondahy ont vu l'occupation française et les efforts de la ligue antiesclavagiste.

Telles étaient les castes d'esclaves à Madagascar. Leur complet développement fut surtout atteint en Émyrne, où il nous a été donné de les étudier, car là seulement on pouvait trouver une réelle organisation administrative. Partout ailleurs les différences entre les catégories n'étaient qu'esquissées, la condition des Andèves se rapprochait encore davantage de l'état familial et patriarcal.

CHAPITRE II

SITUATION DE L'ESCLAVE DANS LA SOCIÉTÉ MALGACHE

I

L'Esclave et la Religion.

La religion de l'esclave est celle de la tribu de son maître. En dehors de la religion catholique et des divers rites protestants enseignés par les Missionnaires européens, nous constatons des pratiques indigènes très ancrées dans les mœurs des populations malgaches, rappelant certains principes enseignés par Mahomet et dans la Judée. Les pratiques ne constituent point un corps de doctrines ; elles sont particulières à chaque tribu, elles ont leurs prêtres, leurs « Ombiasses ». Nous nous trouvons en présence d'une idolâtrie naïve où la superstition domine. C'est ce qui faisait dire à de Flacourt que ces peuples n'avaient point de religion.

« Ils n'ont aucune religion ainsi que tous les Noirs de
« l'Isle, ils ne mangent point de viande de porc et sont
« circoncis. Ils craignent les Blancs des Matatanes qui
« sont Zafferamini ; d'autant plus qu'ils appréhendent
« d'estre charmez et ensorcelés par eux, à cause de
« l'escriture qu'ils sçavent, ayans croyance que par les

« caractères et escritures lesdits Matatanois les peuvent
« faire languir de maladies et mourir aussi qu'ils leur font
« accroire.

« Il n'y a que ceux qui sçavent une certaine prière
« qu'ils nomment Minoreche qui ont la faculté de coupper
« la gorge aux bestes, en quoy ils sont si scrupuleux qu'ils
« mouroient plustot de faim que de manger de la viande
« d'une beste qu'un chrestien et un homme du costé du
« sud auroit tuée ; ils sont tous provenus d'une même
« lignée qu'ils nomment Zaffehibrahim, c'est-à-dire race
« d'Abraham ; ils ne connoissent point Mahomet et nom-
« ment ceux de la secte Cafres. Ils reconnoissent Noë,
« Abraham, Moïse et David ; mais ils n'ont aucune con-
« naissance des autres Prophètes, ny de notre Sauveur
« Jésus Christ. Ils sont circoncis, ils ne travaillent point
« le samedy, ils ne font aucunes prières ni jeusnes, mais
« seulement des sacrifiges de taureaux, vaches, cabrits et
« cocqs. Ils ne chatrent point les taureaux ny autres ani-
« maux, ny mesme n'arrestent point le tabacq à cause que
« les Chrestiens appellent cela chastrer, cela leur estant
« défendu par leurs coustumes. Ils se sentent un peu du
« Judaïsme (1). »

Les Ombiasses seuls offrent le sacrifice et s'entretiennent avec le dieu dont ils interprètent les oracles.
Les autres castes prennent part aux cérémonies du
culte comme de simples assistants ; elles n'y jouent aucun
rôle et les esclaves sont ici considérés sur le pied d'égalité
des autres membres de cette famille, dont ils font partie
intégrante.

---

(1) De Flacourt, chapitre IV. Il s'agit ici des indigènes du Vohitsland,
situé sous le tropique du Capricorne, près de Mananghare.

En général, toutes les tribus de l'Ile adorent des divinités auxquelles elles donnent le nom générique d'Oly. M. de V... dépeint très exactement ces fétiches ; sa description n'a point vieilli, nous avons retrouvé les Oly tels qu'ils étaient au xvii° siècle (1).

La double influence du Judaïsme et du Mahométisme s'est fait sentir dans toute l'île, aussi bien chez les Antimérina que chez les Sihanaka, les Bezanozano, les Antaimoro, les Betsimisaraka et les Sakalaves. Cependant chez toutes ces tribus les croyances religieuses paraissent s'être développées en dehors de la Révélation et des grands systèmes religieux. C'est un amas de superstitions gros-

---

(1) M. de V..., chap. xxx, page 258. — Le célèbre voyageur s'exprime ainsi :

« Oly est l'idole qui est le plus vénéré par toute l'isle de Mada-
« gascar ; je n'en puis donner une meilleure définition qu'en disant
« ce que c'est. Représentez-vous une petite boëte comme un sifflet de
« chaudronnier, où il y a davantage de tuyaux qui sont tous remplis
« de mille saletez, comme du sang de serpent, des fleurs des femmes
« qu'ils aiment, des prépuces des enfans circoncis (la circoncision
« se pratique parmi eux), de certaines racines qui excitent à la
« luxure, de la chair des Français qu'ils ont égorgez et de celle de
« crocodille.

« Toutes ces drogues mises séparément dans chaque trou, avec
« d'horribles grimaces et dans un certain temps, sont ce qui compose
« cet Oly, ce Dieu, en qui ils ont tant de confiance, sans lequel ils ne
« vont jamais, et avec lequel ils se croyent capables de tout. Ils le
« portent ordinairement autour d'eux, attaché avec une courroye de
« cuir ; les grands font enchassez cette petite boîte dans une autre
« d'or ou d'argent, et la portent au col ; la chaîne qui la tient forme
« une espèce de colier fort lâche. Quand ils la portent de l'autre ma-
« nière ils mettent à leur col d'autres boëtes pleines de caractères ma-
« giques et d'espèces de Talismans, de qui ils sont persuadez que
» dépend le bonheur de leur vie. »

sières et embrouillées, difficiles à décrire et à comprendre, dont l'exercice est le privilège des Ombiasses. Pourtant si l'on veut gouverner et administrer un peuple même primitif, il faut le bien connaître ; c'est dans ce but qu'il a paru intéressant et utile à M. le général Galliéni de faire étudier les mœurs, les usages et coutumes des diverses tribus afin de façonner à leur image les arrêtés locaux qu'il devait décréter. Des renseignements minutieux ont été pris. M. l'interprète Bénévent (1), M. le Dr Merleau-Ponty (2), M. le lieutenant-chancelier Vallier (3), ont fourni des travaux très documentés sur les provinces qu'ils habitaient, chez les Sakalaves du Bouéni, les Sihanaka du lac Alaotra, et les Bezanozano du Mangoro.

Or il en résulte des mœurs religieuses très vagues ; les sévères pratiques judaïques et mahométanes notées par de Flacourt paraissent avoir disparu. On ne reconnaît plus l'esprit religieux propre aux Orientaux, le prosélytisme particulier aux sectateurs de Mahomet ; une indifférence paresseuse, entichée de superstitions incohérentes, semble les avoir remplacés.

M. Vallier, dans un exposé très circonstancié des rites des Bezanozano, nous initie à des croyances qui dénotent cependant de curieuses affinités avec la religion des anciens.

« Les Bezanozano, rapporte-t-il, ne croient pas à la
« résurrection des morts ni à la métempsycose ; selon
« leurs croyances, l'esprit se rend aussitôt après la mort

---

(1) 7e livraison, *Revue mensuelle de Tananarive*, p. 49.
(2) 6e livraison, *Revue mensuelle de Tananarive*, p. 344.
(3) Voir 13e livraison, *Revue mensuelle de Tananarive* et les numéros 304, 305, 307 et 308 *Journal officiel de Madagascar et Dépendances*.

« à Amboudrombé, au sud-est de Fianarantsoa, dans une
« espèce de valhalla austral, ouvert à tous les mortels,
« lieu de jubilation et de délices où l'on est consolé des
« peines terrestres. Là, ces esprits grandissent en sainteté
« et en influence et se déifient petit à petit, au point d'être
« placés au rang de véritables dieux.

« Rien de plus curieux que cette foi invétérée à une
« évolution spirituelle posthume, à une lente progression
« de sainteté et de divinisation ! »

Ils ont en outre le culte des morts.

Comme dans les civilisations anciennes, les Malgaches accordent aux ancêtres une puissance absolue, dont ils se serviraient pour dispenser leurs faveurs sur les vivants ou les châtier s'ils avaient quelque sujet de mécontentement. Ici la ressemblance est parfaite dans ses principes, les manifestations prennent une autre forme, mais là est toute la différence. Nous ne nous proposons pas de retracer ces pratiques ; qu'il nous suffise de constater la richesse des tombeaux malgaches, eu égard à la misérable hutte de l'indigène ; ils appartiennent au chef de la famille, et annuellement les descendants de l'ancêtre viennent pieusement « retourner les morts », changer les « lamba » et renouveler les vivres. C'est une occasion de réjouissances.

Ils ont en outre des ancêtres communs qu'ils vénèrent d'un culte spécial : ce sont les Vazimba dont le souvenir fantastique et la triste destinée font encore frissonner les Antimérina, les Sakalaves et les Bezanozano. Loin d'oublier les sépultures d'une peuplade anéantie sans doute depuis deux ou trois siècles, les Malgaches les entourent d'un saint respect et paraissent acquitter une dette qu'ils redoutent de laisser impayée (1).

---

(1) « Les tombeaux des vaincus, ajoute M. Vallier, qui devraient

Les Sakalaves, nous dit M. Bénévent, ne construisent pas de temple pour le culte. Leur véritable religion est celle des ancêtres. Ceux-ci sont de deux sortes : les anciens rois et les Vazimba.

Il est cependant très curieux que la notion d'une divinité unique se rencontre aussi bien chez les Bezanozano que chez les Sakalaves, les Antimérina et les Betsimisaraka. Ils ont conçu cet être tout puissant, créateur de toutes choses et maître de tout ce qui existe. Les uns le nomment Zanahary, les autres Andriamanitra. Cette divinité est pour eux une véritable entité immatérielle, bien définie, rappelant le Dieu de Moïse et des Prophètes, le Jéhova d'Israël. Cependant on ne songe pas à le prier, on lui adresse des invocations dans certaines circonstances soit malencontreuses, soit heureuses. « Telle est la volonté de Zanahary » (1) se contentera de dire un Sakalave accablé d'infortunes.

« Qu'Andriamanitra le bénisse » (2), s'exclamera un Bezanozano en apprenant la maladie de l'un des siens.

Et lorsqu'un voyageur se met en route, le Sakalave prendra congé en prononçant cette formule d'adieu « que Zanahary vous protège ».

« être oubliés depuis longtemps sont au contraire entretenus avec
« soin, et on s'y rend encore fréquemment, comme à un pélerinage
« pour demander pardon et pour conjurer les périls dont on se croit
« menacé. A cette occasion on sacrifie des bœufs et des poulets
« ainsi que le veut la coutume, afin d'apaiser les Vazimbas ; cette
« pratique a notamment lieu à Ratsiomby, à deux heures à l'est
« d'Ambohidray. »

(1) M. Bénévent. *Étude sur le Boénie*. Livraison 7e, *Revue mensuelle*, p. 50.
(2) M. Vallier.

En dehors d'Andriamanitra, des mânes des ancêtres, et des Oly ou amulettes, les Malgaches vénèrent aussi des idoles dénommées « Sampy » qui ont leurs prêtres « Ombiasses », leurs temples et leurs adorateurs. Ces idoles sont constituées par des assemblages de bouts de bois de deux ou trois pouces de long dont le culte mystérieux est inculqué aux fidèles au moyen d'oracles sacrés rendus par les Ombiasses. Ces sampy ne sont pas seulement de vulgaires symboles destinés à rappeler le souvenir de la divinité invisible, ni les emblèmes matériels d'une conception élevée de Dieu, ils sont surtout considérés comme des émanations d'une divinité malfaisante et confuse, ses fils, disent les croyants. On leur offre de riches sacrifices pour se les concilier, non pas parce qu'on les vénère, mais parce que l'on craint les méfaits de leur puissance occulte toujours prête à se manifester par l'intervention malheureuse d'un esprit redouté.

Les pouvoirs néfastes des Sampy impressionnent profondément ces populations naïves et primitives. Les ombiasses exercent sur elles une influence colossale dont ils tirent savamment partie à leur bénéfice (1).

---

(1) Nous n'en citerons qu'un exemple rapporté dans la *Revue mensuelle*, par M. Vallier :

« C'est à Ambohibary, dit-il, sur une petite colline au nord de
« Miandialaza, qu'a lieu, le mercredi, la réunion hebdomadaire des
« fidèles des régions circonvoisines, venant recevoir la bonne parole.
« Ils sont là une centaine, hommes, femmes ou enfants, chiffre
« considérable étant donné le peu de population et sa grande dis-
« persion.

« Andriamanarive, ombiassa de Misosa et d'Imandriambongo, les
« a précédés sur la colline et a planté en terre, au lieu de réunion,
« un grand bâton auquel il a attaché les deux sampy. Une espèce de

Mais ce n'était pas seulement la population qui avait foi aux Sampy ; les souverains ne dédaignaient point de les invoquer et d'apaiser préventivement des colères

---

« gaine en toile blanche, qui ne sera enlevée qu'au commencement de
« la cérémonie, les recouvre. Les fidèles, très recueillis, forment cercle
« autour du bâton et se mettent à genoux.

« L'ombiasse allume alors un petit feu d'écorce d'arbre au pied
« du bâton : au moment où la fumée atteint les sampy, ceux-ci
« rentrent pour ainsi dire en puissance de leurs pouvoirs divins et ils
« pourront consacrer l'eau, à faire des médicaments et à inspirer
« l'ombiasse.

« Ce dernier fait apporter un grand vase plein d'eau dans lequel
« il plonge à plusieurs reprises les idoles en prononçant ces paroles :
« Masina ! masina ! masina ! Ho vokatra ny vary... Dieu Saint, faites
« que les rizières produisent, que la gelée ne tombe pas sur le riz,
« que les femmes et les bœufs enfantent (textuel) !

« L'eau sainte est ensuite partagée entre tous les assistants qui
« ont, à cet effet, apporté des cornes de bœufs. Elle devient une pa-
« nacée universelle, un « ampanafody » à tous les usages et à tous
« les maux, un remède préventif, bref son excellence met l'imagina-
« tion en défaut. On en jette dans la rizière pour avoir une bonne
« récolte, on en fait boire aux animaux domestiques pour les faire
« pulluler, et les femmes stériles ne la dédaignent pas.

« Après le partage de l'eau consacrée, les fidèles sont marqués au
« front avec la terre heureuse (tany rano). L'ombiassa prend de la
« terre blanche dans le creux de la main gauche et la pétrit avec le
« pouce de la main droite ; il passe successivement devant chaque
« personne qu'il marque au front d'une trace blanche et qui élève en
« même temps les bras au ciel en se prosternant jusqu'à terre et en
« disant : « Tsara be Andriamanitra. »

« L'ombiasse entre ensuite en communication avec les sampy par
« un sommeil simulé, rappelant grossièrement quelque lointaine pra-
« tique d'occultisme : il ferme les yeux, tourne la tête à droite et à
« gauche et donne à ses bras une vibration saccadée, imitée de
« quelque danse, qui pourrait le faire croire frappé d'une crise

imprévues. C'est ainsi que la reine Rasoherina, avant d'entreprendre un voyage à la côte en 1867, se rend pieusement aux tombeaux de ses ancêtres, puis elle va « faire ses dévotions à Kelimaza et à Rafantaka (1) », les sampy de la cour. Ce n'est point tout. En cours de voyage, comme elle passait près du temple de l'un d'eux, nous la voyons s'arrêter : « En arrivant à Ambohimanambola, elle fit un détour pour aller voir Kelimaza, elle pria (2). »

Ces superstitions grossières ne sauraient tarder de disparaître sous les efforts combinés du Gouverneur général, des missionnaires catholiques et protestants se livrant à l'envi à l'instruction de ces races primitives.

La jeunesse surtout, les esclaves libérés, plus aptes à subir notre influence, doivent être l'objet de soins minutieux et constants. Poursuivons en même temps les ombiasses et détruisons à notre profit leur néfaste influence. Mais gardons-nous de tomber dans l'excès contraire, évi-

---

« nerveuse. Au bout d'un instant il rouvre les yeux, reprend son air
« habituel et communique la révélation divine à l'assistance.
« Il donne aussi des amulettes en bois ou en feuilles de certains
« arbres pour préserver de tous les risques : guerre, voyages, etc.....
« Elles se portent au cou, aux bras, ou doivent rester à la maison,
« d'après les indications du prophète. Elles confèrent, en principe,
« une immunité absolue et lorsque l'évidence démontre douloureu-
« sement leur peu d'efficacité ou leur inanité absolue, leur crédit
« n'en est pas pour cela diminué, car l'intéressé croira toujours
« que le sampy le punit et se venge de manquements plus ou moins
« imaginaires.
« Enfin la cérémonie s'achève et chacun rentre chez soi absolu-
« ment convaincu qu'il a vu Dieu en personne et son premier mi-
« nistre l'ombiasse. »

(1) Relation insérée dans le *Bulletin du Comité de Madagascar*, n° 5 de 1897 et suivants.

(2) *Bulletin du Comité de Madagascar*, n° 5 de 1897, page 195.

tons les persécutions et tracasseries du gouvernement de Ranavalona III qui croyait en sa puissance d'imposer le christianisme à tous ses sujets. Procédons par persuasion et surtout par l'instruction ; le ridicule seul annihilera des croyances que nous rendrions fortes en leur déclarant la guerre. Ne brûlons pas les sampy, collectionnons-les pour la plus grande joie de nos conservateurs de Musées et attendons l'œuvre inexorable du temps.

Il est quelquefois bon de ne point détruire trop rapidement les croyances naïves d'un peuple ; on sait alors par où le prendre le jour où l'on sent qu'il vous échappe et où les moyens humainement pratiques de le retenir font subitement défaut.

C'est en suivant cette politique que dernièrement nous avons pu ramener sur les chantiers de la route de Tamatave à Tananarive les nombreux indigènes qui les avaient subitement abandonnés, sous prétexte que les maux dont ils souffraient à la suite de l'excès de fatigue que nous exigions d'eux, provenaient de vengeances pernicieuses des ancêtres troublés dans leur repos par le tracé de la route. Cette opinion était d'autant plus ferme que pendant les travaux, plusieurs pierres sacrées avaient dû être enlevées.

Lorsque les motifs de cette désertion générale furent connus, M. le capitaine Girod, directeur du chantier, décida de frapper vivement l'imagination des travailleurs en les invitant solennellement à venir conjurer les esprits malfaisants et obtenir d'eux, par persuasion et au moyen de cadeaux, qu'ils allassent habiter ailleurs. On fixa la cérémonie au 7 août 1898, c'était un dimanche. Le camp de Tranombahiny, sur la Mahéla, prit des allures de fête ; la localité se prêtait d'ailleurs merveilleusement à l'accomplissement des rites sacrés. Les Betsimisaraka et les Antaimoro accoururent en nombre considérable ; les esclaves libérés, parmi lesquels on recrutait surtout des terrassiers, se faisaient remarquer par leur enthousiasme. On décida de procéder à la cérémonie dite de l' « Isotra ». Lehive, chef de Mahela, présidait.

« Il fit, nous dit le *Journal officiel* (1), amener au pied
« du mât de pavillon du camp deux bœufs offerts à cette
« occasion par le service du génie ; chacun de ces ani-
« maux fut amarré par les quatre pieds, la tête tournée
« vers l'Est. Devant eux, sur une natte, on plaça trois
« verres remplis, le premier de vin, le second de rhum
« et le troisième d'absinthe. Tous les assistants se pla-
« cèrent à l'ouest, car les zanahary (les dieux) devaient
« arriver par l'Est.

« Lehive, se tournant alors dans cette dernière direc-
« tion, frappa les bœufs d'un coup de bâton et de chacun
« des points cardinaux fit un appel aux dieux : « Oh ! Za-
« nahary ! » Puis il dit : « Nous sommes tous venus, vos
« fils et moi-même, le fils de tous les anciens chefs, de-
« puis Ambatoharana jusqu'à la rivière d'Asanampinga ;
« également, voici nos frères de sang, les Antaimoro, qui
« travaillent sur la route. Voici ce que j'ai à vous dire :
« Ce pays est aux Français ; ce sont eux les maîtres ; il
« faut faire ce qu'ils demandent, — c'est votre fils qui
« vous en prie, — car si vous les empêchez dans leurs
« desseins, nous autres, vos fils, en subirons mille désa-
« gréments. Nous pouvons mourir ici, comme partout,
« mais nous vous demandons de ne pas nous rendre ma-
« lades si nous travaillons sur la route. Si quelques-uns

---

(1) *Journal officiel de Madagascar et Dépendances*, nº 295, page 2357.

« de nos ancêtres résident sur le chemin, nous les prions de
« choisir d'autres demeures; qu'ils aillent dans le haut ou
« qu'ils descendent dans le Mahela.

« Voici les présents que vous font les Français : voici
« des bœufs, du vin, du rhum et de l'absinthe : prenez,
« mais exaucez notre prière. »

« Après ces paroles, le chef arrose les bœufs avec de
« l'eau, en allant de la tête à la queue; il les frappe cha-
« cun d'un nouveau coup de bâton et leur fait une légère
« incision à la gorge.

« Sur ces entrefaites, survient un coup de vent qui
« renverse les trois verres. Antaimoro et Betsimaraka
« poussent alors de longues clameurs joyeuses : « Les
« Zanahary ont accepté les présents! Ils ont bu; ils sont
« contents »; et les premiers d'ajouter : « Nous sommes
« bien chez les Betsimisaraka ! »

Nous estimons cette politique très habile. Le jour n'est
sans doute pas loin où elle ne sera plus nécessaire; toutefois, la génération actuelle conservera certainement
l'habitude des cultes pratiqués depuis son enfance; mais
l'influence de ces croyances naïves ne saurait se propa-
ger, l'indifférence et l'oubli, aidés du ridicule, feront plus
pour leur anéantissement qu'une politique intolérante et
répressive, dont les actes donneraient à croire aux indigènes que les Français redoutent la puissance de leurs
dieux.

II

Devoirs de l'esclave envers le maître. Dépendance et obligations.

La dépendance de l'esclave vis-à-vis du maître était légalement des plus complètes, et les obligations qui en découlaient devaient être théoriquement très dures. La matière était ici régie par la tradition, la loi des ancêtres, en la circonstance, un décret d'Andrianampoinimerina.

« Autrefois, dit le fondateur de la dynastie des souverains de l'Imérina, la toute puissance du maître sur son esclave ne connaissait point de bornes ; dorénavant vous pouvez faire de vos esclaves tout ce dont il vous conviendra, mais vous ne pourrez plus disposer de leur vie. A moi seul appartient le droit de vie et de mort dont vous avez usé jusqu'à ce jour (1) ».

Mais dans la pratique quelles étaient en réalité les obligations qu'exigeaient de leurs esclaves des maîtres armés d'un pouvoir aussi étendu ? (2).

Nous ne parlerons point des Tsiarondahy dont les hautes fonctions nous ont déjà permis d'apprécier combien devait être douce leur condition, mais nous examinerons la situation des « Andèves ».

C'est ici qu'apparaît le véritable caractère de la servitude malgache : le maître considère son esclave comme un des siens, comme un membre de la famille. Cet esclave en effet est sa chose, son bien, au même titre

---

(1) Ary ny lalana tamy ny andevo tamy aloho dia tamy manana « fahefana tamy ny andevony ny tompon' andevo rehetra mampa- « nompo azy araka ny sitrapony fa tamin' Andrianampoinimerina « vao nanisy lalana hoc : ny fanompoana dia sany manana fahefana « mampanompo ny andevo nareo fa ny aina hosa dia izahoa irery « nontompony. »

(2) Comparer avec la condition des esclaves et des serviteurs gagés en Chine. Mémoire d'Ed. Biot. *Journal asiatique*, mars 1837.

que sa rizière, que son bœuf, mais c'est une chose intelligente, susceptible d'intérêt et d'amitié. L'Arabe ne considère-t-il pas son cheval comme son ami, son plus grand bien? Ne le traite-t-il pas comme tel? De tout temps l'esclavage malgache se distingua par son caractère patriarcal.

« Ils ont, nous dit de Flacourt (1), des serviteurs et des
« esclaves par lesquels ils se font servir avec douceur. »
Et plus loin il ajoute : « Les esclaves ne sont point avec
« eux en qualité d'esclaves, mais les maistres les nom-
« ment leurs enfans, ils leur donnent librement leurs
« filles en mariage quand ils s'en rendent dignes par leurs
« services ».

Ce témoignage nous est précieux.

Voyons d'abord l'esclave familier. Cet esclave, comme son nom l'indique, vit dans la famille dont il fait pour ainsi dire partie intégrante; il peut être comparé au valet du petit fermier dans nos campagnes. Il exécute volontairement sa quote-part des travaux domestiques et peut s'en affranchir moyennant quelques deniers payés soit à son maître, soit à ses compagnons de servitude. Les femmes sont chargées du ménage, chacune a sa tâche particulière : l'une d'elles pile le riz, une autre prépare les aliments tandis qu'une troisième va chercher l'eau indispensable aux besoins du foyer. En dehors de ces diverses attributions, l'esclave est ordinairement chargé des petites industries domestiques; c'est lui qui fabrique les nattes où son maître repose, c'est lui qui tisse les étoffes grossières nécessaires à la famille; la femme fait tantôt de la dentelle de soie, tantôt des lamba multicolores très

---

(1) De Flacourt, avant-propos, page 1.

prisés des européens. Ces lamba de soie sont destinés à servir de linceuls au maître. Quant à l'homme il est plus spécialement chargé de l'entretien de la case; toutefois sa présence aux champs est plus nécessaire.

L'esclave agricole s'occupe uniquement de la culture des rizières de son maître, des champs de manioc et de cannes à sucre. Sa femme l'aide dans ses travaux, surtout au repiquage du riz; ses enfants excitent les bœufs lors du pétrissage des rizières.

L'esclave pasteur soigne les troupeaux de bœufs et les conduit au loin au pâturage; il élève les porcs et donne des soins minutieux aux dindons de l'Emyrne dont la réputation n'est plus à faire. C'est lui qui s'occupe du marché et de la vente des produits.

L'esclave commerçant est très intéressant; il ne se livre qu'au petit commerce, mais il y excelle; c'est le concurrent le plus redoutable du Chinois qui a dû lutter longtemps avec lui, avant de s'implanter dans l'intérieur de l'Imérina. Beaucoup jouissent même d'un crédit fort honorable sur tous les « zoma » ou marchés.

Mais le plus curieux et le plus sympathique de tous les esclaves c'est l'esclave porteur, le plus joyeux nomade que l'on puisse imaginer. C'est par lui que le voyageur prend immédiatement contact avec cette population inconnue qui habite la grande île africaine, et l'impression qu'il vous laisse est ineffaçable. Toujours prêt à marcher à toute heure, il vous transporte avec vos paquets dans toutes les directions de l'Ile, alors même qu'il ne connaîtrait pas la région que vous vous proposez de visiter. C'est l'être le plus heureux (1) que l'on puisse imaginer; il est

---

(1) Révérend Père de la Vaissière.

jeune et toujours content de son sort ; un « volamen » pour lui est une fortune car il n'a pas de besoins. Sa manière de vivre correspond on ne peut mieux au fond de son caractère et aux mœurs populaires. Amoureux de la liberté, des plaisirs et des jeux, inconstant et nomade, il parcourt les sentiers à travers les rizières et les forêts, et ne séjourne jamais deux jours de suite dans la même localité. Levé au point du jour, il met son plaisir à réveiller le « Vahasa » et à partir aussitôt afin de gagner l'étape suivante éloignée souvent de plus de 50 kilomètres.

A peine arrivés, tandis que les uns aident le « Vahasa » à s'installer tant bien que mal dans une case de zozoro où une natte tient lieu de tapis et la cantine de mobilier, les autres allument le feu pour faire cuire le riz et le manioc, et, après ce sommaire repas, les danses les délassent des fatigues de la route, puis ils s'étendent à terre dans leur lamba en attendant le point du jour. Et cela dure aussi longtemps que le voyage.

Le porteur de marchandises jouit d'une liberté encore plus grande ; il marche comme il veut, s'arrête de même. Lorsqu'il quitte Tananarive pour un voyage à la côte, il reste souvent plus d'un mois dehors et effectue allègrement un pénible voyage, ses ballots suspendus à un bambou qu'il promène d'une épaule à l'autre à travers les vallées et les monts, les rivières et les forêts. Cette caste est sans contredit la plus nombreuse ; elle constitue à elle seule une armée plus considérable que celle de l'État. Et tandis que l'on traverse, emporté sur une filanzana envolée dans une course vertigineuse, la région tourmentée du versant de l'Est, on vient à songer presque inévitablement quelle force invincible et irréductible un gouvernement puissant trouverait dans une population aussi rapide à la course qu'endurante à la fatigue, aussi sobre dans sa nourriture qu'exempte de besoins, aussi amoureuse de sa liberté qu'indifférente à la mort, le jour où un voisin turbulent, un conquérant ambitieux voudrait envahir les hauts plateaux et s'y établir. Et pour tous ceux qui ne savent pas ce qu'était ce gouvernement hova, les haines qu'il avait su déchaîner dans le peuple, pour tous ceux là notre conquête restera une énigme indéchiffrable.

Entre l'esclave et le maître on rencontre souvent chez les riches Andriana un serviteur favori, dépositaire de la confiance du père de famille. Ce serviteur, esclave lui-même, est chargé d'indiquer à chacun sa tâche journalière; c'est en quelque sorte un intendant. Le type de l'intendant malgache n'est point pour nous un inconnu; il ressemble à s'y méprendre à celui qu'Homère décrit dans ses récits. Il est devenu l'intime du maître de la maison, quelquefois son père nourricier; on le respecte, on le salue comme un parent. C'est lui qui délie les cordons de la bourse et gère les biens du maître à la ville comme à la campagne: il connaît les cachettes où le trésor est serré et tient les comptes de dépenses. C'est un facteur important dont les attributions sont considérables; sous sa haute direction les esclaves donnent leurs soins soit à la case, soit aux troupeaux, soit aux rizières (1).

Telles étaient les obligations inhérentes à la servitude. Cependant le temps consacré par l'esclave aux travaux du maître n'était point assujettissant, et ici encore l'on pouvait constater le caractère patriarcal de l'esclavage malgache. L'esclave familier se livrait à la besogne quand il en avait envie; l'esclave agriculteur, tout en donnant des

---

(1) R. P. Abinal.

soins assidus à la rizière de son maître, cultivait en même temps sa rizière particulière qu'il devait à sa générosité, comme nous le verrons plus loin. Le pasteur pouvait surveiller son troupeau en menant au pâturage celui du maître, et ce dernier ne voyait aucun inconvénient à ce que les bœufs de son esclave se mêlassent aux siens. Le commerçant travaillait pour lui tout en gérant les intérêts de son maître, il arrondissait son pécule en augmentant la fortune de ce dernier. Quant à l'esclave porteur, rarement il rendait des comptes à son propriétaire qui se contentait d'un maigre tribut sur le salaire de la route.

Quel que soit, en effet, le genre d'occupations assigné aux esclaves, ou choisi par eux, on peut dire qu'en moyenne le service du maître ne leur demandait que le douzième de leur temps. Ils étaient libres de leurs mouvements le reste de la journée et pouvaient se louer à ceux qui voulaient les employer, quitte à donner à leur maître une part plus ou moins grande de leur salaire. Avant l'abolition de l'esclavage, jamais l'Européen ne s'est aperçu que son « boto » était esclave et qu'il devait rendre compte à quelqu'un de l'emploi de son temps. Mais depuis le « boto » a vite fait la différence, et la comparaison n'a pas toujours été en faveur des agréments que lui procurait un travail choisi librement, il est vrai, mais dont les exigences perpétuelles et continues ne lui laissaient aucun répit. En payant notre « boto » nous exigeons de lui qu'il travaille au delà de ses besoins, nous l'assujettissons à faire une tâche qu'il était toujours libre autrefois d'éviter, bien qu'esclave. Ne sommes-nous pas pour lui un maître plus mauvais, un maître, en tous les cas tel qu'il était loin de s'imaginer ?

Nous devrions parler maintenant du droit qu'avait le

maître de disposer de son esclave comme d'un meuble quelconque, c'est-à-dire du droit de vente et d'achat. Nous nous contenterons de le signaler ici, car en somme, ce pouvoir du maître appartient au droit commercial et il semble bien difficile d'aborder la question du commerce des esclaves sans étudier la traite. Or nous réservons ce sujet et nous dirons plus loin tout ce qui s'y réfère.

Ajoutons que l'esclave ne pouvait ester en justice, il était inhabile à intenter une action et à y défendre; le maître le représentait en toute occasion. Il résulte de cette incapacité et de la confusion complète au point de vue légal des intérêts du maître et de l'esclave que même après un changement de propriétaire, l'esclave ne saurait être admis à intenter des poursuites contre son ancien maître, ses plaintes étaient irrecevables. N'était-il pas la chose du maître et Andrianampoinimerina n'avait-il pas dit à ses sujets : « Vous disposerez en maîtres de vos esclaves, mais je réserve pour moi seul le droit de disposer de leur vie. »

III

Droits de famille et de propriété.

La loi des ancêtres, les récits des anciens voyageurs, les lois écrites sont d'accord pour refuser aux esclaves toute compétence à un droit quelconque. « L'esclave est la chose de son maistre » nous dit de Flacourt (1). Mais la

---

(1) De Flacourt, p. 2.

coutume a réagi. L'esclave était devenu en ces derniers temps quelqu'un, surtout l'esclave qui s'était presque racheté et qui ne devait plus à son maître pour jouir de la liberté telle que nous l'entendons en Europe, qu'une somme modique, une piastre, une demi-piastre, soit 2 fr. 50.

§ 1er. — Famille.

Partie intégrante de la famille de son maître, l'esclave avait adopté les us et coutumes de la tribu de ce dernier; la loi ne consacrait nulle part cet usage, l'esclave n'avait point accès au Fokon'olona, il n'était point inscrit sur les registres de l'état civil, on ne conservait aucune trace de sa naissance, de sa filiation, de son mariage et de sa mort. Son passage dans la vie était officiellement inconnu, inaperçu. Néanmoins, dans la pratique, les mêmes fêtes, les mêmes cérémonies présidaient à sa naissance, à son mariage, à sa mort.

Ces cérémonies avaient un fond commun dans toute l'île; seuls les détails variaient avec les tribus.

Naissance. Paternité. Filiation. Minorité. Tutelle. — La plus grande joie du Malgache est d'avoir un enfant, c'est le but de sa vie, l'accomplissement de la loi des ancêtres. Ce bonheur de la famille malgache a été tout dernièrement dépeint avec beaucoup d'exactitude par Jean Carol; tous ceux qui ont habité l'Imérina ont pu se rendre compte de la vivacité réelle du bonheur ressenti par le Malgache devenu père. Les fêtes succèdent aux fêtes; il n'est point de dépenses que l'on ne fasse pour en perpétuer le souvenir. Malheureusement la superstition s'en mêle;

certains jours, certains mois sont néfastes, et l'enfant qui vient au monde pendant ces périodes maudites doit mourir ; on l'abandonne à son destin et l'on précipite sa mort, car le père a tous les droits sur ses enfants, il peut les rejeter, les corriger, les déshériter.

Aussitôt après l'accouchement, l'Antimérina déclare au Mpiadidy la naissance de son enfant ; il paye le droit d'enregistrement (1). L'esclave se contente d'aviser son maître, il ne paye rien à l'État. La coutume n'établit aucune différence entre les enfants légitimes et les enfants naturels. On désigne les enfants par un nom particulier selon les circonstances qui ont entouré leur naissance ; ainsi, les *zana-nateraka* sont les enfants légitimes issus d'un mariage régulier, consacré par le *vodi-ondry* ; les *zazasary* sont les enfants de père inconnu ; les *zazamombareny*, ceux qu'une femme a pu avoir d'un premier mariage ou avant d'être mariée ; les *zanadranitra*, ceux issus d'une union libre et que le père reconnaît. Lorsque les parents régularisent plus tard leur situation devant l'autorité, ces enfants deviennent *zanak-anateraka* ou légitimes.

L'âge de la majorité n'est pas déterminé exactement ; c'est le plus souvent de 16 à 18 ans.

---

(1) Les renseignements concernant les Antimerina ont été fournis par M. Pourrat, chef de bataillon d'infanterie de Marine, commandant le cercle d'Anjozorobé. Ils ont d'ailleurs paru au *Journal Officiel*, nos 271 et 273. Ceux concernant les Sakalaves de l'intérieur ont été empruntés aux études de M. Bénévent, interprète de la province de Majunga, *Journal Officiel* n° 277. Les coutumes des Sakalaves de la Côte ont été rapportées d'après les renseignements fournis par M. Larrouy, président du tribunal de Majunga, *Journal Officiel*, n° 283. Celles des Sihanaka ont été relatées par M. Michard, chef de bataillon d'infanterie de marine, commandant le cercle d'Ambatondrazaka.

Signalons ici les fonctions qui incombaient quelquefois à l'esclave honoré de la confiance de son maître et considéré par ses compagnons de servitude comme un chef, un directeur de leurs travaux. En effet, ordinairement la garde des orphelins et l'administration de leurs biens revenaient de droit aux plus proches parents du côté paternel ou, à défaut, du côté maternel, mais si l'on ne pouvait trouver de tuteur dans la famille, cette tâche revenait « au chef des esclaves ». Il devenait l'intendant de la fortune et des biens de son jeune maître, il en était plutôt le père que l'esclave.

Chez les Sakalaves il n'en est point ainsi. D'aucuns ont prétendu que ces tribus étaient tenues en servitude par leurs chefs. Et de fait, les anciens auteurs ne les appellent que les Seklaves et ne les considèrent point comme des tribus d'hommes libres.

Chez les Sakalaves de l'intérieur, si des orphelins sont trop jeunes et que leurs proches parents ou, à défaut, les anciens du village jugent qu'ils sont encore incapables d'administrer leurs biens, un des parents ou un des anciens est désigné pour en prendre la gestion ; mais ce tuteur naturel n'est que provisoire et son rôle cesse du jour où les enfants sont à même de régler personnellement leurs intérêts.

La coutume des Sakalaves de la Côte est sensiblement différente quant à la filiation naturelle et légitime. « Pater is est quem nuptiæ demonstrant. » La recherche de la paternité est même interdite, nous dit M. Larrouy. L'enfant naturel n'a aucun droit à la succession de celui qui l'a procréé, tandis que la mère le considère toujours comme légitime.

Chez les Sihanaka les pouvoirs du chef de famille sont

illimités, les enfants et les esclaves lui doivent une obéissance absolue à laquelle le gouvernement seul peut les soustraire.

Le gouvernement de la famille, à la mort du père, revient au fils aîné, s'il est capable d'en être chargé. Il revient à la mère dans le cas contraire.

La coutume établit une différence entre les enfants légitimes et les enfants naturels. L'un des époux n'a le droit d'amener au foyer commun un enfant naturel qu'avec le consentement de l'autre. Il en est de même pour l'esclave.

Il n'existe pas de reconnaissance d'enfant naturel en dehors de l'adoption.

La coutume ne reconnaît pas de majorité ni de minorité. Un enfant est jugé majeur le jour où il peut travailler et gagner sa vie.

Les comptes de tutelle sont vite rendus. On voyait aussi très fréquemment, chez les Sihanaka des esclaves gérer les biens des enfants en bas-âge de leurs anciens maîtres.

Enfin dans la province de Farafangana, comme les enfants conçus pendant le mariage, ceux amenés par la femme et nés de père inconnu, ont pour père le mari, à condition que la femme lui en fasse la déclaration au moment du mariage; il en est de même si la femme est en état de grossesse en se mariant.

Il n'y a aucune différence au point de vue de la filiation entre les enfants reconnus, adoptés, naturels ou légitimes; le mari les reconnaît tous comme siens et ils ont les mêmes titres à son affection. Leurs droits sont égaux.

L'enfant, à tout âge, doit obéissance et respect à ses parents; il doit aussi leur venir en aide s'ils se trouvent dans le besoin.

Les corrections corporelles sont très rares et les parents semblent porter beaucoup d'affection à leurs enfants.

Mariage. — Le mariage malgache ne présente pas le caractère d'union morale indissoluble qu'il a en Europe ; il marque bien plutôt l'association légale des deux contractants qui l'ont presque toujours fait précéder d'une période plus ou moins longue d'union libre.

La polygamie n'existe plus, d'une manière apparente, dans le pays ; la coutume en a disparu, il y a un peu plus de vingt ans, depuis que la loi l'a interdite. Avant cette époque, les hommes pouvaient avoir un nombre de femmes variable, suivant leur degré de fortune ou de noblesse : certains en possédaient jusqu'à douze.

Les cérémonies qui président à l'union de deux malgaches sont :

1° Le *fofom-bady* ou consentement des parents. — Le jeune homme demande à ses parents l'autorisation de se marier. Si ces derniers consentent, ils se rendent dans la famille de la jeune fille et la demandent en mariage pour leur fils. Le jeune esclave doit en outre prendre l'avis de son maître, mais il n'est pas tenu de le suivre. Ordinairement le maître cherche à marier ses esclaves entre eux ; il y tient surtout pour les femmes afin d'éviter qu'elles ne quittent ses propriétés pour suivre le mari.

Lorsqu'il y a accord de part et d'autre, le mariage est immédiatement décidé.

Si les parents refusent leur consentement, l'alliance ne peut être conclue, ce qui n'empêche pas les jeunes gens d'entretenir des relations. Un proverbe du pays dit à ce sujet que « les deux amants malheureux s'aiment chaque jour de plus en plus, jusqu'à la mort.

2° Le *Vody-ondry* (arrière-train de mouton). — Cette cérémonie, qui emprunte son nom à une vieille coutume aujourd'hui abolie, donnait la sanction définitive au mariage qui n'était point légitimé sans elle. Elle consistait en la remise par le jeune homme, d'un arrière-train de mouton, (part réservée aux chefs et, par extension, aux chefs de famille) aux parents de la jeune fille, pour leur témoigner qu'il les respecterait désormais comme les siens propres. L'usage y a, peu à peu, substitué le don d'une somme d'argent équivalente (1).

3° Le *consentement des époux*. — Le consentement des époux était établi par les relations intimes qui existaient entre eux avant leur union légale. Les proverbes malgaches qui sanctionnent cette coutume sont nombreux : « *Vohanhazo an'ala ka ny mamy atelina ny mangidy aloa* — Il faut goûter les fruits pour savoir s'ils sont savoureux. » etc...

Prohibitions au mariage. — Les cousins et cousines peuvent se marier entre eux, sauf les enfants de deux sœurs. On désigne sous le nom de « *vady amboarina* » les enfants issus de frères ou de proches parents, que la famille marie ensemble pour empêcher ses biens de

---

(1) Depuis la promulgation de la loi malgache de 1889, l'inscription du mariage sur les registres du gouverneur et sous-gouverneur était devenue une formalité obligatoire et essentielle pour les hommes libres. Elle était faite au domicile du mari, en présence des époux, de leurs parents ou des représentants de ceux-ci, moyennant une taxe de 0 fr. 60. Les infractions à cette loi étaient punies d'une amende de cinq bœufs et de cinq piastres, dont un tiers payable par la femme.

passer entre des mains étrangères. Les esclaves devaient respecter ces prohibitions.

Les empêchements au mariage tenaient surtout à la différence des classes et des tribus. Les Andriana et les Hova, ne pouvaient, en aucun cas, se marier avec les esclaves. La prohibition s'étendait même aux rapports de concubinage. Cependant, dans la région du Nord, cette dernière défense était levée pour tous les Malgaches qui allaient au delà de la Tsarasoatra (rivière d'Ambatomainty).

La défense faite aux Andriana et aux Hova de se marier avec des esclaves a toujours été scrupuleusement observée. On ne relève comme infraction à cette règle que le cas unique de Radama II, qui épousa une esclave du nom de Rasoameja, servante de Rasoherina, sa femme légitime, et en eut un fils qui devint Hova. (La mère et le fils vivent encore à ce que l'on dit).

Cependant, afin de pouvoir l'épouser, le roi fut obligé d'affranchir sa servante et de la laver publiquement, dans une cérémonie assez analogue au baptême, avec de « l'eau d'argent » « ranombola » (1).

Cette infidélité peu déguisée est probablement une des causes, sinon la principale, pour lesquelles la reine Rasoherina fit plus tard assassiner Radama.

Ainsi, la situation sociale des deux partis était, dans beaucoup de cas, un obstacle sérieux au mariage, et les membres des différentes castes faisaient tous leurs efforts pour empêcher les mésalliances (2). La loi des

---

(1) Jarre d'eau au fond de laquelle est déposée une pièce d'argent.
(2) *Mésalliances.*—Les princesses seules (zanak'andriana) pouvaient

ancêtres, avons-nous dit, condamnait à l'esclavage le mésallié.

Fiançailles. — Il n'existe pas de fiançailles légales.

Les jeunes gens peuvent, à leur gré, rompre les relations qu'ils entretiennent avant le mariage ; une femme peut être fiancée plusieurs fois de suite, sans que cela entrave aucunement son mariage, le Malgache ne se préoccupant jamais des relations que la femme a pu avoir avant de l'épouser.

Droits et devoirs des époux. — Le mari doit aide et protection à sa femme. C'est lui seul qui a la direction du ménage, mais c'est lui aussi qui doit assurer aux siens, femme et enfants, des moyens d'existence ; c'est une chose facile lorsqu'il est esclave.

L'épouse doit l'obéissance passive aux ordres de son mari.

Régime conjugal. — Les biens particuliers des époux leur appartiennent en propre et chacun d'eux conserve l'administration et la libre disposition de sa fortune. Le plus souvent, c'est le mari qui s'occupe de la mise en valeur des biens ; mais il ne peut, dans aucun cas, disposer de ceux de sa femme sans qu'elle ait donné son consentement. Car nous verrons que l'esclave peut posséder sa vie durant un pécule et le faire valoir.

---

s'unir avec les nobles et les hovas, sans perdre leur noblesse ni la faire perdre à leurs enfants.

Les femmes des quatre premières classes de la noblesse devaient épouser un noble de l'une de ces quatre classes, sous peine de se mésallier. De même, les femmes des autres classes supérieures ne pouvaient, sans déchoir, faire choix d'un mari d'une caste inférieure.

Les enfants ne pouvaient être ennoblis si le père ou la mère était d'origine roturière.

A la mort de l'un des époux, son pécule revient au maître.

Les unions contractées pouvaient être rompues par la dissolution, la répudiation ou le divorce.

Dissolution. — La dissolution est une séparation amiable consentie par les deux époux.

Dans certains cas, le maître était consulté ; mais le plus souvent on ne recourait pas à cette formalité et l'accord seul des deux époux consacrait la séparation. Du reste, les femmes elles-mêmes paraissaient assez satisfaites de cette facilité qui leur était offerte de changer d'amant.

Cette coutume était essentiellement dans les habitudes malgaches et donnait satisfaction à la légèreté des mœurs de l'homme et de la femme. De nombreux proverbes consacrent cet usage :

« L'amour est comme le semis de riz, quand on le repique il pousse quand même ».

« Le mariage est un lien avec lequel on fait un nœud qui peut facilement se défaire ».

« Le taureau qui reste longtemps couché sur un côté se fatigue, et se tourne de l'autre côté ».

Chacun des deux époux reprend le libre usage de son pécule propre (1).

Souvent aussi, une convention était passée au moment du mariage. La femme avait à choisir entre trois rangs de perles en corail (voahangy telo andalana) et trois rangs

---

(1) Les biens acquis en commun reviennent en totalité à l'époux lorsque les deux conjoints appartiennent aux quatre premières classes de la noblesse, et la femme n'en reçoit que ce qu'il plaît au mari de lui donner.

de paille (kitay telo andalana) : le choix des perles impliquait sa renonciation à toute part d'acquêts : tandis que celui de la paille lui réservait un tiers de ces biens.

Sinon, le partage des biens réalisés en commun se faisait à raison de deux tiers pour le mari et un tiers pour la femme.

Quel que soit le motif de rupture, les biens échus par succession, donation, testament ou toute autre voie à l'un des époux, pendant le mariage, lui restent en toute propriété.

Quant aux enfants, s'ils sont en bas âge, ils restent généralement avec leur mère ; lorsqu'ils sont déjà grands, ils peuvent choisir et suivre l'un ou l'autre de leurs parents. Ceci n'avait d'importance pour le maître que lorsque l'un des conjoints ne lui appartenait pas. En cas de désaccord, comme le père conservait toujours l'autorité et la tutelle, il pouvait les retenir avec lui. C'était à son maître d'intervenir.

Répudiation. — Avant l'établissement du divorce, le mari avait le droit de renvoyer sa femme de par son bon plaisir et sans le consentement de cette dernière. Cette coutume est ajourd'hui interdite, mais il y a encore des répudiations secrètes.

Les époux s'adressaient quelquefois au maître, mais très rarement. Les Malgaches considèrent en effet comme honteux de faire connaître leurs affaires de famille à tout le monde.

La femme répudiée se retirait tout d'abord dans sa famille, chez son ancien maître, en attendant que son mari vînt lui-même confirmer, en présence des parents, la décision qu'il avait prise, par la formule consacrée : « Que « vous ayez un mari noir, un mari blanc, qu'il vienne du

« nord, du sud, de l'est ou de l'ouest, peu m'importe, « vivez heureuse ! » Cependant, il arrivait quelquefois que cette déclaration verbale était remplacée par un simple message.

Dans l'usage, cependant, on admettait que l'homme avait douze jours pour réfléchir avant de répudier complètement sa femme, et il pouvait toujours la reprendre avant l'expiration de ce délai (1).

Divorce. — Le divorce a été substitué à la répudiation et, aujourd'hui, la séparation des deux époux ne peut avoir lieu sans l'intervention de l'autorité, ici le maître.

Cette loi a été assez mal accueillie par les Malgaches et l'on raconte que beaucoup de maris auxquels le divorce avait été refusé auraient eu recours au crime pour se débarrasser de leur femme. Ce dont ils s'excusaient, d'ailleurs, en citant le proverbe : « Kibo tsy tia tsy asesika, le cœur qui est dégoûté ne peut continuer à aimer. »

L'homme et la femme ont, l'un et l'autre, la faculté de demander le divorce. Les motifs les plus généralement invoqués sont : l'incompatibilité d'humeur ; contre le mari plus spécialement : l'inconduite, l'ivrognerie, le vol ; contre la femme : la débauche, l'adultère et quelquefois la stérilité.

Ce dernier cas, pourtant, était rarement invoqué autrefois, par suite des facilités d'adoption ; souvent même l'épouse stérile amenait dans la couche du mari une sœur,

---

(1) Lorsque les conjoints étaient des hommes libres, chacun des époux reprenait ses biens propres ; les biens communs étaient partagés, sauf dans le cas, d'ailleurs fort rare, où la femme avait été chassée publiquement devant le fokon'olona.

une cousine ou une proche parente pour qu'elle lui donnât un enfant (1).

Le divorce entraînait les mêmes effets que la répudiation à l'égard des biens et des enfants.

Enfin, chacun des époux que la dissolution, la rupture ou le divorce avaient désunis, pouvait contracter un nouveau mariage.

L'homme et la femme avaient, à cet égard, les mêmes droits et étaient entièrement libres, et les deux époux divorcés pouvaient même contracter ensemble une nouvelle union.

Il ne faudrait point croire, cependant, que ces coutumes fussent semblables chez toutes les autres tribus. Le mariage, chez les Sakalaves de l'intérieur, de même que chez toutes les peuplades qui se rapprochent le plus de l'état de nature, n'est soumis à aucune règle. C'est la vie en commun, primitive, sans le moindre caractère légal.

La répudiation, le divorce sont également pratiqués par toutes les tribus sakalaves, par les Sihanaka et les Antaimoro.

Toutefois, M. Vallier (2) nous signale une pratique curieuse, particulière aux Bezanozano, qui seraient encore

---

(1) Aujourd'hui, les époux qui désirent divorcer en font la demande au gouverneur du village.

Le jugement définitif ne pouvait avoir lieu anciennement qu'à Tananarive, et les époux versaient la somme de 33 piastres au gouvernement lorsque la séparation légale était prononcée. Le jugement paraissait à la *Gazette Officielle* et était inscrit sur les registres du gouverneur.

(2) Lieutenant-chancelier du cercle de Moramanga (*Revue mensuelle*, 13e livraison).

polygames. Le Bezanozano ne serait monogame que par nécessité, par pauvreté. « Il est une coutume assez répandue, nous dit M. Vallier, tenant à la fois de la polygamie et de la polyandrie, qui particularise tout à fait l'institution du mariage chez les Bezanozanos : je veux parler de ce qu'ils appellent « les femmes communes ». Ainsi, il arrive fréquemment que plusieurs pères, tous mariés, autant que possible (il peut y avoir des exceptions), se groupent et forment un véritable syndicat, espèce de mutualité conjugale, dont le but est de limiter aux adhérents de cette ligue d'un nouveau genre les écarts de conduite de leurs femmes. En temps ordinaire, les ménages restent séparés, mais l'un des maris vient-il à tomber malade, ou à s'absenter pour un motif quelconque, sa femme reste à la communauté. »

Telles sont les mœurs conjugales des Malgaches; la douceur, la solidarité, l'affection, l'égalité des conjoints, en sont les caractères primordiaux; l'amour des enfants, « un désir effréné de postérité » le seul but.

Adoption. — L'importance que les Malgaches attachaient à la continuité de la famille les amena de bonne heure à suppléer à l'absence d'enfant par l'adoption. Ce ne serait que sous Radama Ier que cet usage aurait pris naissance et se serait répandu dans toute l'île; il est pratiqué par les esclaves comme par les hommes libres.

« Malheureuse sans héritier la femme qui a des ri-
« chesses. »

« Heureuse la femme pauvre qui a des enfants, »
dit un proverbe (1).

---

(1) *Revue mensuelle*, 7ᵉ livraison, p. 23. Noël, commandant d'infanterie de marine.

L'adoption permettra au Malgache de réformer les caprices cruels de la nature et de se procurer une progéniture « à la façon des tiges de maïs qui enfantent aux flancs », dit un jour Razafimandimby questionné à ce sujet (1); et « si elle est si commune, ajoutait il, c'est que chez nous l'hérédité collatérale n'existe pas. »

L'adoption est donc très en honneur chez les Malgaches qui la pratiquent sous diverses formes, donnant lieu à des cérémonies fort simples qui sont les suivantes en Imérina (2).

Le *fanalan-dratsiana*, ou adoption de l'enfant avant sa naissance. Une femme non mariée étant enceinte, l'homme qui désire adopter l'enfant se rend chez elle, lui offre à manger et lui dit : « L'enfant qui naîtra sera mon fils. »

Le *manosomena* ou adoption au moment de la naissance. L'adoptant vient trouver la mère au moment de la naissance de l'enfant et enduit de graisse le nouveau-né.

Le consentement de la mère est nécessaire dans les deux cas.

Le *manalavolo*. — L'adoptant vient chez les parents le jour où, pour la première fois, on coupe les cheveux à l'enfant et paye les dépenses de la fête.

Le *famorana* (circoncision). — L'adoptant assiste à la cérémonie de la circoncision; il paye les dépenses de la fête (3).

---

(1) Jean Carol, p. 122.
(2) *Journal officiel*, n° 273, p. 2.127.
(3) Il paye au Gouvernement une somme de 0 fr. 60, si l'enfant est Hova, ou une piastre s'il est Andriana, de l'une des quatre premières classes de la noblesse, c'est le Hasina.

Enfin, le *fananganan-jaza*, ou adoption d'une personne d'un âge quelconque. Dans ces conditions il arrive très souvent qu'un même individu soit adopté par plusieurs personnes à la fois et que, réciproquement, une même personne en ait adopté plusieurs (1).

Cependant l'article 53 de la loi de Ranavolona II indique un cas de nullité de l'adoption, c'est lorsque l'acte aura eu lieu quelques jours avant la mort de l'adoptant.

« Toute adoption est-il dit, et tout rejet d'enfants faits
« quinze jours avant le décès de l'auteur de l'adoption ou
« du rejet seront considérés comme nuls, parce qu'ils
« auront été faits à l'article de la mort. »

A part cette prohibition toute personne peut être adoptée et la seule condition exigée de l'adoptant est qu'il soit majeur.

L'adopté est regardé comme le fils légitime de l'adop-

---

(1) Cependant la formalité du hasina est très importante. En effet, dit l'article 53 de la loi de Ranavalo II « nul enfant recueilli par
« charité ne sera considéré comme ayant été adopté, si la formalité
« d'adoption n'a pas été accompagnée du versement de la pièce
« d'argent non coupée et si le droit de 0 fr. 62 qui doit être versé par
« le père adoptif n'a pas été payé ; enfin, si la famille, les parents ou
« les tompomenakelys n'ont pas eu connaissance de l'adoption, ou si
« l'enregistrement n'en a pas été fait dans les livres du Gouver-
« nement, tout enfant se trouvant dans cette situation et prétendant
« faire valoir des droits de fils adoptif subira une peine d'une année
« de fers. »
La formalité indispensable est remplie par le fokon'olona et deux témoins qui en dressent le contrat, désigné sous le nom d'orimbato, terme employé également pour désigner le salaire donné aux témoins. Avant que les communes eussent des registres, cet acte était proclamé publiquement.

tant et comme tel, hérite de ses biens, sans que celui-ci ait aucun droit sur la fortune personnelle de l'adopté.

Les droits et obligations que crée l'adoption au point de vue moral et matériel, entre les deux contractants, sont les mêmes que ceux qui existent entre un père et ses enfants.

Toutes les peuplades de l'Ile connaissent l'adoption; leurs coutumes prescrivent la publicité de l'acte proclamé dans un « kabary » ou assemblée du peuple.

De cet exposé se dégage ce principe remarquable que l'adoption est possible à tout âge et qu'elle est permise à toutes les castes de la société malgache; son usage n'est arrêté ni restreint par aucun texte de loi. On ne voit aucun inconvénient à ce qu'un enfant adopte son père, un esclave son maître, que le même sujet soit adopté successivement par un nombre considérable d'individus. « Il y a des fils adoptés, nous dit le R. P. Abinal, âgés de
« 50 ans, qui ont plus de cinquante pères adoptifs : ce
« sont les puissants du jour. Ne faut-il pas que le faible
« se couvre de la puissance du fort ? le pauvre, de la
« richesse de l'opulent ? Les puissants et les riches, péné-
« trés de reconnaissance pour cette attention de leurs
« nouveaux pères adoptifs, et sachant d'ailleurs qu'ils
« doivent hériter d'eux dans une certaine mesure déter-
« minée par l'adoptant, leur donnent autant qu'ils le
« peuvent l'occasion de s'enrichir. Que de pères adoptifs
« de hauts personnages de Tananarive ont été ainsi nom-
« més gouverneurs de province par leurs fils adoptifs au
« sommet du pouvoir ! »

On voyait en outre très souvent un homme libre se faire adopter par son vieil esclave, possesseur de nombreux biens, dans le but apparent d'hériter normalement à sa mort de richesses toujours retirables, il est vrai légalement, mais qui, en fait, de par l'usage, devaient lui échapper.

Décès. — Mort, l'esclave n'a point droit au tombeau de la famille, on le porte quelque part en terre dans les biens de son propriétaire et c'est tout. Sa famille est libre de lui faire les funérailles prescrites par la coutume au milieu des cris et des sanglots des amis et connaissances accourus à la case du défunt. C'est aussi l'occasion de fêtes assez longues à l'effet d'honorer la mémoire du mort. En cette circonstance, les attributions du Fokon'olona sont des plus importantes, il préside à toutes les cérémonies, la famille le consulte et suit ses prescriptions. De nombreuses hécatombes de bœufs précèdent et suivent l'enlèvement du corps; il faut bien nourrir les parents et amis accourus de tous les côtés et les remercier des oboles qu'ils ont bien voulu apporter. Lorsque le décédé est un miséreux le Fokon'olona procède à ses frais aux obsèques. Le cadavre enveloppé dans de nombreux « lamba » plus ou moins riches suivant la fortune du décédé, est attaché par les extrémités à un bambou et porté sur les épaules des membres du Fokon'olona. La cérémonie terminée on se purifie, les musiciens sont congédiés. La coutume fixe la durée du deuil, elle est suivie scrupuleusement.

§ 2. — Propriété des biens de l'esclave

La loi, avons-nous dit, s'opposait à ce qu'un esclave pût posséder en toute propriété; néanmoins nous avons remarqué que la coutume lui tolérait la possession d'un pécule. Il était en effet une loi fondamentale du royaume qui défendait aux Malgaches de s'élever au dessus de leur condition originelle, quelque fortune qu'ils acquièrent ; par suite les biens amassés par les esclaves ne pouvaient leur appartenir légalement ; ils ne devaient pas pouvoir en disposer. De bonne heure la pratique se trouva en contradiction avec la loi, les esclaves purent arrondir leur pécule, posséder des rizières, des troupeaux et même de nombreux esclaves. Quelques-uns devinrent de si grands propriétaires qu'à leur mort leurs maîtres n'osèrent plus les dépouiller à leur profit ; ils durent consentir aux enfants la possession de biens qui en réalité ne leur appartenaient plus que nominalement.

Il est vrai d'ajouter qu'il n'en avait pas toujours été ainsi ; c'est d'ailleurs ce que nous confirment les anciens auteurs. Dans ses *Explications de quelques noms propres et mots difficiles à entendre*, de Flacourt s'exprime ainsi au sujet de l'esclave : « Andevo : c'est un esclave qui n'a rien à luy en propre et qui est serf ».

Puis, dans la suite, la nonchalance des maîtres, le caractère patriarcal de la servitude, l'activité des esclaves, les dons viagers que les maîtres prirent l'habitude de faire à ceux dont ils voulaient récompenser le zèle et les services firent perdre de vue en pratique ce principe de droit, et les esclaves disposèrent facilement de leur pécule avec l'assentiment du maître. Mais la loi restait muette.

C'est ainsi qu'un esclave put songer à se racheter (1), et

---

(1) Comparer le pécule malgache avec lui que nous avions organisé dans les colonies tropicales. Voir à ce sujet : *Exposé du patronage des esclaves dans les colonies françaises*, imprimé par ordre du mi-

que le maître en vint à se faire adopter par son esclave afin d'éviter toute querelle à l'article de la mort. Il reprenait ainsi la possession de biens dont il était cependant le propriétaire légal.

Les droits que la coutume reconnaissait aussi aux esclaves en dépit de la loi étaient relativement d'autant plus importants que ceux des propriétaires, hommes libres, étaient plus précaires. Andrianampoinimerina n'avait-il pas dit : « La terre est à moi et je la partage comme il me
« plaît..... Ainsi, je vous le déclare, l'Imérina, la terre et
« le royaume sont à moi, mais je les partagerai entre vous,
« car je n'ai pas assez d'argent ni de troupeaux de bœufs,
« mais je vous attribuerai des terrains pour vous entre-
« tenir, parce que la terre et le royaume sont à moi » (1).

Bien qu'au moment de l'abolition de l'esclavage la propriété individuelle fût pratiquée en Imérina, la souveraine avait conservé le domaine éminent sur tout le territoire officiellement reconnu, dès la fondation de la monarchie hova.

Ainsi, dans la propriété foncière, restriction faite des droits du pouvoir royal, il devient évident que la possession de l'esclave devait se rapprocher de la propriété du maître au point de l'anéantir presque totalement ; on pourrait la comparer, avec quelque raison, à un usufruit.

Mais où l'on ne voit plus la différence et l'infériorité de la condition de l'esclave, c'est incontestablement pour les autres biens. L'esclave dispose de son pécule mobilier en

---

nistre secrétaire d'État de la marine et des colonies, 1844, p. 331 ; voir aussi les articles 28 et 29 du Code noir et 21 et 22 des lettres patentes de 1723.

(1) (Kabary d'Andrianampoinimerina, subdivisant l'Imérina par cents et par milles pour la perception de l'impôt.)

toute liberté, il achète, revend ses troupeaux et ses esclaves particuliers qui « composent presque uniquement la fortune des Malgaches » (1), et cela dans les mêmes conditions qu'un homme libre.

Sa possession est tout aussi précaire d'ailleurs que la propriété nominale du maître, car, ainsi que le fait remarquer M. Grandidier, « personne à Madagascar n'est sûr de conserver ses biens ». Sous les prétextes les plus futiles, la confiscation, les amendes les font passer bien souvent entre les mains des fonctionnaires préposés à la direction et à l'administration des provinces du royaume, jusqu'à ce que le premier ministre, à son tour, choqué d'un enrichissement scandaleux, ne juge bon de s'approprier des biens si mal acquis.

Chez les tribus indépendantes, les razzias continuelles et les pillages ont été jusqu'à ce jour les grands régulateurs de la répartition des richesses.

Dans ces conditions, l'esclave possesseur de biens dont légalement il ne pouvait avoir la propriété, ne se trouvait point en réalité dans une situation inférieure à celle de l'homme libre qui ne pouvait en toute sécurité conserver sur ses biens les droits inhérents à sa qualité de propriétaire.

Capacité de l'esclave; des contrats et obligations. — Mais quelle était la capacité de l'esclave? L'esclave peut-il contracter, peut-il vendre ou acheter comme l'homme libre? La loi malgache nous apprend le contraire. L'esclave ne peut contracter qu'avec l'assistance de son maître,

---

(1) La fortune des Malgaches, par A. Grandidier (comité de Madagascar, bulletins nos 7 et 8 de 1896.)

sinon, l'acte n'est pas valable, et si le vendeur n'était pas payé, il ne pourrait répéter la valeur de l'objet au maître.

Celui-ci n'est engagé que lorsqu'il assiste son esclave. L'article 149 s'exprime ainsi : « Si quelqu'un vend à crédit « à un Tsiarondahy et qu'il soit insolvable, le montant de « la dette ne pourra être réclamé », et l'article 248 ajoute : « Les ventes ou prêts faits à un esclave ou entre esclaves « hors de la vue du maître ne pourront donner lieu à « aucune réclamation. »

Ces prescriptions se trouvaient déjà décrétées dans la loi de 1868 et faisaient l'objet des articles 77 et 89.

L'esclave est donc un incapable dans toute l'acception juridique du terme ; la loi refuse toute validité aux engagements qu'il pourrait souscrire et le prétoire restera fermé aux revendications qui pourraient en résulter. Dans la pratique on ne s'occupait point de ces défenses logiques mais draconiennes ; l'esclave commerçant s'en souciait peu et le maître n'avait garde de laisser dépérir ses transactions, sous prétexte que son mandataire était inhabile d'après la loi à les diriger avec une compétence toute particulière.

Donc, le marché était légalement accessible aux esclaves ; ce qui leur était défendu, c'était de vendre ou d'acheter à crédit. On supposait que leur présence au « Zoma » était tacitement autorisée du maître et que les transactions qu'ils effectuaient au comptant ne pouvaient porter un grand préjudice à leur mandant. Mais là se borne la tolérance de la loi, et si le payement n'a pas lieu aussitôt, il ne peut y avoir créance.

Transmission de la propriété. Succession. Rejet. —
Ce que le Malgache paraît craindre par dessus toute chose,

c'est de voir sa personnalité disparaître avec sa mort ; lorsque la Nature lui refuse des héritiers directs, nous l'avons vu recourir sans hésitation à l'adoption, car « il faut que la personnalité du mort soit continuée ». En outre, la loi décide que les biens des individus morts sans postérité reviennent soit au seigneur du domaine, soit à l'Etat. L'adoption permet d'éviter cette dure nécessité.

Si les co-héritiers préfèrent rester dans l'indivision, l'esclave suit la condition des autres biens (1).

L'esclave pouvait-il tester? Oui, si le maître l'autorisait. Dans ce cas, aux yeux de la loi, le maître, seul héritier légal, concédait, *ipso facto,* aux fils de son esclave les biens du père selon les dispositions testamentaires qu'il avait bien voulu tolérer.

C'est une liberté sacrée pour le malgache de pouvoir traiter comme fils l'étranger qui a pu faire naître dans son âme une affection durable, s'il ne se connaît point d'héritier direct, ou si ceux qu'il tient de la nature sont indignes. N'oublions point, en effet, que l'hérédité collatérale est inconnue et que le frère et l'oncle ne sont point des héritiers. Pour continuer la personne du mort ils devront recourir à l'adoption.

---

(1) C'est par le testament que le défunt, s'il était homme libre, faisait connaître ses dernières volontés et disposait de ses biens. Mais souvent le testateur, avant de mourir, réunissait toute sa famille et indiquait le partage de sa fortune, en présence des membres du Fokon'olona, assistés du Tompomenakely. Cette formalité conférait à l'acte le caractère d'authenticité qui lui était indispensable vis-à-vis des intéressés. Quand le testateur consignait ses observations par écrit, le testament devait être ouvert et prononcé en présence des mêmes autorités. Le testateur était libre de modifier ses premières dispositions testamentaires, à charge ne ne point négliger les formalités que nous venons d'indiquer. (Article 71 de la loi de 1868).

Il était donc possible de rejeter de sa succession un héritier de droit, et d'adopter qui que ce soit, même un esclave. Mais dans quelles conditions la loi accordait-elle ce droit?

Nous connaissons déjà les dispositions de l'article 73 de la loi de 1868 qui décide qu'un rejet, fait quinze jours avant le décès de son auteur, sera considéré comme nul. De même, nous dit la loi de 1881 dans son article 48, si l'adopté ne se conforme pas aux stipulations de l'acte d'adoption, solennellement acceptées, il pourra être rejeté.

La coutume exigeait certaines circonstances, prescrivait les formalités obligatoires pour permettre le rejet (1).

Le rejet d'enfants en bas âge n'avait lieu que lorsque le mari répudiait sa femme et que celle-ci emmenait ses enfants.

Pour les ascendants au deuxième degré, l'autorisation du gouvernement ou du maître, selon le cas, était nécessaire pour rejeter un petit-fils.

Le père et la mère adoptifs avaient les mêmes droits que le père et la mère naturels.

Il n'y a qu'une forme de rejet, qui s'appelle *vola tsy vaky*. La personne qui veut rejeter un enfant en fait la déclaration au gouvernement, ou à son maître, s'il est esclave, en présence de deux témoins, au moins (2).

---

(1) *Journal Officiel* n° 273, coutumes des Hova.

(2) S'il s'agit d'un homme libre le fokon'olona fait une enquête et le rejet peut être prononcé. Celui qui a rejeté un enfant paye une piastre de droits.

La formalité essentielle est le contrat inscrit sur les registres du gouverneur et signé par les témoins.

Au point de vue moral, l'enfant rejeté n'appartient plus à la famille : il devient un étranger pour ses parents.

Au point de vue des biens, il est complètement déshérité. Mais, lorsque l'enfant est rejeté après la mort de l'un des ascendants directs, père ou mère, il a toujours droit à l'héritage des biens de celui qui ne l'a pas rejeté.

Enfin, il y a lieu de signaler une forme particulière de rejet appelée *didy*. L'enfant n'est pas complètement rejeté ; il est en partie déshérité. Ce cas se produit lorsque les parents partagent leurs biens avant leur mort.

Cette coutume était surtout mise en pratique pour les enfants prodigues.

Le rejet (1) pratiqué chez les Sakalaves de l'intérieur diffère sensiblement ; il est assez rare et a lieu sans aucune formalité. Le père fait connaître publiquement sa volonté et renvoie l'enfant dont il a à se plaindre. Toutefois, le rejet n'est permis que lorsque celui qui a motivé cette mesure extrême est en état de travailler et de gagner sa vie.

Les parents se considèrent dès lors comme dégagés de toute obligation morale vis-à-vis de cet enfant, et celui-ci sait, de son côté, qu'il n'a plus rien à attendre d'eux, soit pendant leur vie, soit comme héritage après leur mort.

Autrefois, avant l'établissement des registres, le rejet était annoncé publiquement.

Le droit de rejet n'est pas uniquement subordonné à la volonté des parents ; le fokon'olona intervient et juge si l'enfant mérite d'être rejeté ; dans tous les cas, les membres du fokon'olona essayent d'obtenir pour lui le pardon de ses parents. Les enfants, ou tous autres intéressés, peuvent faire opposition au rejet ; le fokon'olona juge alors sans appel.

(1) *Journal Officiel* n° 277, coutumes sakalaves.

Il existe aussi un autre cas de rejet.

Lorsque le mari a des raisons de douter de la fidélité de sa femme, il peut refuser de reconnaître comme sien l'enfant qui vient de naître ; dans ce cas, c'est la mère qui en devient la tutrice naturelle. Il est rare, du reste, que le mari empêche cet enfant de vivre sous son toit ; il se contente de ne pas lui reconnaître de droits à sa succession. Mais s'il arrivait qu'un mari trop scrupuleux refusât d'accepter sans motif valable un enfant de sa femme, la mère n'hésiterait pas un instant à quitter le domicile conjugal.

IV

Dispositions pénales favorables et défavorables à l'esclave.

§ 1ᵉʳ. — Dispositions favorables.

Les dispositions favorables à l'esclave, concernent les pénalités édictées, à l'encontre de la spéculation et de l'exportation, dans la loi de 1881, et celles qui frappaient les individus dont les transactions avaient pour effet de disperser la famille de l'esclave, cas visé dans la loi de 1878. Les bienfaits de cette dernière se trouvaient en quelque sorte plus assurés par les prohibitions des articles 40 et 41 de la loi de 1881. Nous y reviendrons quand nous traiterons de la vente et du commerce des esclaves. Cependant, si l'esclave ne pouvait plus être dirigé en dehors de l'Imérina, quel que soit le lieu où devait l'amener le hasard d'une vente, il était certain de n'être point séparé effectivement de sa famille. Qu'est-ce qui l'empêchait de rejoindre sa femme ou bien qu'est-ce qui s'opposait à ce que cette dernière vînt travailler avec son mari chez le nouveau maître ? Ils en étaient quitte pour aller de temps à autre visiter le propriétaire délaissé et lui donner quelques pièces d'argent en compensation du travail qu'ils ne lui faisaient point. C'est élémentaire et d'une pratique facile.

Les sanctions prévues par la loi contre les opérations des traitants étaient excessivement sévères. La confiscation de l'esclave s'ensuivait immédiatement ; ce dernier était vendu dans la région et le tiers du produit de la vente revenait au dénonciateur ; le reste était attribué à l'État (1).

Nous verrons plus loin que si la vente était autorisée, la spéculation était expressément interdite et que les spéculateurs étaient frappés d'une amende de 10 bœufs et de 10 piastres par esclave vendu ou acheté. En cas de non payement, l'emprisonnement permettait aux coupables de se libérer.

Ces amendes étaient très fortes, si l'on songe que le salaire d'une journée de travail était alors estimé à 0 fr. 60 environ.

§ 2. — Dispositions défavorables

Mais si l'exportation était interdite, la fuite de l'esclave était aussi sévèrement châtiée ; les droits du maître étaient scrupuleusement sauvegardés. En un pays où la police ne pouvait être sérieuse et forte, la fuite devait être commode.

---

(1) Article 40 de la loi de 1881. Documents annexes.

Cependant, il est à constater que très rarement les esclaves recouraient à ce procédé pour reconquérir une liberté qu'il leur était si facile d'acquérir avec l'appui de la loi, soit en se rachetant, soit en obtenant de leur maître l'affranchissement pur et simple. D'autre part, seuls les esclaves provenant d'une conquête récente auraient eu intérêt à s'enfuir pour retourner dans leurs foyers, et ceux-là étaient les moins nombreux.

Toutefois, la loi prévoit le cas, et le propriétaire dont l'esclave s'est enfui paye une prime tarifée le jour où cet esclave est retrouvé (1). D'autre part, le recel est sévèrement puni. Quiconque cachera des esclaves ne lui appartenant pas, durant une période de temps supérieure à une semaine, devra payer une somme de 1 fr. 25 par jour et par esclave ainsi caché (2). Le bénéfice de l'amende est attribué pour les 4/5 au propriétaire lésé, 1/5 revient à l'État. Et si les esclaves ont été envoyés en voyage sans que leurs maîtres en soient avisés, la loi condamne l'expéditeur à leur payer une somme mensuelle de 12 fr. 60, tant que durera l'absence de chaque esclave. Cette amende était une compensation ; elle représentait, à l'époque, le salaire mensuel qu'un tiers payait au Malgache désireux de prendre du service. En cas de décès, l'employeur remboursait au propriétaire la valeur légale de l'esclave, soit 30 piastres, c'est-à-dire 150 francs.

Au point de vue criminel, nous savons déjà que la loi des Ancêtres reconnaît au souverain seul le droit de vie

---

(1) Article 39, loi de 1881.
(2) Article 43, loi de 1881.
(3) Article 44 du code de 1881.

ou de mort sur les esclaves coupables de crime. La répression des délits appartenait sans contrôle au maître, en quelque sorte responsable des dégâts commis par son esclave.

V

Devoirs de l'esclave envers l'État.

L'étude précédente de la société malgache nous laisse entrevoir le genre d'administration adopté par les Antimérina et imposé par eux aux peuplades voisines, au fur et à mesure de la conquête.

Le pouvoir royal était autoritaire et despotique ; il gouvernait seul, aidé d'un conseil recruté parmi les chefs de tribu et de caste dont les attributions spéciales consistaient à examiner le détail des affaires du peuple. L'administration par ministère n'était qu'un leurre, elle était d'ailleurs toute récente. Le territoire était divisé en provinces, à la tête desquelles se trouvait un Gouverneur général ; ces provinces étaient subdivisées en circonscriptions sous l'autorité d'un gouverneur « madinika » ; elles comprenaient à leur tour un certain nombre de villages et de quartiers dirigés par un « mpiadidy », chef du « Fokon'olona » ou assemblée des hommes libres.

Le pouvoir central était journellement renseigné, par des espions dévoués, sur les faits et gestes des hommes qu'il avait préposés au gouvernement d'une portion quelconque du territoire. Il confiait souvent ce rôle aux officiers du Palais, autrement dit aux serfs royaux, aux Tsiarondahy, qui prévenaient le souverain par l'intermédiaire des Tsimando.

Mais si les devoirs des esclaves de la Couronne étaient considérables envers l'État, s'ils prenaient une part effective à la direction des affaires publiques en tenant toujours en haleine les hauts fonctionnaires et la noblesse, il n'en était pas de même des esclaves proprement dits. Pour ceux-ci, les devoirs envers l'État étaient nuls.

Que demandait, en effet, l'État malgache aux Antimérina? Le service militaire pour imposer sa puissance aux tribus soumises et assurer sa défense; les impôts pour subvenir aux ressources du Gouvernement, et la corvée, qui devait lui permettre d'entreprendre et de mener à bien les travaux d'intérêt général et d'utilité publique.

Or, ces trois grandes obligations étaient l'apanage des hommes libres. On ne pouvait demander aux esclaves de défendre un régime qui les condamnait à vivre loin de leur tribu originaire; on ne pouvait exiger d'eux le payement d'un impôt, puisque la loi leur interdisait de posséder; de plus, en le leur demandant, on aurait atteint le maître, qui se serait trouvé imposé deux fois. Quant à la corvée, l'esclave devait au maître tout son temps, et il ne pouvait le délaisser pour les travaux de l'État; sinon, le maître aurait encore payé deux fois, directement par son propre travail, indirectement par celui de son esclave.

Les esclaves n'avaient donc point d'obligation envers l'État, car, si parfois ils faisaient la corvée au lieu et place du maître, c'était une obligation demandée par le maître et non exigée par l'État. Seuls les serfs royaux étaient astreints à la corvée. Ceci s'explique très bien, car la corvée était faite pour le souverain, qui se trouvait ici le maître de l'esclave, de sorte qu'en travaillant pour l'État, celui-ci accomplissait le travail de son maître.

Dans ces conditions, l'esclave ne désirait point outre mesure l'affranchissement, ainsi que nous avons eu l'occasion de le dire. Au jour de la liberté, l' « Andève » proprement dit devenait « Borijano » et devait, comme homme libre, quatre années de service militaire, l'impôt et la corvée. C'était, il faut l'avouer, une perspective peu attrayante.

CHAPITRE III

DE L'AFFRANCHISSEMENT

I

Modes d'affranchissement.

Il y avait deux grandes classes d'esclaves à Madagascar : les esclaves proprement dits et les serfs royaux, avons-nous dit.

Seuls les esclaves proprement dits pouvaient songer à recouvrer leur liberté ; il était interdit aux serfs royaux de caresser de pareilles aspirations, nés serfs ils devaient rester serfs. Cette situation inférieure était, il est vrai, largement compensée par les avantages considérables et enviés que leur donnaient leur situation privilégiée à la cour et leurs fonctions auprès des souverains, ainsi que nous avons eu l'occasion de l'exposer lorsque nous nous sommes occupés des différentes sortes d'esclaves. Qu'il nous suffise de dire une fois pour toutes, que l'affranchissement n'était point accessible aux serfs royaux, et que les observations que nous ferons ne les concernent point. Elles se rapportent au plus grand nombre, à la manière d'être ordinaire de l'esclave malgache et presque uniquement à l'esclave des Antimerina.

Trois modes d'affranchissement étaient offerts aux malgaches, de par la coutume, cette grande ancêtre de la loi :

1° L'un, le rachat était propre à l'esclave qui pouvait toujours l'employer ;

2° L'autre, le don de la liberté « Mandefa mpanompo ha Ambaniando », était réservé au maître et consistait dans un affranchissement verbal.

3° Enfin, le dernier, fort peu usité, était l'affranchissement par testament.

§ 1ᵉʳ. — Du Rachat.

Le rachat à prix d'argent pouvait être fait par l'esclave lui-même, ou par ses parents, ou par ses amis. Car, ainsi que nous l'avons vu, l'esclave, dans ces derniers temps, disposait librement de son pécule ; à sa mort seulement, le pécule revenait au maître.

Cela permettait à l'esclave de se racheter directement, sinon, il aurait été nécessaire de recourir à un parent libre ou à un tiers qui aurait fourni les avances indispensables au désintéressement du maître.

Rien de tout cela n'était plus obligatoire pour l'esclave malgache. S'il était désireux de briser ses liens, il pouvait offrir au maître, quand bon lui semblait, sa valeur courante sur le marché, il se rachetait de ses propres deniers et devenait partie intégrante du peuple, du « Vavohaka ».

Cet usage était connu des Sakalaves et des Betsimisaraka du nord de Madagascar ; les indigènes de la province de Diégo-Suarez, d'Antsirano, d'Antongobato, d'Ambohimarina, de Loky le pratiquaient couramment, ainsi que nous l'a affirmé un très ancien colon du pays, M. Nicolas, membre de la commission municipale d'Antsirano en 1898. L'esclave qui voulait s'affranchir, nous disait-il, demandait au maître d'accepter le remboursement de sa valeur intrinsèque et de la valeur approximative de sa famille.

Néanmoins, malgré la facilité incontestable du rachat, l'esclave n'y songeait point. Il le pratiquait même rarement, car la qualité d'homme libre qu'il acquerrait ainsi, en le faisant sujet du roi, lui donnait un maître cent fois plus redoutable. La corvée de l'État, particulière aux hommes libres, attendait le nouvel affranchi, corvée bien plus dure que celle qu'il connaissait; et il ne tardait pas à regretter son ancienne condition, où une douce quiétude lui permettait de vivre paisiblement.

Il lui fallait en outre payer l'impôt, il devait le service militaire. Ses droits et ses devoirs étaient bien changés; souvent il s'apercevait, mais un peu tard, que ces derniers étaient incomparablement plus lourds, plus écrasants, que les avantages qu'il croyait en retirer; beaucoup en venaient à regretter leur servitude; leurs récriminations servaient de frein aux aspirations des autres qui, plus sages, savaient se contenter de leur état. Les inconvénients inhérents à la jouissance de la liberté leur rendaient celle-ci presque odieuse. Quelques esprits subtils parvinrent à tourner la loi; voici comment ils s'y prirent.

Le fait, que nous avons constaté nous-même, est d'ailleurs rapporté dans l'*Annuaire de la L. M. S.*, édité à Tananarive par les Missions anglaises, années 1880-1890 (1).

---

(1) Antananarivo Annuar.

« Une chose curieuse à citer, remarque l'auteur, est
« qu'il se trouve quelquefois des esclaves qui se rachètent
« complètement, payant à leur maître intégralement la
« somme réclamée, sauf une piastre qu'ils ne payent pas ;
« ils ne sont par conséquent pas entièrement libérés,
« et c'est dans le but de ne pas faire la corvée. Ainsi,
« beaucoup d'esclaves jouissent d'une plus grande liberté
« que des milliers d'hommes libres et semblent préférer
« leur état à celui du pauvre homme libre qui doit fournir
« sa corvée. »

§ 2. — De l'affranchissement verbal.

L'affranchissement verbal était tout aussi rare. Il était accordé à la suite d'une déclaration solennelle devant le Fokon'olona ou assemblée des hommes libres du village. Nous définirons le Fokon'olona, avec Jean Carol, « une sorte de magistrature générale dévolue tour à tour à des groupes de citoyens qui l'exercent dans leurs quartiers respectifs, sous la présidence du chef de quartier, *mpiadidy* » (1).

Tous les actes qui affectent la capacité de l'homme libre, tous les contrats passés entre les membres du

---

(1) Voir : *Chez les Hovas*, de Jean Carol, chapitre VIII, p. 280 pour tout ce qui concerne le Fokon'olona. Le Fokon'olona est chargé gratuitement de la police générale, de la sûreté de l'État, de la voirie ; il doit veiller à la moralité publique. Il s'occupe des naissances, des mariages, des décès survenant parmi les familles de ses membres. Ce sont de véritables attributions municipales réservées aux chefs de quartiers, aux Mpiadidy, sous la surveillance de gouverneurs Madinika, dépendants du gouverneur chef de la Province.

Fokon'olona, doivent être connus de tous. Par suite, le maître désireux de rendre la liberté à son esclave doit en informer le Mpiadidy.

Le « Mandefa mpanompo hoa Ambaniando », ou « don de la liberté », revêt une très grande ressemblance avec la « Manumissio » de Rome. Il rappelle aussi l'affranchissement « Inter Amicos », qui exigeait la présence de deux témoins. L'assemblée des hommes libres, qui devait connaître de tout, était ainsi prise à témoin de l'acte solennel que l'on voulait accomplir.

L'occasion la plus fréquente qui amenait le malgache à libérer ses esclaves était l'adoption. Le riche propriétaire comme le plus humble sujet de la Reine recourait très fréquemment à ce mode de constitution de la famille, dans le but de se créer des héritiers légitimes s'il venait à mourir ab intestat, ou de laisser tous ses biens à un esclave favori, si ses descendants ou héritiers naturels n'occupaient point dans son cœur la place qui leur revenait de droit.

§ 3. — De l'affranchissement par testament.

Avec le rachat et l'affranchissement devant le Fokon'olona, les lois malgaches autorisaient en outre l'affranchissement *in testamento*. Il est vrai d'ajouter que ce mode d'affranchissement constituait l'exception. Il s'exerçait cependant avec une très grande latitude qu'aucune restriction ne venait entraver. Nous ne trouvons point ici l'obligation imposée au testateur de ne pas affranchir la totalité de ses esclaves par crainte de léser les droits imprescriptibles, soit des héritiers naturels, soit des créanciers, dont les intérêts étaient sauvegardés par la loi romaine.

Seule, la volonté du testateur décide souverainement et sans appel : normalement, il négligeait de faire connaître sur ce point ses dernières volontés.

Ces trois modes d'affranchissement sont les seuls pratiqués sous la domination des hova; les diverses variétés de modes d'affranchissement de la civilisation romaine sont entièrement inconnus. La « vindicta », cependant, aurait pu être pratiquée, puisque le Fokon'olona n'est point autre chose qu'un tribunal appelant à sa barre les différends de toutes sortes. La liberté octroyée par devers lui le trouve réuni surtout comme assemblée des hommes libres plutôt que comme tribunal judiciaire. On ne demande pas au Fokon'olona de prononcer une sentence, on désire simplement porter à sa connaissance et d'une manière solennelle un fait qui modifie entièrement la capacité d'un être humain, en lui conférant la qualité d'homme libre et en le consacrant membre de ce même Fokon'olona.

II

Effets de l'affranchissement.

DE LA SITUATION CIVILE ET POLITIQUE DE L'AFFRANCHI

§ 1er. — Des catégories d'affranchis.

Quoiqu'on ne rencontre pas ici les nombreuses catégories d'affranchis du monde romain, il est néanmoins possible de classer les esclaves nouvellement libérés en quatre classes bien distinctes. Les différences proviennent uniquement de l'origine des affranchis. La conquête, la loi, l'importation, enfin l'hérédité approvisionnaient largement d'esclaves les tribus de la Grande Ile.

De cette quadruple origine découlent trois sortes d'affranchis :

1° Les affranchis issus des esclaves conquis sur l'ennemi, ou esclaves de race, devaient le service militaire à la Reine durant une période de quatre ans, après quoi ils entraient dans la caste des « Borijano », c'est-à-dire des hommes libres. Ils étaient alors dispensés de toute autre corvée de l'État ;

2° Les affranchis issus des zaza-hova, c'est-à-dire des « Hova », des « hommes libres » déchus de par le fait d'une pénalité édictée par la loi, rentraient dans leur ancienne caste et jouissaient de nouveau de tous les droits civils et politiques.

3° Les affranchis issus des Mozambiques n'obtenaient point l'indigénat et n'étaient jamais considérés comme Malgaches. En conséquence, ils ne pouvaient être pris pour le service militaire. Ils formaient la dernière caste, la caste des noirs, et devaient assurer les courriers de la Reine avec les Tsimando, dont ils finirent par prendre le nom.

Il existe une quatrième sorte d'affranchis qui en réalité ne mérite pas ce nom. Ainsi que nous l'avons déjà dit, les serfs royaux ne peuvent songer à la liberté. Toutefois, il peut arriver que quelques-uns d'entre eux appartiennent à des particuliers, soit à la suite de pénalités édictées par la loi, soit à la suite de partages successoraux. Lorsque le maître décide leur affranchissement, les serfs royaux retournent au domaine royal, dont ils n'étaient sortis que par accident.

Signalons ici une remarque essentielle : le maître ne jouit plus d'aucun droit sur son affranchi, qui n'est plus tenu à aucune sujétion ; l'affranchissement est irrévocable, et l'affranchi devient partie intégrante de la société des citoyens nés libres.

§ 2. — Obligations de l'affranchi envers l'État.

Au jour de l'affranchissement, les « Borijano » et les « Zaza-Hova », devenus hommes libres, sont astreints comme tels aux recensements, au service militaire, au payement de l'impôt, à la corvée.

D'un autre côté, devenus hommes libres, ils avaient droit comme ceux-ci à la jouissance des terrains de culture communaux dont chaque village de l'Imerina est abondamment pourvu. Ils y trouvaient facilement les emplacements nécessaires à la création de champs, de nouvelles rizières ou de cultures secondaires (1).

Examinons maintenant l'étendue de leurs nouvelles obligations.

Service militaire. — Voyons comment étaient organisées depuis 1879 les obligations du service militaire. Avant cette époque, la corvée suffisait au recrutement de l'armée.

---

(1) *J. Of.* de la R. F. du 8 mai 1899, p. 3.029, Rapport d'ensemble du général Galliéni.

En principe, tout homme libre et valide âgé de 18 ans devait être incorporé, la noblesse était exempte. Les chefs de village étaient chargés du recrutement; ils présentaient les hommes au premier Ministre qui les examinait et les faisait immatriculer. Les affranchis sans influence et peu considérés, étaient pris les premiers. Le jour de la levée, selon les besoins du service, les conscrits étaient en partie dirigés sur les frontières et les postes d'occupation des tribus soumises, les autres étaient disséminés en Emyrne, une faible partie restait à Tananarive et était versée dans la garde royale.

Or, le service était excessivement pénible et dur si l'on songe, qu'en temps de paix, le soldat hova devait s'équiper à ses frais, se loger et se nourrir à l'aide de ses ressources personnelles, et cela durant quatre ans, en admettant que le Gouvernement consentît à le licencier au bout de la période réglementaire. Et l'on comprend très bien que l'esclave ne montrait pas beaucoup d'enthousiasme pour acquérir une liberté si onéreuse.

Impôt (1), *corvée, recensement*. — Ici l'arbitraire est la loi commune; cela se conçoit sans peine si l'on songe qu'il n'est jamais venu à l'idée du Gouvernement de rétribuer les fonctionnaires et les ouvriers réclamés pour le service de l'État.

« Les esclaves ne payent pas l'impôt; ils ne sont pas
« astreints aux corvées du royaume, mais peuvent faire
« la corvée du maître », nous dit la tradition (2).

---

(1) Nous avons choisi de préférence l'énumération des impôts donnés par M. Martineau dans son étude de politique contemporaine, *Madagascar en 1894*, pages 297 et suivantes.

(2) « Ny mpanompo tsy mba mandoa hetra ho any ny mpanzaka,

Les impôts principaux comprenaient, en dehors des droits de douane qui se percevaient ordinairement en nature et étaient fixés généralement à 10 0/0 de la valeur de la marchandise :

1° La capitation, droit de 18 centimes que chaque homme libre devait payer annuellement. Cet impôt était d'une faiblesse dérisoire;

2° L'impôt de la piastre, beaucoup plus grave. Théoriquement, cet impôt ne visait que les individus établis hors de l'Imérina; il était dû annuellement et par tête d'esclave, et atteignait aussi bien les hommes libres que leurs femmes et leurs enfants. Il devint vexatoire et pesa lourdement sur les populations qu'il découragea en les atteignant arbitrairement dans la répartition de leurs richesses;

3° Un impôt foncier sur les rizières, exigé en nature; chaque « bêche » devait une mesure de riz. Cette taxe remonterait à Ralambo (1);

4° L'enregistrement, dont nous nous réservons de parler dans le paragraphe suivant sur la procédure de l'affranchissement. Le droit devait être acquitté suivant des tarifs variables dès qu'une transaction était définitive. C'est ainsi que les ventes d'esclaves devaient être enregistrées; cette formalité permettait le recensement de la fortune publique, les esclaves figuraient comme élément imposable. On pouvait ainsi contrôler le rendement de l'impôt de la piastre;

« ary tsy mba manao raharaham panjakana koa izy, fa ny anjara
« fanopoan'ny tompony no ataony. »
(1) Tradition.

5° Les amendes prévues et fixées par de nombreux articles du Code;

6° Les droits sur la délivrance des passeports imposés à tout chef de convoi de marchandises;

7° Les cautionnements exigés des Européens concessionnaires;

8° Enfin, les cadeaux ou hasina, obligatoires en maintes circonstances solennelles et annuelles.

Toutefois, l'impôt le plus dur et le plus fréquent était réellement la corvée.

Qu'était au juste la corvée?

« Elle consiste, nous dit M. Hanotaux, parlant au nom
« du Gouvernement, dans la publication du Livre Jaune
« distribué aux Chambres peu après l'expédition, dans
« l'obligation imposée à tout homme libre, par le gouver-
« nement ou par ses représentants, de faire gratuitement
« un travail ou d'accomplir une prestation dans un but
« d'utilité publique.

« Par sa répartition inégale et arbitraire, elle est de-
« venue, en maintes circonstances, un fardeau insup-
« portable pour les habitants. Ainsi pratiquée, elle a fini
« par mettre obstacle à tout travail régulier et rémuné-
« rateur. »

La corvée, en réalité, constituait avec l'esclavage une des bases de l'organisation sociale à Madagascar. Si nous en croyons la tradition, il faudrait encore en attribuer la création à Ralambo que nous avons vu être le premier souverain propriétaire d'esclaves (1).

---

(1) « Ralambo était chéri de son peuple; il lui fit effectuer des re-
« tranchements autour des villages pour les garantir des Fahavalo;
« il l'obligea à travailler, lui fit payer l'impôt et lui demanda

Mais la corvée perdit de bonne heure le caractère patriarcal des premiers jours de son existence pour devenir le détestable « fanam pouane » si exactement décrit par M. Martineau (1). « C'est, dit-il, l'utilisation gratuite de la main d'œuvre indigène pour tous les besoins du gouvernement et chaque fois qu'il plaît au gouvernement. »

La corvée se faisait toujours au nom de la reine ; le premier ministre, les gouverneurs, les nobles, même tout individu revêtu d'une fonction publique l'exigeait au nom de la souveraine et la faisait exécuter le plus souvent dans son intérêt particulier. Le peuple corvéable à merci travaillait sans cesse à satisfaire les caprices de ses maîtres. Il n'était point d'entreprises qui ne pussent s'exécuter sans faire appel à la corvée, il n'était point de temples, point de palais qui ne dussent être construits par elle,

---

« annuellement du riz pour chaque rizière (pour chaque bêche, isam
« pangady) ; il réunit les bœufs sauvages en troupeaux et passa des
« conventions avec le peuple. Il dit : les bœufs m'appartiennent ainsi
« que la bouse qui féconde votre riz et lorsque vous récolterez, vous
« donnerez une sobika de riz par planteur, et si vous tuez un bœuf la
« cuisse sera pour moi.

« Ary Ralambo koa no nankatoavin'ny vakoaka ka nahary namany
« olona hampanomponia hanao ny hadivony manodidina ny tanana
« ho fiarovana ny fahavalo, ary nampanompo ny vahoaka nam-
« pandoa hetra azyka nampandoaviny vary isam-pangady isan-tanoa
« ny vohoaka ha azy fa izy no namory ny omby rehetro ka dia manao
« fanekana tamy ny vahoaka Hoy Ralambo : Ahy ny jamoka (omby)
« ary ahy ny tany ambolenaro ny varinareo ary raha mahavokatra
« hiaraneo dia eran ny sobika isan ny mpamboly vary no ahy dia
« isano no atao hoc isam pangaddy. Ary raha mamono omby hia-
« nareo ny vodiny dia ahy. »

(2) Martineau, p. 383, *Madagascar en 1894*.

point d'approvisionnements qui ne lui fussent confiés. Elle écrasait le peuple, l'arrachait à ses occupations journalières et lui faisait détester un régime si peu soucieux des intérêts vitaux de son existence. Quant à l'esclave, lorsqu'il faisait la corvée du maître, il ne s'occupait de rien, accomplissait sa tâche et savait que pendant ce temps son propriétaire lui préparait sa nourriture.

« Car, nous dit la tradition, si le roi ne paye pas la
« corvée qu'il impose au peuple, le hova qui la fait faire
« à son esclave lui devra la nourriture (1). »

L'homme libre au contraire était dans une situation plus désavantageuse ; il lui fallait assurer sa subsistance et celle des siens, après avoir donné tout son temps à l'État.

III

Procédure de l'affranchissement

Aussitôt le rachat consommé, la déclaration faite devant le Fokon'olona (1), ou les dispositions testamentaires exécutées, les intéressés devaient faire leur déclaration au Gouverneur de la Province qui se chargeait d'aviser la Reine. La liberté n'était définitivement acquise qu'après l'inscription sur les livres de l'État et le payement à la Reine du « Vol'hasina » ou serment d'allégeance, dû dans toutes les occasions solennelles de la vie.

---

(1) « Ny mpanjaka dia tsy mba manakarama raha mampano fa-
« nompoana ny vahoaka ary ny hova koa dia tsy mba manakarama
« raha mampanao fanompoana ny andevony fa sakafo no omeny
« azy. »

(1) Assemblée des hommes libres.

L'article 49 du Code de 1881 s'exprime ainsi : « Quand
« un maître libère un esclave ou qu'un esclave se rachète
« ou est libéré par ses parents, la déclaration doit en
« être faite pour l'enregistrement, sur les livres du
« Gouvernement. Cet enregistrement donne lieu à un
« droit de 0 fr. 62 que le libérateur ou le libéré doivent
« payer chacun. »

Cet enregistrement est incontestablement destiné à réprimer les fraudes nombreuses que les intéressés sauraient commettre à point pour se dégager de leurs obligations, toutes les fois que l'occasion se montrerait propice. Sans lui, au décès du maître, combien d'esclaves essayeraient de revendiquer une liberté donnée sans aucun fondement de vérité; il serait alors bien difficile aux ayants droit de prouver l'inanité de telles demandes. Par contre, si l'esclave est réellement affranchi, la production d'un extrait des registres ou leur simple exhibition fixera la conviction des juges et mettra fin aux contestations.

L'acte enfin sera consommé par le payement à la Reine du « Vol'hasina ».

Le « Volatsinaky » ou « argent qui ne se coupe pas » était le don à la Reine d'une piastre en argent d'une valeur équivalente à notre pièce de cinq francs. Ce don constituait un hommage à la force et à la puissance du souverain régnant et signifiait en même temps qu'un arrangement solennel était survenu entre les parties donatrices et que l'acte était conclu. Tout était prétexte au paiement du « Volatsinaky » dès que l'on voulait faire constater par tous qu'une convention quelconque était irrévocablement prise. Cette formalité était d'ailleurs indispensable et la royauté y puisait un revenu d'autant plus sérieux et solide que l'usage l'avait rendu volontaire et obligatoire, indispensable à la validité de tout contrat (1).

---

(1) On ne saurait imaginer la quantité de piastres qu'amenait au Palais cet impôt déguisé. C'est d'ailleurs à cette coutume que l'un des monuments les plus connus d'entre les demeures royales doit son nom : le « Trano-Volo » ou « Palais d'argent » n'est ainsi désigné que parce que les jours de grande cérémonie, de gala ou d'audience d'envoyés étrangers, il était d'usage de recouvrir de « Volatsinaky » les splendides parquets de bois d'ébène, de rose et de palissandre du grand palais de bois. Les nobles visiteurs de la Reine s'avançaient sur ce tapis d'un nouveau genre aussi peu moelleux qu'incommode. Ces très nombreuses piastres étaient parfois fondues. Les orfèvres de Sa Majesté jaune fondaient alors des amphores aux dimensions incroyables représentant sur leurs flancs ciselés des sujets de chasse imités de notre vieille Europe. La grande salle du Trano-Volo en était ornée, tandis que de chaque côté du trône on pouvait apercevoir attachés aux panneaux les deux portraits en pied de sa Très Grâcieuse Majesté la reine Victoria et de sir Robert Farquhar, gouverneur de Maurice. Quelques boîtes à musique assez remarquables se trouvaient çà et là.

Et pendant la cérémonie, la forte brise qui règne sans cesse sur les hauts plateaux, se jouait mélodieusement entre les grelots et les clochettes de Volatsinaky fondus, suspendus en rangs serrés tout au bord de la superbe varanghe permettant l'accès de la salle.

La vaisselle royale provenait aussi des cadeaux volontaires qu'apportaient à leur reine les parties contractantes; elle était fondue par l'orfèvre royal, ainsi que les sagaïes royales.

C'est avec le Volatsinaky que l'on confectionna les sarcophages de Andrianampoinimerina, de Ranavalo Ier et Rasoberina, de Radama Ier. Ces « pirogues » en argent atteignaient de grandes dimensions ; les lamelles épaisses, longues de près de 75 centimètres sur 6 de large, étaient réunies et fixées entre elles par des clous d'argent. Le sarcophage avait généralement 1 mètre de large sur 2 m. 50 de long et 1 de profondeur; son poids atteignait près de 1.500 livres.

Mais, dans ces derniers temps, ces piastres ont surtout servi à alimenter l'insurrection de 1896. Lorsque M. le général Galliéni eut

Son acceptation par la Reine constituait le sceau en vertu duquel un arrangement irrévocable était consacré. Celui qui ne l'a pas acquitté, celui qui a négligé de faire inscrire son acte sur les livres du gouvernement et de payer les droits d'enregistrement, celui-là serait mal venu à réclamer ses droits en public et à les faire proclamer par le Fokon'olona. C'est ainsi qu'il ne sera pas possible à l'esclave déserteur de venir un jour ou l'autre esssayer de rentrer dans la caste de ses ancêtres, en invoquant son affranchissement. La fuite a bien pu lui donner la jouissance effective d'une liberté à laquelle il ne saurait pré-

---

compris qu'il lui fallait à tout prix se débarrasser de Ranavalona III, la commission d'inventaire des meubles et marchandises contenus dans les divers corps de bâtiments de ce que l'on appelait d'une façon générique le Palais, et qui étaient enfermés dans le Rova, en pratiquant des fouilles dans la case de l'ancêtre, à Mahitsa, découvrit enfin onze amphores de terre enfouies à la mode malgache : quatre seulement étaient pleines et renfermaient environ 300.000 francs de piastres espagnoles et mexicaines d'une valeur approximative de 2 fr. 50. Les autres étaient vides ; mais, d'après l'aveu d'un des rares témoins indigènes qui assistaient aux fouilles, il n'y aurait pas eu bien longtemps que lui-même, sur l'ordre de la Reine, aurait puisé dans ces amphores.

On ne peut donc s'empêcher de constater que le don du Volatsinaky à l'occasion d'un acte solennel ne restait pas inutile et dans ses effets immédiats et dans ceux plus éloignés amenés par les circonstances. Avant d'avoir permis à la Reine de soutenir l'insurrection, alors qu'il ne lui était pas possible de recevoir au palais les impôts d'un peuple vaincu ; avant d'avoir facilité aux souverains de l'Imérina l'exhibition de richesses considérables chez des peuples si primitifs lorsqu'ils recevaient chez eux des étrangers qu'ils croyaient éblouir ou des chefs voisins qu'ils fascinaient par cet apparat relativement luxueux, le don du Volatsinaky devait marquer, en réalité, la consommation d'un arrangement devenu irrévocable.

tendre en dehors des voies légales, mais il ne peut rentrer dans ses foyers libre de toute crainte. Car, même après une absence considérable, il ne pourra aspirer à la qualité d'homme libre, dont il jouit pourtant, si son maître vient à découvrir fortuitement sa retraite et à le reconnaître comme sa chose.

CHAPITRE IV

DU COMMERCE DES ESCLAVES ET DE LA TRAITE

Le Code de 1881 avait réduit le commerce des esclaves dans la Grande Ile à de pures transactions, simples opérations de ventes et d'achats, provoquées par une nécessité nettement démontrée. Ce résultat n'avait point été obtenu sans peine. Ce n'est que sous la pression continue et incessante des diplomates français et anglais que la Cour de l'Imérina se décida à paraître adopter une politique franchement répressive.

Nous allons retracer rapidement l'historique de la traite à Madagascar; nous indiquerons ensuite comment le gouvernement malgache s'est montré accessible à l'idée de défendre la traite et les mesures successives que les divers souverains durent prendre pour satisfaire aux adjurations venues d'Europe. Nous verrons alors le peu de succès de ces prescriptions rendues inutiles et vaines par la complicité des autorités hova et la duplicité bien connue des Antimérines. En terminant, nous exposerons la situation aux premiers jours de la conquête et les dispositions sévères que dut prendre M. le général Galliéni pour mettre un terme à ce commerce vil et dégradant, et apprendre aux indigènes de ces contrées à respecter les droits de la nature humaine.

I

Historique et progrès de la traite à Madagascar.

De même qu'autrefois il n'y avait point d'esclaves à Madagascar, aussi la traite y était inconnue. L'on peut, sans craindre de trop s'avancer, attribuer aux Hollandais, sinon l'introduction de ce trafic, tout au moins son prodigieux développement. M. de Modave, dans ses mémoires, nous décrit l'étonnement des « Malgaches » lors du premier enlèvement de quelques-uns des leurs par des Blancs, leur transport à bord d'un navire sur rade et leur disparition à jamais.

« En effet, dit-il (1), les gens de Foulpointe se rappel-
« lent et n'ont point oublié qu'au commencement de ce
« siècle, un vaisseau européen attira sous une grande tente
« une multitude d'insulaires, à l'instant qu'elle fut remplie,
« la charpente de la tente s'écroula, et par cette ruse
« exécrable, on put aisément s'emparer d'un grand nombre
« d'insulaires dont on fit des esclaves ».

M. de Modave raconte ensuite comment les Blancs s'y prirent pour implanter chez les indigènes, aux mœurs candides et pures, cette coutume d'une révoltante immoralité, la capture de leurs semblables, à l'effet de se procurer des ressources des capitaines de navire. Ce ne fut point chose facile, car les diverses tribus éprouvaient une intime répulsion pour ce genre de négoce. Pourtant vers 1722 elles se seraient laissé séduire. Le récit de M. de

---

(1) Mémoires de M. de Modave, page 154.

Modave est plein d'enseignements pour nous. Il nous montre d'abord l'installation des pirates dans l'île Sainte-Marie, leurs manœuvres incessantes pour mériter des Malgaches une confiance qu'ils ne leur inspiraient point, enfin la pleine réussite de leur politique néfaste (1).

---

(1) Mémoires de M. de Modave, pages 152 et suivantes : « Les
« pirates qui désolaient les mers de l'Inde, dit-il, alarmés des prépa-
« ratifs considérables que l'on avait faits pour mettre fin à leur bri-
« gandage, se réfugièrent à la côte Nord-Est de Madagascar. Il paraît
« qu'ils formèrent leur premier établissement à l'île de Nossy-
« Hibrahim, nommée par les Français Sainte-Marie..... Les pirates
« parvinrent à gagner la confiance et l'amitié des insulaires, en con-
« tractant avec eux des alliances..... Ce sont ces scélérats qui sont
« les premiers instituteurs de la vente des esclaves dans la partie du
« Nord-Est de Madagascar.

« Toutes les traditions du pays nous l'apprennent et La Bigorne
« nous l'a confirmé. Ce ne fut qu'à force de troubles et de divisions
« que ces brigands parvinrent, vers l'an 1722, à surmonter l'aversion
« des Malgaches pour cet odieux trafic. Plusieurs vaisseaux européens
« avaient fait, avant cette époque, des efforts inutiles pour les en-
« gager à vendre leurs prisonniers et leurs malfaiteurs. Leurs négo-
« ciations à cet égard, bien loin d'avoir du succès, avaient été re-
« poussées avec indignation, et quelquefois punies d'une manière
« terrible, lorsqu'ils osaient y mettre de la ruse ou de la violence.
« Les pirates connaissaient trop bien le caractère courageux des
« Malgaches pour user des mêmes moyens; ils sentaient qu'ils étaient
« en trop petit nombre pour les subjuguer ou chercher à leur faire la
« loi sur un commerce qui leur répugnait. La moindre violence à cet
« égard aurait entraîné leur perte, et plus sûrement encore celle de
« leurs femmes et de leurs enfants. La voie la plus sûre pour par-
« venir à leur fin était d'allumer parmi ces peuples le flambeau de
« la discorde et de profiter de leurs luttes intestines afin de les amener
« à se défaire des prisonniers qui par leur nombre ne pourraient man-
« quer de leur venir à charge. Mais au milieu de tous ces désordres, il
« importait infiniment à leurs vues et à leur sûreté, de conserver

« Cependant ces peuples nous croyaient anthropophages, « rapporte M. de Modave. Les efforts que les Européens « n'avaient cessé de faire pour se procurer, par ruse ou

« des relations avec les deux partis, et d'y jouer le rôle de concilia-
« teurs. Il fallait encore attendre une occasion ou du moins un pré-
« texte plausible pour mettre à exécution cet odieux complot. Leur
« attente ne fut pas longue.
« Les Béthalimènes, peuple de l'intérieur des terres, avaient quitté
« leurs villages et avaient afflué en grand nombre vers le lieu de
« l'habitation des pirates dans le dessein de se procurer divers objets
« de commerce dont ils sentirent l'utilité et la commodité. Ils re-
« cherchaient particulièrement les belles toiles des Indes, les mou-
« choirs de Mazulipatam, les mousselines et quelques autres mar-
« chandises plus ou moins précieuses. Les habitans des bords de la
« mer, connus sous le nom d'Antavarres et de Manivoulois, les
« voyaient parmi eux avec un vrai plaisir ; ils auraient cru manquer
« à la fois au devoir de l'hospitalité et à l'affection qu'ils portaient
« aux pirates, s'ils avaient mis le moindre trouble dans le commerce
« de bestiaux et de vivres de toutes espèces, nécessaires à l'approvi-
« sionnement de leurs vaisseaux.
« Les Béthalimènes sont des peuples plus économes et plus courageux
« que les Antavarres et les Manivoulois : dès qu'ils virent que la source
« des richesses des pirates était tarie, par la destruction absolue de
« leur marine, ils se disposèrent à se retirer dans leurs villages avec
« le riche butin qu'ils avaient amassé. Les Antavarres et les Mani-
« voulois ne se seraient point opposés à leur départ, si les pirates
« n'avaient fait les derniers efforts pour soulever ces peuples en leur
« faisant sentir que ces marchandises précieuses, fruit de leur peine
« et de leur attachement, étaient à jamais perdues pour eux, s'ils en
« souffraient la sortie et le versement dans l'intérieur des terres.
« C'est ainsi, qu'après une longue résistance, uniquement fondée
« sur le respect dû à l'hospitalité, les Antavarres et les Manivoulois
« se laissèrent vaincre et entraîner dans une guerre injuste. Cette
« guerre cruelle fut le germe de toutes celles qui ensanglantent en-
« core aujourd'hui la partie du Nord-Est de Madagascar. Avant ce
« temps, ces peuples vivaient en paix, et les petites divisions, insépa-

« par force, des esclaves, n'avaient pas peu contribué à les
« confirmer dans cette outrageante opinion. Les ennemis
« des Blancs, dont le nombre n'était pas petit, se plai-
« saient à accréditer cette odieuse calomnie, et l'on ose
« assurer qu'elle s'est tellement perpétuée de génération
« en génération qu'elle existe encore aujourd'hui. »

L'habitude, une fois contractée, devint invétérée et toute naturelle. De Flacourt, décrivant la baie d'Antongil, près de Sainte-Marie, ne dit-il pas :

« rables des associations, qui, peu considérables, n'étaient jamais de
« longue durée, et ne laissaient par la suite aucune trace d'ani-
« mosité.

« Les pirates eurent l'adresse d'éviter de paraître dans les armées des
« Antavarres et des Manivoulois, sans vouloir paraître garder la neu-
« tralité : car ils vendirent, à un très haut prix, des armes et des
« munitions de guerre à leurs amis les Antavarres et les Manivoulois ;
« mais en refusant les mêmes secours aux Béthalimènes, ils leur don-
« nèrent secrètement le conseil perfide d'échanger, avec un vaisseau
« européen, nouvellement arrivé à Foulepointe, leurs prisonniers
« pour des armes à feu et des munitions de guerre. Les Béthalimènes
« irrités à l'excès des violences dont les Antavarres et les Manivoulois
« usaient à leur égard, suivirent avec empressement cet avis. Ils
« avaient fait, en se défendant bravement, un grand nombre de pri-
« sonniers ; ces prisonniers leur étaient à charge, et en les ven-
« dant, ils se procuraient par là les armes nécessaires à leur dé-
« fense.

« Les Béthalimènes surent gré aux pirates de leur avoir indiqué le
« moyen de faire repentir les Antavarres et les Manivoulois de leurs
« injustices, en leur procurant des munitions de guerre suffisantes
« et capables de leur en imposer ; ils s'en trouvaient même beaucoup
« mieux pourvus que leurs ennemis, qui, dès lors, ne purent plus
« mettre d'obstacle à leur départ. Ces mêmes Madécasses, qui avaient
« toujours montré la plus invincible répugnance à la vente des pri-
« sonniers, changèrent subitement de principes à cet égard. »

« C'est en cette Baye (1) qu'ont fréquenté les Hollan-
» dois, y allans négotier pour acheter des Esclaves et du
« ris. Ils ont eu une habitation de douze Hollandois, qui
« une partie sont morts de maladie, pour le lieu qui est
« très-mal sain. »

D'après le même auteur (2), les Hollandais auraient à se reprocher la pratique de la traite des indigènes bien avant l'époque fixée par de Modave, tout au moins dans le Sud

---

(1) De Flacourt, page 27, chap. x.
(2) De Flacourt. *Relation de la Grande Isle Madagascar contenant ce qui s'est passé entre les François et les originaires de cette isle depuis l'an 1642 jusques en l'an 1655*. Page 109, chap. VIII : « Pendant ce temps là, dit De Flacourt, arriva à l'Ance
« Dauphine un petit navire de cent tonneaux de l'Isle Maurice dans
« lequel estait le Gouverneur de la dite Isle nommé Vandremester,
« pour les Seigneurs de la Compagnie d'Est-Inde d'Hollande. Le sieur
« Vandremester vint à terre visiter le sieur Pronis, auquel il demanda
« des esclaves à acheter, lequel d'abord en fit refus; mais enfin im-
« portuné par ledit sieur Vandremester, et incité par le capitaine Le
« Bourg (Roger le Bourg, commandant le navire *Sainct Laurens*) il
« luy en livra cinquante et Le Bourg vingt trois, qu'il prist de la
« sorte. C'estoient tous Nègres qui servoient à l'habitation, et d'autres
« qui venoient innocemment y apporter de petites denrées à vendre.
« Après que les Nègres et Négresses furent retournés au travail, le
« sieur Pronis leur fit dire qu'ils vinssent à la boucherie quérir de la
« viande et ainsi il en fit enfermer une quarantaine qu'il fit attacher
« deux à deux, et envoyer au navire, les autres se mirent à fuir.
« Il envoya espier par les chemins pour surprendre hômes et femmes
« et les fit ainsi enlever, jusques à ce que le Hollandois dit qu'il en
« assez. Ce qui a esté cause que depuis ce temps là il ne se trouva
« aucun nègre en l'habitation tant qu'il y a eu navire mouillé à
« l'ancre, et que les nègres du païs eurent en hayne dès ce iour
« là, les François, attribuans la faute du chef sur tous les
« membres. »

de l'Ile, à Fort-Dauphin, où ils l'auraient en quelque sorte imposée à Pronis. Cela se passait avant 1655.

Cette triste coutume devint prospère. En 1774, le comte de Benyowsky échange, avec les capitaines de navires, les productions du pays ou, à défaut, des esclaves, et cela tout naturellement. Un seul exemple suffira pour nous convaincre.

« Le 20 (septembre 1774), dit-il (1), un bâtiment parti-
« culier, nommé la *Belle-Artier*, commandé par le sieur
« Auger, arriva dans le Hâvre, muni d'un ordre de
« M. Maillart, qui l'autorisait à me demander trois cent
« mille livres de riz blanc pour la subsistance de l'Isle de
« France ; mais instruit par le capitaine que ce riz était
« pour son propre compte, et qu'il l'avait acheté de
« M. Maillart sur le pied de 16 liv. par 100 livres, dans le
« dessein d'aller le vendre au Cap de Bonne-Espérance,
« je refusai de le lui délivrer, pouvant le vendre moi-
« même 22 liv. sur les lieux ; sur la prière du sieur Au-
« ger, je lui en donnai la valeur en esclaves, d'autant
« plus volontiers que par-là je diminuais leur nombre
« qui, devenu trop grand, favorisait leur évasion. »

Les Anglais, à Madagascar comme ailleurs, s'efforcèrent de supplanter les Hollandais, dont la prospérité leur portait ombrage ; à la fin du xviiie siècle, leurs navires sillonnaient l'océan indien et faisaient l'office de convoyeurs. C'est le capitaine Samuel Pasfield Oliver qui le constate lui-même, lors du naufrage du navire *Wenterton*, dans la baie de Saint-Augustin, l'an 1792. Il raconte qu'à cette époque la traite était des plus prospères entre la côte Est de Madagascar et l'île Maurice.

---

(1) Mémoires du comte de Benyowsky, gouverneur des Établissements de Madagascar, page 284.

Le terrible fléau sévit donc dans toute son intensité sur les côtes malgaches qu'il ne cesse de désoler, il serait bien difficile d'en calculer les ravages.

« De tous les crimes, de tous les désordres causés par « les forbans, s'écrie M. de Modave (1), dans un admi-
« rable élan d'indignation, le plus grand sans doute est
« celui d'avoir introduit à Madagascar la traite des esclaves
« et cependant je croirais souiller ma plume, si je me per-
« mettais de tracer l'effrayant tableau des violences atroces
« qu'ils ont exercées et des ruses infâmes qu'ils ont em-
« ployées. La traite des esclaves est une institution d'au-
« tant plus abominable, que les maux qu'elle occasionne
« sont à peine sentis par ceux qui en profitent. Il semble
« qu'il faille une longue suite de méditation pour décou-
« vrir que la liberté tient à l'essence et à la dignité de
« l'homme et que c'est le comble de l'injustice que d'en
« avoir fait, si je puis m'exprimer ainsi, un effet commer-
« çable. Si cette vérité ne fait pas assez d'impression sur les
« nations éclairées pour les forcer à proscrire la servitude,
« comment peut-on se flatter qu'elle puisse être aperçue
« par des sauvages plongés dans les ténèbres de l'igno-
« rance? On ne peut donc pas être surpris que les Mal-
« gaches, frappés des avantages qu'ils ne cessent de retirer
« de la vente des esclaves, conservent encore de la recon-
« naissance pour ces hommes infâmes, auxquels ils croient
« devoir la plus grande partie de leurs richesses. »

---

(1) Mémoires de M. de Modave, p. 158 et suivantes.

II

De la politique anglaise et de la politique française en vue d'arrêter les progrès de la traite.

Ce n'est qu'au commencement du XIXe siècle que les nations européennes songèrent à réprimer la traite qui désolait les tribus africaines.

Profitant de l'accablement de la France, et prévoyant que la nation française ne saurait tarder à se relever, l'Angleterre, maîtresse de Maurice, songeait déjà à nous jeter hors de Madagascar. Elle résolut de faire prévaloir sa politique et se décida à tenter l'impossible pour préserver les populations de la Grande Ile des ravages qu'y occasionnait un commerce effréné de chair humaine. Dès 1817, sir Robert Farquhar, gouverneur de Maurice, essayait, par tous les moyens possibles, d'amener Radama Ier à supprimer le commerce des esclaves sur les côtes. Radama hésita longtemps avant d'accepter le traité proposé au nom de l'Angleterre ; il ne se laissa convaincre que par les promesses fantastiques que l'envoyé de Maurice fit miroiter à ses yeux. Un traité fut signé le 23 octobre 1817. Les offres anglaises étaient vraiment fabuleuses. Le capitaine Steufell, commandant le croiseur *Phaëton*, nous apprend, en effet, dans ses récits, qu'en considération de la concession du prince, et en compensation de la perte que l'interdiction de la traite devait lui infliger, il fut stipulé dans ledit traité, signé à Tamatave entre M. Pye, représentant le gouvernement anglais, et Ratsolitra, envoyé de Radama Ier, qu'il serait accordé au gouvernement hova, comme témoignage de pleine satisfaction, une indemnité annuelle de mille dollars en or, une somme égale en argent, cent barils de poudre de cent livres, cent mousquets anglais complets et dix mille pierres, douze épées et ceinturons, quatre cents sabres, quatre cents habits rouges, quatre cents shakos, quatre cents pantalons et paires de souliers, quatre cents chemises, quatre cents pièces de toilerie, enfin un uniforme complet de grande tenue pour le monarque, et deux chevaux.

C'était un véritable tribut que la Grande-Bretagne, pour arriver à supplanter l'influence française, promettait en quelque sorte de payer au gouvernement hova. Le premier payement devait avoir lieu en 1818.

Radama proclama l'abolition de la traite dans ses États. Son beau-frère, s'étant permis de critiquer sa conduite, fut mis à mort et ses biens furent confisqués.

Or, sir Farquhar dut rentrer en Angleterre pour raison de santé ; il fut remplacé par le gouverneur Holl qui ne tint aucun compte des promesses de son prédécesseur. Radama, travaillé par ses ministres, se laissa gagner par le vieux parti hova, et la traite, qui n'avait en réalité jamais cessé, prit en quelque sorte une extension plus considérable.

Dès son retour à Maurice, sir Farquhar reprit les négociations. Il envoya auprès de Radama M. Hastie, avec plein pouvoir pour traiter avec le monarque. Mais Radama, mis en garde par la non exécution du traité précédent et surtout par les mécontentements qu'il souleva dans son entourage et parmi ses sujets, hésita longtemps avant de prêter l'oreille aux désidérata du gouverneur de Maurice. Il savait aussi que les grands n'étaient point avec lui, et l'on raconte qu'il fit même entendre malignement au plénipotentiaire anglais qu'il avait ouï parler de la conduite de la Grande Nation française vis-à-vis de son roi et qu'il craignait de mécontenter son peuple.

Cependant, M. Hastie finit par convaincre le souverain, et le traité fut signé le 15 octobre 1820.

Copland (1) essaye de nous décrire la joie du peuple lorsqu'il en eut connaissance. « Il est impossible, dit-il, de
« donner une idée de l'effet qu'a produit la signature de
« cet arrangement. Des milliers d'indigènes étaient as-
« semblés autour du palais et attendaient anxieusement la
« fin de cette conférence qui avait une si grande impor-
« tance pour leur bien-être. Aussitôt que l'heureux résul-
« tat fut annoncé et que le pavillon anglais fut hissé à
« côté du pavillon royal, un enthousiasme indescriptible,
« une explosion de gratitude populaire éclata en faveur
« du roi, elle ébranla le palais et surpassa le bruit du ca-
« non que l'on tirait sur la montagne. »

Cependant, le traité signé avec tant d'apparat eut le sort du premier et resta lettre morte.

En effet, le capitaine Samuel Pasfield Oliver nous apprend qu'en 1835 le commerce des esclaves avait recouvré une extension considérable sur la côte ouest, grâce aux débouchés qu'offraient alors aux traitants les marchés de l'Amérique et de l'Inde. Les boutres des marchands arabes et de Bombay se livraient à de véritables râfles de la population, malgré les croisières des escadres françaises et anglaises.

De nouveaux pourparlers furent ouverts avec Ranavalo Ire, mais ils n'aboutirent pas.

Le même auteur nous rapporte qu'au mois de décembre de l'année 1862, le docteur Livingston écrivait au révé-

---

(1) Samuel Copland. *A History of the island of Madagascar*.

rend Ellis qu'un grand commerce d'esclaves se pratiquait sur la côte ouest, entre la côte d'Afrique et la baie de Majamba, aux environs du cap Saint-André. Les indigènes appelés « Mahila » dénommaient le port principal fréquenté de préférence par les boutres arabes le port de « Ménabé ».

Constatons en passant qu'en 1897, le général Galliéni dut diriger dans ces parages une assez forte colonne sous les ordres du commandant d'infanterie de marine Gérard, pour mettre un terme aux exploits des Sakalaves du Betsiriry et du Ménabé qui ne voulaient point renoncer aux avantages que leur procurait leur commerce d'esclaves.

Or, d'après l'auteur anglais, le révérend Ellis avait informé Radama II de ce qui se passait dans ces parages, et il l'avait fortement invité à imiter Radama Ier et à faire sentir aux Sakalaves le poids de son autorité. Radama II voulut bien donner des ordres qui ne furent point écoutés.

En 1865, la diplomatie anglaise, poursuivant sans se rebuter le but qu'elle s'était imposé, obtenait de la Cour d'Emyrne, le 7 juin, la signature d'un nouveau traité interdisant le commerce des esclaves. Mais le gouvernement malgache, qui n'osait trop refuser les réformes qu'on lui demandait, fidèle à sa politique, opposait à leur exécution une invincible inertie. Il finissait par signer tout ce qu'on lui demandait et gagnait ainsi du temps. Cette fois encore la Grande-Bretagne n'obtint aucun résultat probant.

Cependant la diplomatie française ne restait point aussi inactive qu'on pourrait le croire. En 1868, M. Benoit Garnier, consul de France, signait le 8 août, à Tananarive, un traité de paix et de commerce; l'échange des ratifications eut lieu dans la capitale de l'Imerina le 29 décembre 1868. Dans ce traité, le Gouvernement de Napoléon III imposait à la Reine de Madagascar la prohibition de la traite des noirs. La souveraine reconnaissait aux croiseurs de la marine impériale le droit de visiter les navires malgaches ou arabes soupçonnés de servir à la traite dans les eaux de Madagascar, et de traiter comme s'ils avaient été employés à une entreprise de piraterie, les navires et leurs équipages, dans le cas où il serait prouvé qu'ils étaient employés au trafic des nègres (1).

En 1869, Ramasy, Gouverneur de Majunga, dut obéir à la pression du Commandant de la *Drayade* et libérer en même temps environ 140 esclaves récemment importés. Ce chiffre n'aurait jamais été atteint depuis la signature du traité de 1865 avec la reine Rasoherina.

D'autre part, il nous faut aussi constater que si les autorités hova favorisaient la traite, le contraire leur aurait été bien difficile, sinon impossible. Ce trafic était uniquement pratiqué par des Arabes et des Indous provenant de la côte de Zanzibar et dont les boutres n'avaient qu'à traverser le canal de Mozambique. Les boutres atterrissaient sur la côte dans des criques peu fréquentées des hova et même inconnues des autorités, où les traitants se livraient en toute sécurité à leur genre de trafic.

Les escadres françaises et anglaises continuaient néanmoins à évoluer autour des côtes de Madagascar et à capturer alternativement boutres et goëlettes dont le genre d'opérations ne laissait de doute à personne. M. de Mandat Grancey, officier de la marine française, nous raconte les péripéties de cette chasse avec un enthou-

---

(1) Article 20 du traité de paix et de commerce conclu à Tananarive le 8 août 1868. Voir de Clercq, tome X.

siasme admirable (1). On peut ainsi se rendre compte de l'acuité du mal et de l'inutilité des efforts tentés jusqu'à ce jour pour y mettre un terme.

Mais tandis que nous nous obstinions à surveiller les côtes malgaches, confiants dans notre traité de 1868, le Gouvernement anglais s'efforçait encore d'imposer ses volontés à la cour de l'Imérina.

En 1874, il essayait de faire libérer par Ranavalo II les Mozambiques introduits dans le pays en violation du traité de 1865. Cette démarche reçut, comme les précédentes, un accueil très favorable ; quel en fut le résultat ? Les récits contenus dans l'annuaire publié à Tananarive par la London Missionary Society (2), nous en apprennent la médiocrité. D'après sir Barthe frères et d'autres autorités, la moyenne des esclaves introduits dans l'île annuellement était à cette époque de huit à dix mille.

Sir Barthe frères ajoutaient : « Il est impossible de « croire qu'un si grand nombre d'esclaves soient importés « sans la connivence des Gouverneurs locaux et d'autres « autorités. »

En effet, des renseignements obtenus de ceux qui ont habité la côte ouest, il résulterait « qu'il existe des établissements destinés à recevoir les esclaves nouvellement importés, où ils seraient détenus jusqu'au moment où ils sauraient parler à peu près le malgache. Tout dernièrement, un convoi de ces esclaves aurait été rencontré à quelques milles au sud de Tananarive par un missionnaire de la London M. S. Or ceux qui connaissent l'influence des

---

(1) *Le Correspondant*, n° du 10 mars 1890.
(2) *Antananarivo Annuar*, publié annuellement par la L. M. Society.

ministres du gouvernement central, dans les postes même de l'île les plus éloignés des postes hova, pourront facilement conclure qu'il est réellement dans l'intérêt de quelques personnages haut placés de ne pas mettre un frein à cet état de choses, bien que les proclamations royales soient explicites. Le gouvernement malgache ne tentera rien pour arrêter la traite des esclaves, à moins, affirmait sir Barthe, que l'Angleterre n'use de son influence pour les forcer à respecter le traité. La présence d'un consul anglais sur la côte nord-ouest aiderait beaucoup à empêcher la traite ».

Le bout de l'oreille paraît ici. Ce grand zèle, ce grand désir des Méthodistes de voir disparaître la traite, pourrait être modéré par la présence autorisée d'un consul sur la côte ouest. Il pourrait certainement, sinon imposer la volonté de sa Très Gracieuse Majesté aux fidèles indiens détenteurs de tout le trafic démoralisateur qui les trouble à un si haut point, du moins nous contrecarrer avec plus de chance de succès.

Enfin en 1877, Rainilaiarivony, premier ministre et commandant en chef, parut se rendre aux représentations de la France et de l'Angleterre. Dans un kabary solennel, Ranavalo III proclamait l'émancipation des Mozambiques et l'abolition définitive de la traite.

Le gouvernement hova semblait cette fois bien décidé à faire respecter ses volontés et à interdire définitivement la traite dans le royaume. Des mesures sérieuses furent prises surtout pour éviter la dépopulation de l'Imérina, ainsi que nous avons eu l'occasion de le voir. L'exportation fut certainement enrayée mais l'importation déjoua la défense impuissante de la monarchie hova. Les Sakalaves, les Indiens, les Arabes de la côte ouest continuèrent leur odieux trafic, avec circonspection, il

est vrai. Ils n'opérèrent plus au grand jour, mais d'une façon clandestine, ne redoutant qu'une chose, notre arrivée sur les lieux; notre prise de possession réelle, notre installation chez eux, au milieu d'eux sans esprit de départ. A cela cependant ils ne croyaient point, habitués qu'ils étaient depuis si longtemps à nous connaître par la marine, à voir un navire qui venait leur lancer un coup de canon, et s'en allait en fumée. Les prescriptions du Code de 1881 ne les troublèrent pas davantage. « Quiconque, dit l'article 8, introduira dans le royaume
« des Mozambiques ou d'autres personnes étrangères, pour
« les réduire en esclavage ou les vendre comme tels,
« ainsi que ceux qui expédieront des gens à l'étranger
« dans le même but, seront condamnés aux fers à perpé-
« tuité et leurs biens confisqués ».

Pour faire respecter nos volontés, le général Galliéni devait se décider à occuper le pays; l'article 62 de l'acte général de la conférence de Bruxelles pour la répression de la traite, signé le 2 juillet 1890 nous en faisait une obligation. Nous étions engagés à prohiber l'importation, le transit ainsi que le commerce des esclaves dans nos possessions, et cependant jusqu'à ce jour nous avions été impuissants bien que l'article 21 dudit traité plaçât Madagascar dans la zone de surveillance parcourue par les croiseurs chargés de réprimer la traite (1). Car la côte ouest moins tourmentée que la côte est par les cyclones et les raz-de-marée, échancrée de nombreuses baies profondes et sûres : le Laza, la Marinda, etc., sillonnée de vastes

---

(1) Acte général de la Conférence de Bruxelles pour la répression de la traite, du 2 juillet 1890. De Clercq, *Recueil des Traités de la France*, page 496, tome XVIII.

fleuves, la Tsiribina, etc., permettaient aux boutres négriers de s'avancer fort loin dans l'intérieur, en toute sécurité, à l'abri des recherches de l'escadre française. D'autre part la proximité des régions africaines du Mozambique avait transformé les pays sakalaves en marché naturel, en centre d'approvisionnement commode où les négriers arabes et indiens venaient traiter en toute tranquillité.

Toutefois, le courant d'importation était beaucoup plus considérable que celui de l'exportation sévèrement circonscrite par les souverains malgaches comme nous allons le voir bientôt. Ce dernier répondait uniquement aux besoins de coolies de Maurice et de la Réunion. Les planteurs de ces deux petites îles employaient, comme engagés sur leurs terres, les malgaches soustraits sur la grande terre. Le courant d'importation était au contraire bien établi; il atterrissait dans le canal de Mozambique et provenait aussi bien de l'Arabie que des divers points de la côte d'Afrique. D'ailleurs, ainsi que nous l'avons vu, les esclaves de cette provenance étaient noirs; on les désignait sous le terme générique de Moçambiques, bien que sur la côte ouest on les appelât de préférence Makoa (1).

En effet, dit M. Gautier, « depuis que les Hova ont interdit et empêché l'importation des esclaves africains dans les régions qui leur étaient effectivement soumises, celles qui leur échappèrent et tout particulièrement l'Ambongo-Mahilaka, sont devenues le point d'arrivée d'une importation d'autant plus active » (2).

Il nous fallait déployer une plus grande énergie.

---

(1) Renseignement fourni par M. Duruy, lieutenant aux tirailleurs algériens, qui a séjourné dans ces parages, en 1898.

(2) Gautier, directeur de l'Enseignement à Madagascar. *Atlas de l'Ambongo*, p. 1391, N. R. et E., 23ᵉ livraison.

III

**Des mesures prises par M. le général Galliéni pour réprimer la traite.
Valeur marchande de l'esclave.**

Nous connaissons l'origine de la traite, nous en avons suivi pour ainsi dire pas à pas, les progrès, nous avons vu comment, invité à la réprimer, le Gouvernement Hova s'était efforcé de la supprimer, et nous avons constaté, sinon sa mauvaise volonté, tout au moins son impuissance.

Officiellement la traite n'existait plus à Madagascar lors de notre prise de possession, et le Code de 1881 la défendait en termes formels. Il n'en était rien dans la pratique ; même après les sévères prescriptions de Ranavalona, elle continua d'exister. M. Robert Dumeray, dans ses souvenirs de la vie malgache nous en donne une preuve digne de foi (1). Une citation nous montrera, du reste, que si l'esclave malgache est presque toujours satisfait de son sort et ne songe point à la liberté, il redoute la traite et l'estime plus dure que la perte de la vie.

En effet, l'auteur nous raconte la visite d'une famille indigène ; au cours de la conversation qui vient de s'engager, nous relevons ce que nous pourrions appeler une véritable profession de foi :

« Soyons brefs (2). Tu veux ta liberté ?... C'est une

---

(1) *Revue des Deux-Mondes*, LXVe année, tome CXXIX, 1re livraison, mai 1895, Boutou-Kely.

(2) Boutou-Kely, p. 182.

« petite affaire. Veux-tu dix piastres en tout? — Merci,
« Tompoholahy... mon maître ne me permet pas de me
« racheter, il s'enorgueillit de ses esclaves, même quand
« il ne peut plus leur imposer de corvée..... Il est d'ail-
« leurs bon pour les vieillards, la case où j'habite lui
« appartient, il permet à mes petits-enfants d'y demeurer
« et de m'y nourrir. Je n'ai besoin, pour moi, que d'un
« peu de riz... C'est pour Ramadiane que nous sommes
« venus vous supplier.

« Ramadiane elle-même prit la parole :

« Autrefois, j'étais ici la servante de Ralay. Ralay me
« traitait bien, trop bien peut-être, car sa femme fut
« jalouse et me fit vendre. Je tombai alors entre les
» mains d'un marchand d'hommes nommé Rainiale, qui
« m'emmena dans l'Ouest, pour m'embarquer sur un
« boutre arabe et m'expédier en Mozambique...

« Cette vente, au-delà des mers est interdite par la loi...
« Aussi Raoulidina, l'un des gouverneurs du Bouine,
« ayant connu les projets de Rainiale, confisqua tous les
« esclaves de ce marchand... Je suis restée plusieurs
« mois au service de ce gouverneur, au fort de Meva-
« tanane. Mais Raoulidina est tombé en disgrâce, à cause
« de son amitié pour les Français qui récoltent l'or au
« Bouine. Il a dû revenir à la capitale avec tous ses ser-
« viteurs. Il ne songe aujourd'hui qu'à sauver sa tête et
« n'est plus assez fort pour défendre ses biens. Rainiale
« m'a reprise et menace de me reconduire aux Arabes.
« Il ne me laisse que quinze jours pour trouver à Tana-
« narive un acheteur qui lui donne de moi soixante-sept
« piastres... Je lui cache que je suis enceinte, car il exi-
« gerait davantage... Etre affranchie ou rester esclave,
« cela m'est indifférent, mais nous n'avons plus de

« mère, et je voudrais demeurer ici près de mon petit
« frère Samisaona..... »

La traite continuait ses ravages à l'insu du pouvoir royal ; mais les malheureux esclaves traînés vers les côtes inhospitalières savaient bien qu'elle existait toujours.

Cependant M. Robert Dumeray n'y croyait point. C'est qu'il n'était point facile de connaître ces « marchands d'hommes » même en vivant au milieu d'eux, on ne pouvait se douter de la prospérité de leur ignoble trafic. Mais il faut le persuader, car le salut de la famille est en jeu, et M. Dumeray ne demande qu'à être convaincu.

« Vous ne les connaissez pas (1), s'écrie Rakoute avec
« l'ampleur et la redondance que tous les Malgaches
« déploient naturellement dans leurs discours, vous ne les
« connaissez pas, les marchands d'hommes qui achètent
« chez eux et revendent au loin. Ecoutez donc ce que
« je vais vous apprendre : Tantôt ils recrutent des gens
« à la campagne pour la capitale, tantôt ils en expédient
« de Tananarive dans les provinces. Cela varie suivant
« les besoins de la place, la hausse ou la baisse, les
« occasions diverses.

« Ils sont nombreux très nombreux certainement !...
« Leur commerce est considérable, très important à coup
« sûr, soit qu'ils opèrent isolément, soit qu'ils mettent
« par groupes leurs capitaux en commun... L'esclavage
« nous vient de nos pères ; si les blancs l'abolissaient
« subitement, ce serait un trouble terrible pour Mada-
« gascar... Mais il est permis néanmoins de dire ceci :
« Nous avons le cœur serré quand nous voyons passer les

---

(1) Boutou-Kely, page. 165.

« défilés lamentables des troupeaux humains qui s'éloi-
« gnent au delà de l'Emyrne, vers des villages inconnus,
« jusqu'à vingt jours de marche ! — Que me contes-tu là,
« mon ami ? Chaque vendredi, je parcours le marché de
« Tananarive, je n'y ai jamais vu plus de trente esclaves
« exposés.

« Le marchand de toiles, reprit lentement le jeune
« homme, apporte rarement au Zouma plus de quatre ou
« cinq pièces d'étoffe. Et pourtant il accumule chez lui
« de gros approvisionnements... Chacun doit cacher ce
« qu'il possède. Il ne fait pas bon étaler sa richesse :
« c'est la livrer sans défense aux convoitises des grands...
« Si le marché ne vous paraît pas suffisamment pourvu
« d'hommes ; venez à Soanirane, chez Andriamaharo,
« Ratsinanjeny, Ramarotoby, Rainingory ou Raini-
« tsizehena, ou encore, à l'ouest du faubourg, chez Raini-
« laitsirofo... Vous pourrez acheter là, en gros ou en
« détail, nombre de porteurs, de femmes ou d'enfants...
« Dans votre voisinage même, au nord-ouest de la rési-
« dence générale, Randretsavola gagne des monceaux
« d'argent. Ravokatra lui fait concurrence au quartier
« d'Isoaraka... Mais leur chef à tous est Rainibonaly...
« C'est un homme cruel et redoutable. Pour dresser les
« jeunes garçons au travail, il les frappe, les garrotte, les
« prive de nourriture.

« Enhardi par mon attention, Rakoute devenait loquace,
« entrait avec simplicité dans des détails tels que le
« souvenir de l'odieux traitant, éleveur autant que ma-
« quignon, évoque encore en moi des images de harem-
« écurie, de femmes-poulinières :

« Oh ! monsieur, nous vous supplions, ne laissez pas
« mes petits frères tomber en pareilles mains !...

« Je finis par céder aux objurgations du père et du
« fils : j'acceptai le principe du rachat, et promis de faire
« procéder aux premières offres, au marchandage, aux
« palabres, à toutes les formalités de l'affranchissement.

« Trois cent quarante-cinq francs !... Ce fut le montant
« de la dépense, ensemble les frais d'enregistrement, les
« honoraires du scribe, l'obole d'usage offerte aux divers
« témoins de l'acte, les menues commissions, avouées ou
« occultes...

En 1897, malgré notre présence à Tananarive, malgré l'abolition de l'esclavage, rien n'était encore changé, et la traite quoique bien amoindrie opérait librement ses ravages dans le sud de l'Ile et sur la côte ouest. Cependant en Imerina ce commerce n'existait plus. Officiellement, il n'avait jamais été très florissant. Voyons maintenant les conditions de vente et d'achats reconnues par les dispositions législatives, nous exposerons ensuite les mesures prises par le Gouverneur général pour mettre un terme à la traite, cause originaire du trafic des esclaves.

§ 1ᵉʳ. — De la vente des esclaves. - Répression de la spéculation.

Au moment où Madagascar fut proclamé colonie française, au mois d'août 1896, le commerce des esclaves était sévèrement réglementé par le Code des 305 articles, dont les prescriptions visaient les opérations de ventes ou d'achats et s'efforçaient de les ramener à de simples transactions, car, depuis 1877, ainsi que nous l'avons vu la traite n'était plus tolérée. Il s'ensuivait que le gouvernement, soucieux de conserver en Émyrne un élément de richesse qu'il s'était interdit de renouveler commercialement, et qu'il ne pouvait plus augmenter à l'aide de l'importation, devait veiller minutieusement à empêcher le commerce en grand des esclaves dans l'intérieur de l'île, et éviter leur envoi à la côte sous un prétexte plausible, dans la crainte que l'amour du lucre n'incitât leurs propriétaires à les vendre aux négriers pour de la verroterie. Le commerce des esclaves était licite, mais le marché devait être local ; toute vente pour les provinces avoisinantes devait être spécialement autorisée sous peine d'amende ; elle restait impossible, si l'acheteur devait se rendre sur les côtes. Quant aux habitants de ces provinces, la loi leur faisait une obligation d'informer le gouverneur de leur intention de vendre, sinon l'opération était considérée comme un vol de personne et, comme telle, soumise à de dures pénalités.

Ces diverses prescriptions font l'objet de toute une série d'articles du Code de 1881, où le législateur énumère successivement les défenses qu'il fait à son peuple dans l'intérêt de sa fortune ; les sanctions sont prévues pour tous les cas de désobéissance à la loi, ce sont des amendes souvent très fortes, en dépit de la nullité de la vente ; si les coupables ne peuvent les payer, ils seront condamnés aux fers dans la proportion de 0 fr. 60 par jour, et jusqu'à concurrence du payement de leur amende respective (1).

En dehors des expéditions à la côte, dont le but est plus ou moins caché, le législateur s'efforce de réprimer à l'intérieur la spéculation sur les esclaves. Pour cela il

---

(1) Articles 40, 41, 42 de la loi de 1881.

décrète que seuls les propriétaires sont autorisés à vendre directement leurs esclaves aux véritables acheteurs. Aucun intermédiaire ne saurait être toléré et, si le fait venait à se produire, une amende de 10 bœufs et de 10 piastres par esclave ainsi vendu rappelait au respect de la loi les auteurs de spéculations prohibées (1).

D'autre part, les esclaves ne peuvent être achetés qu'à la condition qu'ils seront entretenus et élevés par leur maître. L'acheteur ne saurait acquérir un esclave pour le revendre quelque temps plus tard ; son achat doit être sérieux, définitif et provoqué par un besoin réel. Sinon, il sera poursuivi et condamné à payer une amende de 10 bœufs et de 10 piastres.

Quel est le but de cette amende ? Ici, le souverain ne cache point sa pensée ; il dit le motif qui le pousse à infliger des peines si fortes à ceux qui auront désobéi à ses décisions : « C'est, dit-il, parce qu'il importe d'enrayer un trafic qui amènerait la perte de vos esclaves, Peuple ! (2) » Il importait, en effet, beaucoup de ne point dépeupler l'Imérina et d'assurer aux rizières des travailleurs, aux troupeaux des pasteurs, aux transactions des porteurs.

Mais comment le gouvernement parvenait-il à empêcher la spéculation ? En déclarant la vente nulle et non avenue, si les contractants ne la faisaient point enregistrer sur les rôles de l'État (3). L'inscription devait mentionner le nom du vendeur et celui de l'acheteur ; elle donnait lieu à la perception du droit d'enregistrement dont nous avons parlé. Toute spéculation devenait bien

---

(1) Article 45.
(2) Article 46.
(3) Article 47.

difficile, sinon impossible, car on se serait vite aperçu de la nature des opérations du vendeur en comparant les dates d'achat et de vente. Il est vrai que le spéculateur pouvait encore échapper aux pénalités encourues, en indemnisant le fonctionnaire trop perspicace !

Les transactions s'effectuaient sur le marché au grand jour, au vu et au su de tous, ce qui décourageait encore les tentatives de spéculation. Et c'est cependant ce marché qui a provoqué tant d'indignation chez les antiesclavagistes ! On raconte que, dès les premiers temps de son séjour à Madagascar, M. le Résident général Laroche, offusqué de ces transactions de chair humaine, pourtant inévitables, puisque l'on n'avait pu abolir l'esclavage, traversa un jour le marché à cheval, dérangea les traitants et renversa une partie de leurs tréteaux. Les Malgaches, méfiants, comprirent que le Résident général pourrait anéantir leur commerce ; ils se retirèrent, et les transactions reprirent dans l'ombre. L'action de M. Laroche permettait à la spéculation de regagner le terrain perdu depuis l'application des dispositions de l'article 45. Ce n'était sûrement pas le but que se proposait ce haut fonctionnaire.

Cependant, la perception des taxes, à laquelle donnaient lieu, officiellement jusqu'alors, les transactions portant sur les esclaves fut supprimée par ordre du 20 mai 1896 (1).

Quelques jours plus tard, M. Laroche rappelait aux indigènes, par une insertion à la *Gazette officielle* (2), que

---

(1) *Journal officiel de la République fr.*, n° du 8 mai 1899, p. 3029.

(2) *Gazette officielle*, n° 24 du 26 août 1896, p. 208. *Ny Gazetty Malagasy.*

la loi malgache du 14 juillet 1878 était toujours en vigueur. « On rappelle, dit cet avis, que conformément à la loi malgache du 14 juillet 1878, il est interdit à celui qui vend ses esclaves de séparer les enfants des parents, lorsque ces enfants sont encore jeunes, sous peine de confiscation des biens, car c'est un grave tort fait au prochain. Cette loi doit être strictement suivie. La limite d'âge des enfants dont il est question sera fixée à 15 ans. »

En édictant la loi de 1878, Ranavalo III faisait une concession aux réclamations incessantes des Méthodistes, qui ne perdaient aucune occasion de faire ressortir les progrès, sans cesse croissants, de leur influence à la cour de l'Imérina. Cependant, en y réfléchissant, on se demande la portée que devait avoir un acte pareil dans un pays où les liens de famille sont si relâchés, où les enfants sont surtout les enfants du quartier, véritable foyer local. Les coutumes que nous avons relatées ci-dessus en sont une preuve flagrante. Le Malgache poursuit une idée durant sa vie, voir sa personnalité continuée après sa mort, mais c'est par amour de lui plutôt que par amour des siens qu'il tient tant à l'un de ses enfants. La manifestation humanitaire de 1878 était donc toute platonique, car, dans la généralité des cas, la séparation qu'elle voulait empêcher n'avait jamais les dures conséquences qu'elle faisait entrevoir.

§ 2. — Valeur marchande de l'esclave.

Voyons maintenant quelle était la valeur d'un esclave, et comment on constatait une vente :

Le prix variait avec l'âge et les circonstances de la

vente : il atteignait 125 francs pour les jeunes enfants ; de 15 à 40 ans il pouvait monter à 250 francs, pour redescendre à 100 francs à partir de 50 ans. La femme avait généralement une valeur double de celle de l'homme (1).

Dans ces dernières années, la valeur légale des esclaves ne correspondait plus à la valeur courante du marché. La première était fixée à 150 francs environ ; quant à la seconde, elle était d'autant plus faible que, depuis la campagne, les Malgaches s'attendaient à nous voir abolir l'esclavage. Beaucoup s'étaient empressés de réaliser à perte une marchandise dépréciée qui constituait la base de leur avoir. La valeur d'un esclave variait avec le sexe et l'âge du sujet. L'homme était moins prisé que la femme, qui promettait à son propriétaire une augmentation presque certaine de ses revenus.

La vente était définitive entre les parties après consentement réciproque, et entente sur le sujet du contrat ; généralement les discusssions étaient longues et difficiles, car la méfiance naturelle du Malgache lui laissait toujours croire qu'il pourrait traiter plus avantageusement.

Enfin, l'inscription sur les registres du Gouvernement consacrait officiellement l'accord des parties contractantes. Elle était exigée par l'article 47 de la loi de 1881, le droit perçu à cette occasion s'élevait à 1 fr. 25, que devaient verser et le vendeur et l'acheteur ; à défaut, la vente était nulle.

Le commerce des esclaves était réduit, pour ainsi dire, à sa plus simple expression, et il est clair que les transac-

---

(1) Prix des esclaves dans l'antiquité : voir les travaux de Bœckh, Letronne, de M. Wallon.

tions devaient être essentiellement restreintes aux besoins de chacun. L'esclave reste toujours une marchandise, il est vrai, mais les dispositions de la loi de 1881 montrent qu'on le différencie grandement de l'animal. Les récits de de Flacourt, du Père Rochon, nous prouvent qu'il en a toujours été ainsi. Ce qu'il y a d'immoral dans l'esclavage, ce sont les conséquences désastreuses et avilissantes qui nous paraissent inhérentes à sa pratique. Pour nous, traite, spéculation éhontée, trafic de chair humaine, vente au gré de l'acheteur, dispersion de la famille, séparation de l'homme d'avec la femme, des enfants d'avec les pères et mères, ne doivent faire qu'un. Tolérer l'existence de l'esclavage, c'est en approuver les conséquences dégradantes, s'associer à l'œuvre néfaste et criminelle des négriers.

Que ce tableau est sombre et loin de la réalité ! Combien l'esclavage patriarcal de 1896 ressemble peu à celui de 1848 ! Que de « Tsiarondahy », que d' « Andèves » invités à abandonner ce que nous pourrions appeler leurs prérogatives, auraient peut-être répondu par un « Tsy misy » sincère et suppliant qui aurait ralenti le zèle des tendances humanitaires désireuses de faire leur bonheur. Le but à poursuivre avec ardeur, c'était la répression de la traite, commerce immonde qui méritait avec raison la colère des peuples civilisés.

Nous allons voir que dernièrement le Gouverneur a dû sévir pour l'arrêter, ses efforts ayant été stériles et vains jusqu'à ce jour.

§ 3. — Mesures prises par le Gouverneur général pour réprimer la traite.

Le Gouverneur général ne pouvait tolérer plus longtemps qu'à l'ombre du drapeau français, un traitant, à quelque race qu'il appartînt, de quelque puissance européenne qu'il pût se réclamer, continuât à se jouer des efforts de la division navale dans tout le canal de Mozambique, et à braver les lois françaises comme de simples proclamations de Ranavalo. La pénétration du Betsiriry et l'occupation méthodique du Ménabé furent décidées. Les premières nouvelles confirmèrent les présomptions et les changèrent en certitudes (1).

Dès les premiers pas, on se convainquit de la triste réalité des faits : les peuplades du Maintirano se déclaraient hostiles à notre autorité, car elles comprenaient fort bien le but de notre occupation, et voulant à tout prix conserver leur liberté pour se livrer en toute sécurité à la traite des noirs, elles opposaient à nos troupes une résistance désespérée.

D'autre part les traitants indiens ne pouvaient consentir à l'anéantissement définitif de marchés d'où ils tiraient de si grandes richesses, et ils excitaient les Sakalaves à la révolte, afin de gagner du temps et de faire écouter à Londres leurs récriminations intéressées. Souvent quel-

---

(1) Nous trouvons, en effet, au *Journal officiel* de la Colonie, en date du 21 septembre 1897, page 937, cet avis : On a signalé que plusieurs peuplades du Maintirano se sont déclarées hostiles à notre autorité et se livrent à un important commerce d'esclaves (colonne du Betsiriry).

ques-uns d'entre eux étaient aperçus de la division navale, poursuivis, capturés et conduits à la Réunion ou à Nossi-Bé pour y être châtiés conformément à la loi (1).

Au commencement d'octobre 1897, deux boutres furent saisis dans ces conditions; on trouva à leur bord cent trente-quatre Sakalaves de l'ouest qui avaient été embarqués au petit port de Soahala (2).

De sévères instructions étaient données au commandant du territoire, à l'effet de faire cesser à tout prix cet ignoble trafic et de sévir contre les traitants indiens reconnus comme les principaux instigateurs de la révolte (3).

Un ancien colon qui a séjourné de longues années sur la côte sud-ouest, nous racontait comment les chefs Sakalaves procédaient pour se livrer à la traite des esclaves. Généralement, nous disait-il, le roi du pays fixe sa demeure à peu près à cinquante kilomètres du littoral, et il place près du rivage des vedettes appelées Masandrano (veilleurs de la plage) spécialement chargées d'avertir lorsqu'un bâtiment s'approche. Les ministres du chef descendent alors pour traiter avec le capitaine. Ce sont généralement des boutres montés par des indiens qui ont touché à la côte d'Afrique et apportent une douzaine d'esclaves volés sur

---

(1) Voir au *J. officiel* du 24 août 1897, un extrait d'arrêt de la Cour criminelle de Nossi-Bé portant condamnation pour faits de traite, publié en exécution de l'art. 17 de la loi du 4 mars 1731, concernant la répression de la traite des noirs. Il s'agit ici d'indigènes originaires de Mascate (Arabie) qui faisaient le commerce d'importation sur le boutre *Yafahrle*.

(2) *J. officiel de Madagascar*, n° 160, du 21 octobre 1897, p. 1062.

(3) *Notes, reconnaissances et explorations*, 10e livraison, p. 349.

cette côte. Ils traitent avec les indigènes et vont échanger les noirs dans le Ménabé contre des bois d'ébène, des grains et de la poudre d'or.

Il nous citait qu'à Maintirano, le chef indigène qui était musulman recevait encore dans les premiers mois de 1897 des boutres chargés d'esclaves qu'il vendait sur ses terres, bien qu'il eût été avisé de l'abolition de l'esclavage. Ce roitelet était persuadé que notre domination ne saurait l'atteindre ainsi que ses alliés.

Peu de temps après, le commandant du *Météore* faisait savoir au Gouverneur général, qu'après l'occupation de Maintirano, le commerce d'esclaves, dont ce port était le centre avant l'arrivée de nos troupes, s'était reporté à Béravina, situé à 40 milles au nord (1). Des ordres précis étaient donnés, car l'on était décidé à poursuivre les rebelles jusque dans leurs derniers retranchements.

Les Bara, les Tanala du sud, se livraient aussi sans aucun doute à la traite ; M. Besson, résident chez les Betsiléo, avait pu constater que ces peuplades, non contentes d'enlever les troupeaux de bœufs, attaquaient les « Vala » ou fermes dont elles emmenaient les habitants. Ce haut fonctionnaire en concluait que la traite devait exister forcément, sinon ces déprédations eussent été sans but (2).

Chez les Antandroy qui habitent la partie la plus méri-

---

(1) *J. officiel de Madagascar*, nº 145, p. 923.
(2) Dans la nuit du 15 au 16 janvier 1897, en effet, un « Vala » fut enlevé et razzié près du poste de Vahambi par un fort parti de Bara et de Tanala. Le poste militaire d'Ambohimalaza leur donna la chasse; ils furent rattrapés trois jours après et s'enfuirent abandonnant leurs captifs.

dionale de l'île et principalement la région sud-est comprise entre le cap Sainte-Marie et la province de Fort-Dauphin, la traite, déjà pratiquée sous Pronis et de Flacourt, florissait encore dans ces derniers temps (1). Ces indigènes sont peut-être les plus sauvages et les guerriers les plus farouches de Madagascar ; leur territoire est maintenant occupé et il est permis de croire que la présence de nos troupes mettra un terme au commerce des esclaves.

Ainsi, l'année 1898 s'ouvrait sous les meilleurs auspices : la traite vigoureusement attaquée et harcelée de tous les côtés à la fois semblait ne pouvoir plus, non seulement se développer, mais encore subsister quelque part. Traqués sur toutes les mers, assaillis dans tous leurs repaires, les traitants se virent encore chassés des baies peu profondes, des criques connues d'eux seuls, par les petits bâtiments de la flottille locale organisée par le Gouverneur général, et dont le faible tirant d'eau permettait dorénavant de ne laisser inexploré le moindre point du littoral. Le Ministre des Colonies donnait ainsi un précieux appui à l'œuvre de civilisation entreprise d'après ses ordres ; les effets les plus salutaires ne sauraient du reste tarder à se faire sentir. Et ce sera la gloire du gouvernement français d'avoir réussi à mettre enfin un terme à ce trafic de chair humaine.

---

(1) *Journal officiel*, n° 172, du 18 novembre 1897 p. 1168.

CHAPITRE V

DE L'ABOLITION DE L'ESCLAVAGE

I

Des tentatives d'abolition de l'Esclavage et de libération des esclaves avant l'occupation française.

Avant l'époque de notre prise de possession définitive du territoire malgache, la France et l'Angleterre s'étaient maintes fois efforcées de faire prévaloir dans la grande Ile les principes humanitaires solennellement proclamés à la conférence de Bruxelles· Nous avons vu que de nombreuses démarches avaient été faites auprès de la Cour d'Imérina, à l'effet d'obtenir la suppression de la traite et qu'elles parurent aboutir en 1877.

Déjà quelques essais d'abolition de l'esclavage avaient été tentés, sans beaucoup de succès, par la diplomatie anglaise qui essayait tous les moyens pour supplanter notre influence à Tananarive et occuper la place qui nous était réservée. En effet, après avoir paru se préoccuper beaucoup de la suppression de la traite, la Grande Bretagne passa des traités pour l'émancipation des esclaves introduits dans l'Ile en violation des accords signés avec le souverain des Antimerina.

C'est ainsi qu'en 1874 ils obtinrent du gouvernement Hova la promesse formelle de libérer tous les Mozambiques importés depuis le traité de 1865.

Nous relevons dans l'*Annuaire de la L.M.S.*, publié à Tananarive une proclamation de Ranavalo II décrétant solennellement la libération des Mozambiques.

Elle est ainsi conçue :

« Nous, Ranavalo Mpanjaka, par la grâce de Dieu et la volonté du
« peuple, reine de Madagascar et protectrice des lois de notre royaume,
« avons décidé avec nos cousins d'outre-mer par un traité établissant
« qu'il ne peut être importé aucun esclave. Par cette raison, nous
« ordonnons que s'il a été importé des Moçambiques dans notre
« royaume depuis le 5 juin 1865, date de notre convention avec nos
« cousins, que tous ces hommes reprennent leur liberté. S'ils veulent
« demeurer dans notre pays, ils peuvent le faire et devenir ainsi nos
« sujets libres ; si, d'autre part, ils préfèrent retourner dans leur pays,
« ils sont libres de le faire. Et si, parmi nos sujets, il s'en trouve qui
« persistent à cacher des Moçambiques récemment introduits dans le
« pays, et ne leur donne pas la liberté que je décrète, j'ordonne
« qu'ils soient mis aux fers pour dix ans. »

« Le 2 octobre 1874.

« *Signé :* Ranavalo II.
« *Contresigné :* Rainilaiarivony.

Cette proclamation était-elle sincère ? nous voulons bien le croire, elle n'en resta pas moins lettre morte. Ce qu'il y a de certain, c'est que les esclaves africains introduits après le 5 juin 1865 restèrent esclaves.

Elle produisit cependant quelque impression sur le peuple. En effet, une sourde agitation ne cessa de se manifester durant les années 1875 et 1876, au sujet de l'émancipation des noirs de la côte d'Afrique. Le gouvernement anglais faisait habilement courir le bruit que l'Angleterre exigeait la libération de tous les esclaves et qu'elle envoyait une escadre soutenir ses prétentions.

C'est alors que, l'année suivante, Rainilaiarivony, premier ministre et commandant en chef, consentit à se rendre enfin aux représentations qui lui étaient faites par la France et l'Angleterre. Il conseilla à Ranavalo III de donner satisfaction aux puissances en libérant tous les Mozambiques importés ou nés dans l'Ile. Le 20 juin 1877, un grand kabary fut tenu à la Capitale et le même jour, dans tous les ports et villes de garnison hova, les mêmes paroles furent prononcées (1).

Le gouvernement hova était décidé cette fois-ci à tenir ses promesses et, pour la première fois peut-être, le premier ministre voulut paraître donner satisfaction pleine et entière aux sollicitations des nations civilisées. Cela n'était point dans ses habitudes; cependant les ordres furent donnés et exécutés.

Les noms de tous les Mozambiques qui voulurent se déclarer furent formellement enregistrés. Des circulaires

---

(1) La proclamation royale fut lue à la capitale par le premier ministre; elle était ainsi conçue : « J'émancipe sans distinction tous les Moçambiques qui sont venus dans mon royaume, je fais d'eux mes sujets libres, et si quelqu'un ne les libère pas, je le considérerai comme criminel et les pénalités prévues lui seront appliquées. Je décide que quiconque trafique dans ce commerce ne peut plus réclamer à ce sujet.

« Quiconque réclamerait serait considéré comme coupable.

« Et si mon décret est interprété par mes sujets de manière fausse dans le but de changer le peuple de façon à troubler le royaume, qui que ce soit, je le considérerai comme coupable et le condamnerai à mort, car je suis la souveraine qui ne trompe personne. »

furent expédiées à toutes les autorités du royaume, leur prescrivant de donner aux Mozambiques des terres pour leurs cultures. Les gouverneurs étaient rendus responsables de l'état de misère où resterait un libéré.

Cet acte du gouvernement malgache ne saurait être passé sous silence, car l'émancipation des Mozambiques nous paraît avoir été réelle, leur inscription sur les registres du gouvernement en constitue la plus précieuse garantie. D'autre part, au point de vue politique, la diplomatie anglaise venait de remporter une victoire éclatante sur la nôtre, qui ne s'était placée qu'au point de vue humanitaire, sans entrevoir les conséquences désastreuses que cette émancipation partielle devait avoir pour notre influence. Rainilaiarivony avait bien consenti à libérer les Africains, mais en réalité l'affranchissement de ces esclaves ne causait qu'un faible préjudice au peuple hova. Les Mozambiques se trouvaient presque en totalité sur la côte ouest et appartenaient généralement aux Sakalaves. Ces tribus étaient fréquemment en guerre avec les Hova, elles ne reconnaissaient leur autorité que contraintes et forcées. Or, la proclamation de 1877 les atteignait presque seules; de plus, cet acte paraissait être notre œuvre. La grande sollicitude de l'Angleterre pour les esclaves trouvait ici le moyen de faire vibrer chez le gouvernement français la corde sentimentale au détriment de nos alliés naturels.

L'Anglais, n'ayant rien à perdre, sapait notre influence chez les Sakalaves en nous associant à sa politique. Il était temps de nous décider à mettre un terme aux manœuvres anglaises si nous ne voulions pas voir peu à peu notre autorité disparaître au profit des « chers cousins » du monarque hova. Car cette question d'abolition particlle de l'esclavage pouvait avoir de très fâcheuses conséquences dans l'esprit de tribus où cette institution formait la base de la société; il aurait été grotesque de tirer ici les marrons du feu pour l'Angleterre. Il était de notre devoir de concourir à l'abolition de l'esclavage, mais nous avions le plus grand intérêt à choisir, en connaissance de cause, la minute favorable. Notre conquête a mis un terme à ces diverses tentatives; désormais, il appartenait à nous seuls de procéder à la libération du peuple malgache.

II

Des mesures prises à l'effet d'abolir l'esclavage à Madagascar.

La conquête de 1895 achevée, les événements amenèrent le gouvernement à déclarer possession française l'île de Madagascar. Cette déclaration, faite à la reine de l'Imérina le 18 janvier 1896, était aussitôt notifiée aux Puissances. La Chambre des députés l'approuvait le 19 mars.

Certains membres du Parlement se préoccupaient déjà des conséquences de cet acte en ce qui concerne l'abolition de l'esclavage. Les uns étaient persuadés que l'esclavage ne saurait subsister un jour sur une terre devenue française, et que la loi Schœlcher s'y appliquait sans même qu'il fût besoin de le dire. Ceux-ci ne s'inquiétaient point de ce que l'on mettrait à la place. Mais il est plus curieux de constater que les députés de la Réunion déposaient, parmi les premiers, une proposition de loi dans laquelle ils demandaient avec instance l'abolition de ce même esclavage contre laquelle s'élevèrent la majorité des coloniaux.

Nous ne pouvions conserver l'institution de l'esclavage; tout le monde était d'accord sur ce point; il s'agissait de s'entendre sur le mode d'abolition à choisir.

Déjà M. Hanotaux avait déclaré dans le Livre Jaune distribué au moment de la rentrée des Chambres en 1896 que la suppression de l'esclavage était parmi les premières réformes qu'il conviendrait de réaliser dans notre nouvelle possession, mais le Ministre nous parle d'une suppression progressive (1).

De même au cours de l'interpellation discutée à la Chambre le 19 mars 1896, et émanant de MM. Francis Charmes, Develle et Turrel, M. Charmes déclare (2) qu'il croit non seulement la suppression immédiate de l'esclavage impossible, mais encore souverainement dangereuse. « Sans doute, dit-il, l'esclavage doit être aboli dans un
« temps donné, et il faut le dire dès maintenant afin d'en
« faire entrer la conviction dans les prévisions des Mal-
« gaches; mais une réforme aussi profonde ne peut être
« faite qu'avec des précautions, des tempéraments, par

---

(1) La question de l'esclavage, dit M. Hanotaux, qui est avec la corvée............ Il est cependant évident qu'à l'heure présente, en raison même des obscurités de la situation actuelle, nous ne pouvons que poser en principe l'abolition de l'esclavage, en nous réservant le choix du moment et des voies et moyens. Rien ne s'oppose, d'ailleurs à ce que nous mettions dès maintenant à l'étude l'adoption de certaines mesures propres à amener la suppression graduelle de l'esclavage, telle que l'interdiction de la traite des esclaves, la faculté pour les esclaves de se racheter, la proclamation de la liberté en faveur des enfants qui naîtront à l'avenir des femmes esclaves.......

(2) *Journal Officiel* de la République française.

« une série de mesures successives, et non pas par un
« coup de baguette que l'on aurait tort de croire magique.

« Au sujet de l'esclavage, il est une solution qui me
« plairait assez, c'est celle que notre honorable collègue
« M. Le Myre de Vilers, celui d'entre nous assurément
« qui connaît le mieux les affaires de Madagascar, a pro-
« posée. Dans un article remarquable qu'il a publié dans
« une revue, M. Le Myre de Vilers a exprimé le regret
« que, dès le jour où nous sommes entrés à Tanana-
« rive, nous n'ayons pas fait une belle proclamation, une
« proclamation à la française, dans laquelle nous aurions
« dit : « L'esclavage est aboli à Madagascar ».

« Mais en même temps, comme M. Le Myre de Vilers
« n'est pas seulement un philosophe, comme il est aussi
« un administrateur avisé et un homme pratique, plus
« modestement dans une note de son article, il a indiqué
« tout un système qui ferait disparaître peu à peu l'escla-
« vage à Madagascar : il demande pour cela dix-neuf ans.
« Je trouve cette période un peu longue ; mais assurément
« il en faut une. Il faut, sachant et disant où nous vou-
« lons aller, ne pas y aller trop vite, sous peine de pro-
« voquer des troubles, des révoltes, dont nous viendrions
« à bout sans doute, mais qu'il vaut encore mieux
« éviter ».

Après M. Francis Charmes, M. d'Estournelles s'est aussi
fait l'avocat de notre thèse ; il a de nouveau attiré l'attention des membres du Parlement sur les conséquences
désastreuses que ne manquerait point d'avoir pour l'influence française une décision brusque prise à l'aventure
par une majorité impatiente d'accomplir une œuvre
« humanitaire en apparence, inhumaine en réalité » (1).

---

(1) *Journal Officiel* de la République française.

Le service inappréciable que ce groupe de députés voulait rendre à leur pays ne devait pas être compris. Cependant c'est avec une conviction inaltérable, avec une force de vérité irréfutable que M. d'Estournelles avait parlé ; son discours est un chef-d'œuvre d'argumentations nourries, connues et vécues ; c'est un document précieux à consulter. Il fut cependant reconnu que « des mesures étaient à prendre pour qu'une œuvre de civilisation ne devînt pas brusquement la cause de grands désordres et de vrais malheurs ; et l'on s'en remit à la sagesse du Gouvernement du soin d'arrêter lui-même, comme il en avait reçu la mission, ces mesures (1).

Il est intéressant de savoir ce qu'on pensait à Madagascar de l'abolition immédiate de l'esclavage. Personne n'y croyait. Les journaux locaux protestent à l'envi. « L'avenir de Madagascar » dans son numéro du 22 mars 1896 rappelle les désastres économiques causés par l'abolition de 1848 aux Antilles et à la Réunion. « Le Courrier de Madagascar » dans son numéro du 31 mars 1896 s'élève avec véhémence contre les projets d'abolition ; il cherche et ne trouve point autour de lui ces esclaves chargés de chaînes que l'on aperçoit de France. « Oh préjugés ! Dire qu'en France on ne voit que des esclaves et des tyrans partout ».

Et l'indigène que désirait-il ? S'il était bien difficile de savoir ce que pensait l'Andriana, du moins on pouvait être convaincu qu'il considérait l'abolition comme un mal inévitable, attendu avec certitude ; quant à la promesse d'une indemnité, il n'y croyait point ! Puis il se demandait anxieusement, comment on vivrait ensuite !

---

(1) Rapport au Sénat de M. Trarieux au sujet du projet de la loi déclarant Madagascar colonie française.

L'esclave, lui, causait plus facilement ; cependant la même anxiété de l'avenir se retrouvait dans ses réponses : libre ! mais quand je serai malade, la maison de mon maître me sera-t-elle fermée ?... et quand je serai vieux où irai-je ? La sollicitude du Gouvernement les effrayait.

Cependant le Résident général, M. Laroche, avait été chargé par M. le Ministre des Colonies d'étudier et de proposer au Gouvernement les mesures qu'il croirait nécessaires pour rendre aussi rapide et aussi effective que possible l'émancipation des esclaves dans la Grande Ile africaine (1).

La Chambre restait impatiente ; M. Lebon était obligé d'intervenir à la tribune et de laisser entendre qu'il aurait le regret d'abandonner le portefeuille des Colonies si la Chambre votait l'émancipation immédiate de tous les esclaves. Le Ministre se déclarait partisan de la libération progressive. Enfin le Président du Conseil parvenait à faire accepter la solution suivante : « L'esclavage étant aboli à Madagascar de par le fait de la déclaration de Colonie française, le gouvernement prendra des mesures pour l'émancipation immédiate ». On distinguait enfin abolition et émancipation. Le gouvernement se trouvait dès lors seul maître de choisir l'époque la plus favorable à l'accomplissement de la volonté nationale ; il restait seul juge des mesures qu'il devait prendre.

Des ordres furent donnés à Tananarive. Une commission composée de hauts fonctionnaires et d'anciens colons se réunit le 8 août 1896 sous la haute présidence du Résident général ; elle examinait la question sous toutes les faces.

---

(1) Discussion de l'interpellation de M. Pourquery de Boisserin sur Madagascar.

Nous ignorons ce que valaient les propositions adressées au Département ; toujours est-il qu'après avoir étudié le projet de M. Laroche, le gouvernement décrétait l'émancipation immédiate et universelle de tous les esclaves dans les limites de la nouvelle colonie et de ses dépendances, et le Ministre des Colonies câblait au Résident général d'avoir, conformément aux votes des Chambres françaises, à exécuter le décret de l'abolition de l'esclavage.

III

Arrêté du 26 Septembre 1896.

Les choses en étaient là. Le général Galliéni arrivait à Tananarive et M. Laroche se disposait à lui remettre ses pouvoirs. Cependant la *Gazette officielle* ne paraissait pas et l'on était inquiet de ce retard.

Dans la nuit du 26 au 27 septembre, les murs de la ville se couvrent d'affiches blanches en langue malgache et au point du jour, comme une trainée de poudre ; la nouvelle se répand parmi les indigènes que l'esclavage a bien vécu. Ils l'apprennent aux Européens.

L'arrêté était suffisamment explicite.

« Le Résident général, dépositaire des pouvoirs de la République
« française à Madagascar, en conformité des instructions du ministre
« des Colonies du 14 septembre 1896,
 « Arrête et proclame :
 « Art. 1er. — Tous les habitants de Madagascar sont personnes
« libres.
 « Art. 2 — Le commerce des personnes est interdit. Tout contrat

« de quelque forme qu'il soit, écrit ou verbal, stipulant vente ou achat
« de personnes, est nul et ses auteurs seront punis d'une amende de
« 500 à 2.000 francs et d'un emprisonnement de 2 mois à 2 ans. En
« cas de récidive ces peines seront triplées. Elles s'appliqueront
« également, à l'officier public convaincu d'avoir enregistré le contrat
» ou prêté son concours pour en faciliter l'exécution.

« Art. 3. — Le maximum des mêmes peines frappera toute per-
« sonne qui aura usé de contrainte pour en entraîner une autre hors
« de sa province en vue de la vendre, et l'officier public qui, informé
« de cette contrainte, n'aura pas usé de son pouvoir pour y faire
« obstacle.

« Art. 4. — Les personnes rendues libres par les bienfaits de la
« présente loi, mais qui se trouvaient auparavant dans la condition
« d'esclaves, conservent la légitime propriété des biens meubles et
« immeubles qu'elles ont acquis de leurs deniers ou par héritages. Les
« immeubles et les meubles subsistant en nature qu'elles tenaient des
« libéralités de leurs anciens maîtres pourront être repris par ces
« derniers.

« Art. 5. — Les personnes rendues libres par le bienfait de la pré-
« sente loi, mais qui se trouvaient auparavant dans la condition
« d'esclaves, auprès des maîtres dont elles désirent ne pas se séparer
« pourront demeurer chez ces anciens maîtres, s'il y a consentement
« réciproque.

« Art. 6. — La France s'interdit de frapper sur le peuple de Mada-
« gascar aucune contribution extraordinaire de guerre. Des secours,
« sous forme de concessions territoriales, pourront être accordés aux
« propriétaires dépossédés qui seraient reconnus dans le besoin.

« Tananarive, le 26 septembre 1896.

« *Le Résident général* : Hippolyte LAROCHE. »

Ce qu'il ne faut point oublier, c'est qu'à ce moment-là l'insurrection grondait de tous côtés. Tananarive était enveloppée; on ne pouvait en sortir sans escorte. La tranquillité ne régnait que là où nos troupes occupaient effectivement le pays.

La physionomie qu'offrit durant cette journée Tananarive ne fut pas cependant sensiblement modifiée par un événement aussi important. Dès le matin, les numéros du *Journal Officiel* de la Colonie se trouvaient dans toutes les mains ; les indigènes se massaient autour des affiches et commentaient à voix basse les phrases du grand acte qui leur notifiait qu'ils étaient libres. Le secret de la Résidence avait été bien gardé, aucune rumeur n'avait transpiré ; mais la nouvelle se répandit bien vite, surtout parmi les esclaves qui pour la plupart l'apprirent à leurs maîtres.

Des patrouilles circulaient en ville sans avoir l'occasion d'intervenir en quoi que ce fût.

De temps à autre, de tout jeunes gens, drapés dans leur lamba, en passant à côté des « Vahaza « les interpellaient en disant : « moi plus esclave, moi libre ». Ils paraissaient joyeux, mais ne semblaient point trop comprendre les conditions de leur nouvelle situation.

Ce fut le dernier acte de M. Laroche. Deux jours après il quittait Tananarive, ayant aboli l'esclavage d'un trait de plume, sans se préoccuper du lendemain, ni des moyens dont pourrait disposer son successeur, arrivé de la veille, pour parer avec efficacité aux conséquences inattendues d'une libération aussi foudroyante.

La situation pouvait devenir très critique, et l'on peut affirmer, sans être taxé de pessimisme que, sans les capacités remarquables et reconnues du Général, dont la hauteur de vue et la largeur d'esprit, doublées d'un caractère d'une rare énergie, sont connues de tous, les rebelles qui enveloppaient déjà Tananarive dans un filet dont les mailles se resserraient chaque jour, auraient pu tenter avec de grandes chances de succès un coup de main sur la Capitale où ils nous auraient enlevés, individuellement, dans nos logements avec d'autant plus de facilité qu'ils étaient assurés de la complicité des habitants, et qu'à Madagascar rien ne ressemble plus à un fahavalo qu'un humble sujet de la Reine.

Les dispositions du Général furent bientôt prises et ses résolutions exécutées sans retard.

Cependant, les habitants de Tananarive, déjà terrifiés par la réputation du général Galliéni, ne donnèrent pas une seule marque de désapprobation. Tout se passa dans le plus grand calme. A la campagne, les nombreux rapports adressés au Général par les résidents et les chefs de province, puis par les commandants de Cercle furent unanimes à constater que cet événement considérable dans la vie d'un peuple aurait passé inaperçu pour celui qui n'aurait pas été au courant des affaires. Tout semblait donner raison aux partisans de l'abolition immédiate. Mais si la main de fer du Général expliquait suffisamment le calme apparent de la population, on se demandait anxieusement si le nouveau Résident serait capable de parer à la question économique avec autant de bonheur. Cette crainte, pourtant sérieuse, fut rapidement dissipée, et l'homme que M. le Ministre des Colonies avait préposé à la direction des affaires de Madagascar montrait qu'il était à même de ne rien négliger, qu'il savait concilier les exigences parfois regrettables du noble métier des armes, avec les droits imprescriptibles de la population paisible, asservie par nous dans le but d'arriver plus rapidement à cette prospérité commerciale et économique, dont nous serons les premiers à ressentir les bienfaisants effets.

CHAPITRE VI

CONSÉQUENCES DE L'ABOLITION DE L'ESCLAVAGE
CONSIDÉRATIONS ECONOMIQUES

I

Conséquences politiques.

1° Réveil et répression de l'insurrection.

L'insurrection paraissait enrayée, et déjà l'année 1896 se terminait.

Elle se réveilla terrible et menaçante à Soavina, à quelques kilomètres de Tananarive, pendant la dernière semaine de décembre. Les rebelles se trouvèrent nombreux, très nombreux même, tout autour de nos postes, sagaïant de temps à autre de courageux officiers, de nobles soldats, d'utiles et précieux auxiliaires gagnés à notre cause. C'était à prévoir (1).

L'Imérina était en feu ; des renforts étaient nécessaires

---

(1) *Journal Officiel* de la République française du 6 mai 1899, Rapport d'ensemble du général Galliéni sur la situation générale de Madagascar, p. 2.991, Causes occasionnelles de l'insurrection, 3e paragraphe.

pour permettre au général Galliéni de nous conserver Madagascar. On sait le reste. Successivement les provinces centrales, puis les provinces côtières furent conquises, mais au prix de quels efforts. Les Sakalaves du Bouéni, puis ceux de Maintirano, les Tanala du Sud et les Bara, enfin les peuplades de l'extrême sud semblèrent irréductibles; il fallut organiser de véritables expéditions dont on ne peut encore prévoir la fin. Puis dernièrement la révolte des habitants des territoires de Diégo-Suarez et de Nossi-Bé, pourtant soumis à l'influence française depuis longtemps, n'est-elle pas un indice irrécusable du peu de faveur que rencontre auprès des indigènes, non pas l'abolition de l'esclavage, puisqu'il n'était point toléré dans ces territoires, mais la façon dont on a libéré les esclaves.

Plus tard, lorsque l'étendard de la révolte ne trouvera plus de bras pour le tenir haut et ferme, lorsque le temps aura fait son œuvre, il est naturel d'espérer que la classe innombrable des libérés devra à la France une reconnaissance éternelle de son émancipation. Mais il faudra encore longtemps pour que le souvenir des haines, des infortunes et des souffrances douloureusement cuisantes déchaînées sur le pays par l'acte de 1896, disparaisse.

Au début, bien que, ainsi que nous l'avons constaté, tout se soit passé dans le plus grand calme, il y a lieu néanmoins de signaler certains faits isolés qui, s'ils n'avaient pas été sévèrement réprimés par les autorités indigènes, auraient pu encourager les esclaves dans la voie des représailles envers les maîtres dont ils auraient cru devoir se plaindre.

De faux bruits répandus à dessein par l'entourage de la Reine tendirent à faire croire que la mesure prise par le gouvernement français ne l'avait été que pour donner satisfaction aux principes égalitaires du peuple français, mais qu'en réalité rien n'était changé dans la situation des esclaves. On s'efforçait même de faire entendre aux esclaves disposés à rester chez leurs maîtres que leur conduite était une marque de désapprobation des bienfaits du gouvernement et que, par ce fait seul, ils témoignaient de leur renoncement à la liberté. Puis on fit croire aux maîtres qu'en conservant leurs esclaves ils s'exposaient à des pénalités. Beaucoup résolurent alors de renvoyer les leurs, et de nombreux esclaves allèrent camper en dehors des cases durant quelques jours pour montrer d'une façon évidente qu'ils entendaient respecter les dispositions de l'arrêté du Résident général. Le Général dut prendre des mesures énergiques et faire tenir de nombreux kabary, dans toutes les provinces pour éclairer le peuple et l'encourager à dénoncer les fauteurs de troubles et de désordres. De nombreuses exécutions rendues indispensables par la gravité de la situation eurent lieu dans plusieurs provinces avec un grand concours de peuple. Le gouverneur indigène d'Antananarano réunit le peuple dans un kabary solennel et lui tint ce langage :

« Le Gouvernement a considéré qu'il importe de libérer
« tous les habitants de Madagascar ; à cet effet, il a pro-
« mulgué dans le *Journal Officiel* du 27 septembre 1896
« une loi relative à cette libération. C'est donc un fait
« accompli.

« Par ce décret, le Gouvernement a montré sa sollicitude
« et se charge de maintenir le bon ordre à l'avenir. Mais
« cette abolition de l'esclavage rend les anciens esclaves
« coupables, s'ils sont fiers et insultent leurs anciens maî-
« tres ; ils ont célébré des fêtes déplacées à cette occasion ;
« il y en a même qui ont osé insulter des femmes nobles.

« Je vous fais connaître que ceux qui ne se conforme-
« raient pas à la loi promulguée par le Gouvernement et
« se conduiraient mal ou occasionneraient des troubles, le
« Gouvernement, tout en les libérant, se réserve le droit
« de les châtier comme il l'entendra.

« Le Gouvernement a considéré qu'il n'est pas bon pour
« les Malgaches de rester en dehors du progrès des na-
« tions civilisées et particulièrement de la France, et pour
« entrer dans ce progrès les Malgaches doivent accepter
« l'abolition de l'esclavage.

« Enfin je vous en donne l'ordre et vous affirme que
« vous ne serez pas inquiétés.

« Le *Journal Officiel* du 27 septembre 1896 déclare
« que tous les esclaves à Madagascar sont libres; j'avertis
« ceux qui ne se tiendront pas tranquilles qu'ils seront
« arrêtés et punis sévèrement comme il est dit ci-dessus.

« Les agents de police, les gouverneurs et les Mpiadidy
« sont chargés de l'exécution du présent ordre. »

Ainsi parla le prince Rahamatra, 15e Honneurs, le 2 octobre 1896.

Ces salutaires avertissements furent écoutés, et les rares faits, signalés, sévèrement réprimés. Mais en parlant ainsi, Rahamatra ne s'adressait qu'aux indigènes de son gouvernement.

Il était nécessaire de faire connaître à tous les Malgaches la véritable portée de l'arrêté, et de faire justice une fois pour toutes des faux bruits que quelques personnages influents de la Cour s'obstinaient à faire courir au grand détriment de la vérité.

Dans les premiers jours de novembre 1896, Rasanjy, faisant fonctions de premier ministre, adressa au peuple une proclamation ainsi conçue :

« Voici ce que j'ai à vous dire. Le Gouvernement apprend qu'il y a parmi les esclaves libérés qui ont quitté leurs anciens maîtres, soit de leur plein gré, soit chassés par ces derniers (des gens qui) font courir des bruits pour effrayer ceux qui restent encore attachés à leurs anciens maîtres, que s'ils continuent à rester ainsi avec leurs anciens maîtres, ils seront pour toujours esclaves. Aussi, je vous donne l'ordre de démentir au plus tôt ces faux bruits et d'informer les maîtres et les esclaves libérés qui sont de votre circonscription, qu'ils pourront comme par le passé demeurer librement chez leurs anciens maîtres, s'il y a consentement réciproque. L'intention du Gouvernement est de ne pas exposer les libérés à battre le pavé et à devenir ainsi indigents, car en restant avec leurs anciens maîtres, ils trouveront nourriture et vêtements et auront des terres à cultiver.

« Soyez heureux. »

La préoccupation constante du Gouvernement apparaît ici dans toute sa netteté. Il ne doit plus y avoir d'esclave à Madagascar, mais il est évident qu'il ne s'ensuit pas pour cela que, obligatoirement pour jouir de la liberté, les anciens esclaves doivent quitter aussitôt le toit de leurs anciens maîtres, et ceux-ci chasser les récalcitrants. La grand loi humanitaire serait en contradiction avec les principes de 1789, si elle entendait obliger ceux à qui elle confère la liberté de renoncer aux droits imprescriptibles qu'elle leur reconnaît en même temps, au droit de demeurer avec qui il leur plaît, suivant des accords réciproques. des contrats verbaux ou écrits.

Le Gouvernement s'efforçait surtout de faire comprendre aux indigènes, que dans leur intérêt personnel, il était pour ainsi dire indispensable qu'ils s'entendissent entre eux, comme hommes libres, et qu'il était de toute nécessité qu'ils s'entraidassent mutuellement pour les travaux qu'ils avaient coutume de faire. De ce que le maître s'était transformé en patron, il ne découlait pas que l'esclave libéré, devenu ouvrier, fût obligé de quitter à jamais ce patron encore aujourd'hui son seul soutien. Il s'agissait donc de faire saisir aux uns et aux autres les avantages de leur nouvelle situation et de leur en montrer les profits.

En outre, il fallait éviter à tout prix de créer brusquement une classe indigente et vagabonde incapable de se procurer de sa propre initiative un travail journalier. Il fallait aider les libérés ; il fallait assurer aux maîtres des ouvriers pour leurs travaux particuliers, pour la culture des rizières, la garde des troupeaux ou leur commerce.

Car si la majorité des anciens esclaves consentait à rester chez les anciens maîtres, la tâche du Gouvernement serait d'autant facilitée, et la crise politique et économique que l'on devait s'attendre à voir éclater serait ainsi considérablement atténuée.

Les prévisions du Gouvernement furent d'abord justifiées et les efforts du général Galliéni, bien secondé par le personnel du bureau des Affaires indigènes, parurent couronnés de succès. La tâche bien que très délicate n'arrêta point ceux qui connaissaient à fond les usages et le caractère docile et souple des Antimérina ; il n'en est pas moins vrai que ceux qui les ignoraient, et c'était le cas du plus grand nombre, pouvaient avoir de sérieuses appréhensions.

Il faut donc savoir gré au général Galliéni d'avoir osé marcher de l'avant envers et contre tous, d'avoir suivi les les indications d'une minorité éclairée, et d'avoir prouvé qu'à de brillantes qualités militaires il savait encore joindre de remarquables qualités organisatrices et administratives.

L'acte du 26 septembre 1896, testament politique de M. Laroche, avait en effet libéré les esclaves, mais c'était tout, et si M. Laroche avait projeté l'organisation et l'administration de cette catégorie d'individus, dont le nombre atteignait en Imérina seulement de 237.000 à 300.000 environ, il est non moins certain, qu'en partant, il ne songea pas à communiquer à qui que ce fût ses plans. Qu'allait-on faire des libérés ?

2° Institution de l'état civil. — Répartition de la population, nomination des chefs de mille et de cent.

Du jour au lendemain, le général Galliéni dut organiser cette classe fort intéressante, l'initier à la vie libre, à vivre de ses propres moyens d'existence, sans songer aux secours du voisin ; il devait lui apprendre à se créer une famille propre, une famille que le chef devait nourrir, au lieu et place du maître ; il fallait habituer les Malgaches à la prévoyance de la maladie et de la vieillesse. Il fallait aussi les intéresser aux affaires du Gouvernement, en leur demandant d'aider de leurs deniers le fonctionnement des services publics. Puis il fallait encore leur montrer le chemin des écoles professionnelles, et leur permettre d'aspirer bientôt à fournir à leurs compatriotes les divers produits industriels manufacturés, demandés jusqu'à ce jour aux marchés américains ou anglais. Il fallait surtout leur apprendre le français et les forcer à nous mieux connaître et à nous estimer. La tâche était considérable.

Le Général pensa d'abord à faire établir les registres de l'état civil et à obliger les libérés à s'y faire inscrire (1). Entre temps, plusieurs esclaves libérés étaient investis de quelques fonctions officielles, telles que celles de sous-gouverneurs de secteur, et la plupart surent remplir leurs charges sans que leur autorité parût souffrir de leur ancienne situation. D'ailleurs, les serfs de la couronne avaient occupé des situations autrement difficiles à la satisfaction de tous ; le peuple hova ne fut donc point surpris de la décision du Général. C'était le premier pas dans la voie des réformes rendues indispensables par l'arrêté du 26 septembre.

Le premier soin du Gouvernement fut donc de conférer officiellement l'état civil, et les droits et avantages qui en découlent, à cette multitude de gens qui, au point de vue légal, n'existaient pas et échappaient à tout contrôle effectif et efficace. En outre, les anciens esclaves savaient que de tout temps leurs maîtres, pour les libérer, les faisaient inscrire sur les livres du Gouvernement. Cet acte était pour eux une preuve indéniable de leur liberté, et c'est en foule qu'ils se sont fait inscrire sur les registres. Cette formalité essentielle ne pouvait donc rencontrer aucun obstacle, et l'œuvre du Gouvernement était ici facilitée. L'inscription fit plus d'effet sur la population que toutes les proclamations précédentes ; les esclaves se sentaient réellement libres,

---

(1) Dès les premières semaines d'octobre 1896, le premier ministre dut s'adresser aux libérés pour leur faire connaître que s'ils avaient de nouveaux droits, ils avaient aussi de nouvelles obligations dont ils ne pouvaient se dispenser sous aucun prétexte.

Le 15 octobre, Rasanjy réunissait à cet effet le peuple en un grand kabary : voir les documents annexes.

maintenant qu'ils possédaient un état civil, et leur joie et leur reconnaissance pour les Français parut ne plus connaître de bornes. De nombreux esclaves, retenus par les rebelles, accoururent en foule se faire inscrire, dans la crainte que, s'ils tardaient, on ne leur refusât ce qu'ils semblaient considérer comme une grande faveur. L'inscription eut des effets rétroactifs, obligatoires pour être efficaces, et chacun eut le droit et le devoir de faire constater son mariage et de légitimer ses enfants.

Tandis que les formalités de l'inscription sur les registres de l'état civil se poursuivaient, on classa par quartier ces nouveaux hommes libres appelés à faire partie du Fokon'olona, et appartenir à une circonscription déterminée, où se trouverait en quelque sorte leur domicile.

Il s'agissait de faire un nouveau classement, de nommer de nouveaux chefs de mille et des chefs de cent, conformément à l'administration malgache et aux institutions hova. Cette réorganisation par cent et par mille que l'institution des Gouverneurs de villages avait permis de laisser tomber en désuétude, fut reprise comme le plus sûr moyen d'assurer le contrôle et la surveillance des libérés au début de l'affranchissement, et dans la période particulièrement troublée que l'on traversait à ce moment-là.

Sous le couvert de la Reine, le Général donna des ordres en conséquence à Rasanjy; durant le mois d'octobre, le premier Ministre fit connaître ses volontés au peuple dans un grand kabary (1).

Désormais, non seulement la libération était un fait accompli, mais encore aucune trace de l'ancienne situation ne subsistait. Les anciens esclaves étaient possesseurs de

---

(1) Voir les documents annexes.

leur état civil, les mariages étaient contractés, les enfants légitimés, la famille régulière était constituée ; les Fokon'olona, accessibles à tous, s'étaient considérablement augmentés, tous les habitants prenaient part à la vie publique après s'être vu accorder la vie familiale.

En outre des avantages qu'il retirait du nouvel état de choses, le gouvernement pouvait connaître et suivre partout où ils iraient tous les indigènes, aucun n'échappait à son influence et à son contrôle. De plus, son action se faisait sentir sur tous les membres du Fokon'olona ; la population tenue de près par les mpiadidy, les sous-gouverneurs et les gouverneurs, obéissait à ses chefs naturels et pouvait, sous leur direction, se laisser conduire dans la nouvelle voie qui lui était ouverte, sans craindre de se trouver aux prises avec les difficultés inhérentes à leur nouvelle situation et sans savoir comment y faire face.

Les résultats obtenus par cette politique intérieure plaident en faveur du maintien de l'institution éminemment malgache du Fokon'olona, et l'on ne peut s'empêcher d'applaudir aux mesures prises par le Général à l'effet de rétablir cette institution abolie un instant.

Nous reconnaissons là l'heureuse influence du Directeur des affaires indigènes, M. le docteur Lacaze, dont la haute compétence et la connaissance approfondie des institutions malgaches rendent inappréciables les services qu'il a rendus à la cause française.

II

Conséquences économiques.

1° Rapports nouveaux établis entre les Maîtres et les Libérés.

Prétendre qu'à Tananarive et à Tamatave les indigènes, au moment de notre prise de possession, comptaient sur le maintien de l'esclavage, serait soutenir une erreur. Depuis notre entrée dans la capitale de l'Imérina, la presque totalité des habitants libres et la grande majorité des esclaves du plateau s'attendaient à voir le gouvernement français rendre progressivement la liberté à leurs esclaves. De nombreux cas d'émancipation même eurent lieu. Les prix de vente sur le marché subirent une forte dépréciation. Cette situation toute locale induisit peut-être en erreur les membres de la Commission du 8 août 1896 ; en ce cas, on ne peut nier qu'elle eut une influence néfaste. Cependant tous les possesseurs d'esclaves n'eurent point la clairvoyance de quelques-uns. Parmi ceux qui ont eu le plus à souffrir de la libération, nous citerons :

1° Les grands propriétaires fonciers, appartenant à la noblesse ou à la haute bourgeoisie et dont la principale fortune n'avait de valeur que par les esclaves. Il est à craindre qu'ils éprouvent des difficultés à faire cultiver leurs terres au moins dans les débuts. Le Gouvernement local devra leur venir en aide ;

2° Ceux qui, en échange de l'argent prêté, avaient accepté de leurs débiteurs, en garantie de remboursement, un certain nombre d'esclaves ;

3° Ceux qui, possédant un grand nombre d'esclaves, avaient emprunté de l'argent pour se livrer à des opérations commerciales, dans l'espoir de se libérer avec le produit de leurs travaux ;

4° Ceux qui employaient leurs esclaves à des entreprises de transport ;

5° Ceux qui avaient beaucoup d'esclaves, mais peu de terre et d'argent ;

6° Ceux qui, peu de temps avant la libération, avaient acheté des esclaves dont ils n'ont pas eu le temps d'utiliser les services ;

7° Enfin ceux dont les rizières n'étaient pas encore en culture au moment de l'abolition de l'esclavage.

Il y avait en ce moment en Imérina seulement, d'après les statistiques établies à la suite du recensement effectué depuis l'entrée de nos troupes à Tananarive, 217.977 esclaves environ, comprenant : 54.387 hommes, 76.724 femmes et 86.866 enfants (1). Mais ces chiffres sont incertains et sûrement incomplets.

Jusqu'à la fin de décembre, avons-nous dit, l'acte de libération parut être accepté de la population sans arrière-pensée. On avait cependant tout lieu de croire que les maîtres, mécontents, ne chassassent brutalement les esclaves, les enfants et les vieillards des logements qu'ils occupaient chez eux, comme c'était leur droit absolu. L'esprit avisé et calculateur des Antimérina les empêcha d'en arriver à cette extrémité. Ils savaient très bien que la majorité des esclaves ne saurait où aller se loger s'ils quittaient tous sans exception leur maison ; ils comprirent

---

(1) Ces chiffres ont été reproduits dans le fascicule du *Comité de Madagascar*, n° 7 de 1896, p. 26.

qu'ils avaient là un moyen de retenir les leurs le plus longtemps possible auprès d'eux. Ces prévisions étaient certainement justifiées et beaucoup conservèrent la plus grande partie de leurs esclaves, surtout des femmes, des enfants, des jeunes gens sans famille. Les hommes s'éloignèrent plus facilement, généralement les porteurs et ceux qui avaient une famille propre, une femme et des enfants. Les autres restèrent auprès de leurs maîtres. Cette attitude remarquable des anciens esclaves, la déférence qu'ils continuaient à montrer pour leur maître de la veille, contribua à atténuer les plaintes provoquées par l'arrêté ; car si l'on s'attendait à l'abolition de l'esclavage, on espérait, sans trop y croire, que le gouvernement français, conscient des droits acquis, voudrait tenir compte des dommages ressentis, et indemniserait des pertes éprouvées, les malheureux propriétaires brusquement spoliés.

Chez les Bézanozano, dans la province de Moramanga, les rapports avec les maîtres restèrent tout d'abord les mêmes qu'avant la publication de l'arrêté. Très attachés à leurs coutumes primitives, les indigènes se soucièrent fort peu des nouveaux droits qu'on leur conférait. Les esclaves, considérés comme partie intégrante de la famille, ne songèrent point à quitter leurs maîtres ; ils cultivèrent les mêmes rizières qu'autrefois, ils habitèrent les mêmes cases, de même les maîtres n'abandonnèrent pas les esclaves indigents ou infirmes.

Dans un rapport adressé au Résident général par M. Bonnemaison (1), un des doyens de la colonie française, nous voyons que, sur la côte Est, dans le pays des

---

(1) *Journal Officiel de Madagascar* du 10 février 1897.

Antsianaka, la nouvelle de l'émancipation a été accueillie avec la même indifférence. Parlant des relations des libérés avec leurs anciens maîtres, M. Bonnemaison s'exprime ainsi : « Dans les régions du Nord, la loi a été acceptée sans difficulté. Les travaux n'ont pas été suspendus ; la plupart des anciens esclaves sont demeurés avec leurs maîtres et le lien de servitude s'est transformé en une sorte de collaboration familiale empreinte de bonne entente et de fraternité. »

A Fort-Dauphin, un rapport de la Résidence nous apprend que, selon les instructions du Résident général, des précautions ont été prises pour protéger les intérêts des anciens propriétaires d'esclaves. Un grand nombre de libérés sont demeurés de leur plein gré avec leurs anciens maîtres, et les travaux de culture ont pu continuer sans arrêt. Les relations entre maîtres et serviteurs devront être définies par des contrats réguliers. Mais ici, ainsi que le fait remarquer M. le résident Lemaire (1), l'organisation du travail trouvera un terrain admirablement bien préparé. Les propriétaires du pays ont, en effet, l'habitude de faire venir du Nord des serviteurs à gage qu'ils emploient aux travaux des champs et qui ne sont liés vis-à-vis d'eux que par un contrat à terme. Il est de notre intérêt, dit-il, d'encourager vivement cette habitude et de la favoriser par tous les moyens possibles. L'abolition de l'esclavage entraînera forcément la généralisation de ces locations de services qui rappellent nos coutumes françaises à l'époque des moissons.

M. Lemaire fait ensuite remarquer que, dans la région de Fort-Dauphin, les femmes étaient en majorité parmi les

---

(1) *Journal Officiel de Madagascar* du 3 février 1897.

libérés. La plus grande partie de ces femmes est restée chez les propriétaires.

2° Mesures prises pour éviter l'abandon des champs et la demeure du maître.

On fut tout heureux de constater qu'il n'était point nécessaire de prendre des mesures pour retenir aux champs les esclaves libérés. En outre, le désir manifesté par les esclaves des rebelles de rentrer dans leurs foyers était un gage certain qu'ils ne comptaient y renoncer. Enfin, les rentrées continuelles dans les villages des libérés, qui s'étaient rendus à Tananarive dans l'espoir d'y trouver une occupation, témoignaient de l'attachement des indigènes pour leurs anciennes occupations. La désertion des champs ne semblait plus à redouter dès les premiers jours de l'abolition.

Ainsi, la grande majorité des libérés resta chez le maître dans les mêmes conditions qu'auparavant. Il n'y avait donc rien de changé pour eux, si ce n'est que légalement ils étaient obligés de travailler pour vivre, alors que, jusqu'à ce jour, leur qualité d'esclave avait fait une obligation au maître de les loger, de les vêtir et de les nourrir, qu'ils travaillassent ou non. Toutefois le maître pouvait les congédier sans crier gare ; la liberté apportait à l'esclave moins de sécurité.

Mais c'est sans contredit dans la classe agricole que les rapports qui durent se nouer sont les plus intéressants. Rien n'était préparé, car M. Laroche vraisemblablement n'y avait point songé. En attendant l'organisation du travail préparée activement par M. le général Galliéni, la plupart des maîtres reconnurent aux libérés la propriété des terrains et des récoltes qui formaient leur pécule, à condition qu'ils les aidassent à cultiver leurs biens. De quelque temps, aucun contrat écrit ne lia les travailleurs avec les propriétaires du sol.

Beaucoup assurèrent eux-mêmes la culture de leurs rizières à l'aide d'ouvriers engagés à la tâche ou à la journée.

D'autres, enfin, louèrent à leurs esclaves leurs terres à la portion de fruits, c'est-à-dire en se réservant la moitié ou les deux tiers de la récolte, suivant le rendement de leurs rizières ou de leurs champs de manioc. La location faisait l'objet d'un contrat verbal devant le « mpiadidy ». La question des contrats à longs termes était grosse de difficultés pour les indigènes qui n'y étaient point accoutumés et pouvaient les considérer comme une forme déguisée de l'esclavage. Elle devait être envisagée et réglée successivement dans les diverses provinces au moment de l'organisation du travail, dont nous allons nous occuper.

Les légitimes appréhensions des plus pessimistes étaient calmées par les premiers résultats déjà obtenus. Tous les habitants de Madagascar soumis à notre direction possédaient l'état civil et se trouvaient répartis dans une circonscription et groupés en Fokon'olona. Il restait à procéder à la réorganisation du travail, à procurer aux colons, aux services publics et aux entreprises indigènes une main-d'œuvre et des ouvriers capables de satisfaire à tous les besoins.

Un projet d'organisation élaboré avec circonspection, fut proposé au Général qui le rendit applicable en Imérina par l'arrêté n° 250, le 27 décembre 1896. Mais il s'agissait d'organiser le travail dans l'île entière en tenant compte des différences de coutumes et de mœurs de chaque tribu.

Des ordres pressants furent donnés aux résidents des diverses provinces ; ceux-ci devaient s'inspirer de l'arrêté fondamental pour préparer un projet d'arrêté analogue qui serait successivement rendu applicable dans chaque province.

Or, c'est ainsi, qu'après avoir assuré l'état social des libérés en prenant les mesures d'ordre public que nous venons d'exposer, le Général, en administrateur soucieux de tous les intérêts, se préoccupait de parer aux conséquences économiques possibles de la libération.

Car l'une des plus redoutées d'après les faits observés dans des circonstances semblables dans nos vieilles colonies, était l'abandon brusque du travail par les nouveaux affranchis. Nous avons vu que tout d'abord ces faits ne s'étaient point produits ; néanmoins, il fallait organiser le travail sur des bases solides, en tenant compte des exigences nouvelles que l'élément européen devait réclamer et attendre de l'organisation de la main-d'œuvre. La prospérité de la colonie en dépendait (1).

---

(1) Antananarivo Annuar publié par la London Missionary Sociéty, 1896. Tananarive. Voir les appréciations des pasteurs anglais sur l'opportunité de l'acte du 26 septembre 1896, sous la signature de M. William E. Cousins.

CHAPITRE VII

DE L'ORGANISATION DU TRAVAIL

La nécessité de pourvoir aux besoins de la colonisation naissante, d'assurer aux anciens propriétaires dans les conditions de libres contrats que supposait le nouvel état de choses, une partie au moins de la main-d'œuvre dont on les privait brusquement, se montrait impérieuse.

Il convenait de prendre un ensemble de dispositions qui, tout en respectant les principes libéraux dont le Gouvernement venait de faire une manifestation éclatante, dussent cependant promettre le maximum possible de rendement au travail indigène. Tel était le but que poursuivait le Général.

Le 6 novembre 1896, une note circulaire, n° 91, paraissait au *Journal Officiel* de la Colonie (1); elle exposait les besoins nouveaux que venait de créer l'abolition de l'esclavage et prescrivait la réunion d'une commission chargée, pour les satisfaire, d'élaborer un projet d'organisation du travail. Cette note, envoyée à tous les Résidents, recommandait de ne point négliger les renseignements que voudraient fournir les colons ayant quelque connaissance de la situation économique du pays et l'expérience des us et coutumes des habitants.

---

(1) Documents annexes.

Des travaux de cette commission devait sortir l'arrêté 250 (1) du 27 décembre 1896 qui servit de base et de point de départ à la réglementation définitive de la main-d'œuvre dans les diverses provinces de l'Ile.

Déjà le 22 juin de cette même année, M. Laroche avait déterminé la valeur de la main-d'œuvre indigène selon les prix normalement en vigueur ; la journée de travail avait été fixée à 1 franc (2). Cet arrêté était uniquement judiciaire ; c'était un arrêté de pure procédure devant guider les juges appelés à se prononcer dans un différend.

I

Arrêté 250 sur la réglementation du travail en Imerina.

L'arrêté 250 (3) au contraire est un texte fondamental, un document complet, créant en bloc l'organisation du travail. C'était une œuvre difficile et complexe qui ne pouvait être parfaite, car il fallait surtout se hâter. La mise en pratique seule a permis de voir les défauts et par suite les corrections qu'il était nécessaire d'y apporter. Il suffira de constater qu'au jour de son apparition elle semblait satisfaire tous les intéressés.

Catégories de travailleurs. (Art. 1). — Cet arrêté considère dans son ensemble la population malgache appelée à travailler ; il la distribue en deux grandes

---

(1) Documents annexes.
(2) Documents annexes.
(3) Documents annexes.

catégories. Dans la première il range uniquement les commerçants, dans la seconde les non-commerçants. Puis subdivisant à leur tour ces deux grandes catégories, il nous indique leur composition. Tel est l'objet de l'article 1er. Parmi les commerçants il distingue les commerçants proprement dits, c'est-à-dire les débitants, et les producteurs tant agricoles qu'industriels ; il leur impose une patente ou une carte d'identité ; ceux de la seconde catégorie seront pourvus d'un livret individuel.

Mode de délivrance des pièces d'identité. (Art. 2). — Cette carte d'identité et ce livret devaient procurer au gouvernement un contrôle efficace au moyen duquel il pourrait tenir en main une population essentiellement vagabonde, tout en respectant ses mœurs et ses usages, et sans la soumettre aux mesures vexatoires que l'on peut employer passagèrement dans les périodes troublées, mais que l'on ne saurait maintenir. Cette pièce d'identité devait faciliter la suppression du passeport et des formalités imposés à tout indigène appelé à se déplacer. Tel était le but que se proposait le gouvernement local en dotant les Malgaches d'une carte d'identité et surtout d'un livret individuel. Le mode de délivrance de ces pièces est fixé par l'article 2.

Dans la première catégorie, on a donc placé tous les individus qui offrent certaines garanties ou qui sont susceptibles de posséder des capitaux ; dans la seconde, ceux qui doivent louer leurs services soit à des administrations publiques, soit à des particuliers : les ouvriers, les porteurs, les domestiques, les écrivains et les fonctionnaires.

Les cartes et les livrets, essentiellement personnels, sont

valables pour un an et remplacés contre présentation des précédents ; la perte doit en être déclarée immédiatement, dans ce cas un duplicata est délivré contre une forte amende. Des peines très graves sont édictées pour ceux qui les prêteraient.

Le livret comprend autant de pages qu'il y a de mois dans l'année ; chacune est réservée aux mentions que l'employeur et l'employé doivent y porter à l'effet de permettre à l'autorité de se rendre compte si le titulaire est bien réellement placé chez l'employeur et si le salaire promis est payé. Car ce livret, propriété de l'employé, doit être présenté à toute réquisition ; sur la première page la nature du contrat, sa durée et ses conditions doivent être portées.

Ce système que nous serions tenté *a priori* de qualifier d'inquisitorial, s'il n'avait été imposé par les nécessités d'une situation très tendue, devait donner de si merveilleux résultats que ses adversaires les plus autorisés ne purent s'empêcher de les apprécier. Il n'a jamais été vexatoire, du moins pour le colon français ; il a pu gêner certains étrangers, mais il nous a permis d'établir nettement dès le début une distinction éclatante, irréfragable entre l'indigène appartenant à la population paisible et le rebelle. N'oublions point que lorsque le général Galliéni prit l'arrêté du 27 décembre 1896, l'insurrection allait entrer dans son plus haut période, et qu'il était matériellement impossible, quand on croisait un indigène, drapé dans son lamba, de deviner s'il était soumis ou fahavalo. La carte d'identité ou le livret permettait de le reconnaître et de le laisser vaquer à ses occupations. Ce bout de papier lui rendait la confiance et la sécurité au prix de quelques ennuis dont, en somme, il ne pouvait souffrir beaucoup, ne les interprétant point comme dans notre société on serait tenté de le faire.

De la photographie du titulaire (Art. 3). — Les cartes et les livrets doivent en outre porter sur une case, réservée à cet effet, la photographie du titulaire.

Cette disposition, complément des précédentes, prête beaucoup à la critique; on la trouvait inutile et impraticable. Elle fut pourtant cause de la grande vogue que rencontra le livret auprès de la population de l'Imerina ; Les photographes indigènes ne constatèrent aucune résistance dans l'accomplissement de leur mission ; de partout les habitants accoururent en masse se faire photographier. Aussi quelques mois à peine s'étaient écoulés que tous les indigènes des hauts plateaux étaient détenteurs, soit d'une carte, soit d'un livret, et qu'ils étaient très fiers de pouvoir montrer à tout venant cette photographie qui représentait, à s'y méprendre les traits du voisin.

Mais le but politique était atteint. Tout indigène qui ne pourrait justifier de sa qualité était un vagabond. Or, à ce moment-là, vagabond signifiait rebelle.

Les Européens accueillirent très bien cette mesure qui leur donnait les moyens de retenir auprès d'eux leurs serviteurs toujours prêts à les quitter pour le motif le plus futile, par amour du changement. Il est regrettable qu'elle n'ait pas été imposée avec plus de ténacité aux autres provinces de l'île.

Cependant, conformément aux prescriptions contenues dans l'article 12 de l'arrêté fondamental, ces diverses provinces furent dotées d'un arrêté à peu près semblable. Ces actes répartissent les indigènes en classes modelées sur celles de l'arrêté 250. Signalons toutefois l'arrêté 922 concernant la province de Majunga (1) où nous voyons le livret individuel imposé indistinctement à tous les indigènes.

Seul l'arrêté rendu dans la province de Vohémar est très différent des autres. Ses dispositions sont très intéressantes on le retrouvera dans les documents ci-joints.

Des conditions du travail (Art. 4). — Après avoir classé en deux catégories la population laborieuse de l'Imérina et lui avoir donné des pièces d'identité, après avoir indiqué comment l'autorité pouvait se rendre compte de la façon dont ses prescriptions seraient observées, l'arrêté 250 détermine les conditions du travail. C'est l'objet de l'article 4.

Nous ne nous dissimulons pas l'importance de cet article, car l'avenir économique de la Colonie dépend en quelque sorte de la manière dont sera comprise l'organisation de la main-d'œuvre. Malheureusement ces prescriptions n'étaient point complètes; elles ont d'ailleurs été refondues dès que la pratique en a indiqué les lacunes. Les exigences de cette période essentiellement troublée suffisent pour justifier les inconvénients inhérents au droit d'intervention continu réservé par le gouverne-

---

(1) Arrêté 922 du 25 août 1897, *Journal Officiel de Madagascar* en date du 31 août. Voir en outre au *Journal Officiel* les arrêtés 923 du 25 août 1897, concernant la province de Farafangana ; l'arrêté 1088, n° 166, p. 1109 relatif à Nossi-Bé ; le n° 208, p. 1.477 pour Fort-Dauphin ; le n° 218, p. 1.565 pour Maroansetra ; le n° 274, p. 2.406 pour Fénérive ; le n° 299, p. 2.392 pour Tamatave par M. Dubosc Taret ; le n° 305, p. 2.455 pour Tuléar ; le n° 337, p. 2.759 pour la main d'œuvre à Andevorante. Voir aussi l'arrêté 933 réglementant le travail des indigènes dans la province de Mananjary.

ment et qui donne à l'arrêté sur l'organisation du travail le caractère et l'aspect d'un règlement de police. Ceci ne pouvait être que provisoire.

C'est ainsi qu'il est permis à l'autorité de se rendre compte de la véracité des déclarations qui lui sont faites par les indigènes et de la manière dont ils exercent leur négoce ou exploitent leur industrie. Il faut qu'ils travaillent au grand jour et l'on peut toujours exiger d'eux des explications sur la façon dont ils occupent leur temps.

L'article 4 autorise la passation de contrats pour un mois au moins et un an au plus, avec maximum de cinq années, renouvelable au gré des parties; il fixe leur nature et prescrit que les conditions de durée de salaire et de mode de payement seront indiquées.

On se rend compte que l'arrêté ne vise en quelque sorte que le travail des employés et des domestiques, car au moment où il parut il n'existait à Madagascar aucune entreprise (1) occupant un grand nombre d'ouvriers, et par suite, la nécessité ne s'est point fait sentir de régler par anticipation les rapports futurs que pourront avoir leurs directeurs avec le personnel qu'ils devront employer Seules les entreprises de transport demandaient de nombreux indigènes, mais ils étaient considérés comme des engagés et non comme des esclaves; l'abolition ne pouvait modifier en quoi que ce fût les arrangements intervenus entre les commandeurs de convoi et les entrepreneurs.

L'arrêté 933, concernant la province de Manajary, est plus complet; on rencontre en effet dans cette province de

---

(1) Une exception doit être faite pour les usines de viande de conserve établies à Antongobato près d'Antsirano, sur la baie de Diégo-Suarez.

véritables ouvriers agricoles qui travaillent à la tâche sur de vastes concessions régulièrement exploitées.

Obligations réciproques de l'employeur et de l'employé (Art. 5). — Après les conditions du travail, l'arrêté 250 aborde avec l'article 5 les obligations de l'employeur et de l'employé. Trois obligations seulement sont indiquées.

Ici des erreurs ont été commises, mais elles ont été distraites des arrêtés subséquents où l'on s'est gardé de les reproduire.

En effet, parmi les nouvelles obligations qui devront découler du contrat, l'article 5 cite le cas spécial où l'employeur devra fournir à l'ouvrier le logement, et il exige en termes précis que le local se trouve dans des conditions de salubrité et d'hygiène qu'il oublie de définir, mais qui doivent être telles que la santé de l'employé ne puisse en souffrir. Ces prescriptions sont vagues et entraîneront des contestations. Quelle sera l'autorité compétente pour trancher les difficultés qui se produiront par la suite? On a négligé de la désigner. Qui devra apprécier la situation ou la disposition du local? Rien ne l'indique; c'est une lacune regrettable qu'il importe de combler au plus tôt. Il est de la plus haute importance de voir cette clause mieux déterminée.

Cette faute n'a point été commise dans l'arrêté de Majunga dont la rédaction de l'article 4 ne prête à aucune critique : « Les employés logés, y est-il prescrit, seront installés dans des cases conformes aux cases en usage dans le pays. » On sait, dès lors, à quoi s'en tenir, toute contestation est ainsi évitée; les arrêtés de Farafangana et de Mananjary sont incomplets et manquent aussi de clarté.

La seconde obligation imposée par l'arrêté de l'Imerina concerne le cas où quelqu'un voudrait entreprendre une grande exploitation. Tout entrepreneur qui occupera un minimum de vingt-cinq ouvriers devra installer une infirmerie à même de leur assurer les médicaments indispensables. Cette obligation est inspirée de ce qui se pratique à la Réunion dans les grandes exploitations sucrières, elle est conçue en ces termes : « Les médicaments devront être fournis par l'employeur à l'employé, dans les exploitations occupant un minimum de 25 ouvriers. » Les arrêtés de Mananjary et de Farafangana la reproduisent.

Dans un troisième paragraphe, l'article 5 de l'arrêt 250 fixe le maximum de la journée de travail, qui ne saurait excéder dix heures. Le dimanche et les jours fériés devront être respectés. Cependant, employeurs et employés auront le droit de déroger à ces prescriptions dans des cas spéciaux que l'arrêté néglige de nous faire connaître. Les intéressés seront libres en ce cas d'apprécier.

Voici maintenant la sanction décidée par l'arrêté, d'abord en ce qui concerne l'employeur, puis les employés : « Lorsqu'un patron ne remplira pas les obligations édictées aux trois paragraphes ci-dessus, le contrat sera annulé de plein droit à la demande de l'employé », dit le paragraphe 4 de l'article 5. Remarquons que le contrat ne sera annulé de plein droit qu'à la demande de l'employé. Ces obligations étant imposées à l'employeur, il aurait été trop facile à ce dernier de se soustraire à ses engagements en demandant l'annulation du contrat par suite d'inobservation de sa part des clauses acceptées. D'autre part, l'employé qui ne voudra pas faire annuler son engagement, restera libre de subir les volontés de l'employeur si, malgré tout, il y va de son intérêt.

Cette disposition est reproduite dans les arrêtés provinciaux.

Enfin, les peines qui devront être infligées aux ouvriers qui abandonneront les employeurs sans motif valable, sont indiquées dans le paragraphe 5. Le patron, ici, est mis légalement en possession de moyens de répression rendus très nécessaires par la tendance excessive des indigènes à quitter leur tâche.

Cependant, ici encore l'arrêté est incomplet, car s'il indique que les déserteurs seront déférés aux tribunaux après une absence de cinq jours, il néglige de fixer la peine. L'arrêté de Mananjary ne commet point la même faute ; il inflige au déserteur un emprisonnement de un à cinq jours sans préjudice des lois sur le vagabondage. Les arrêtés de Majunga et de Farafangana sont aussi plus explicites et très complets.

Enfin dans son dernier paragraphe, le paragraphe 6, l'article 5, prévoit le renouvellement et la résiliation du contrat ; il fixe les délais dans lesquels les accords devront se faire. Les mêmes dispositions se retrouvent dans les arrêtés de Mananjary, Majunga et Farafangana. Ce dernier même est plus complet, car il prévoit le cas où un ouvrier travaillerait au mois et sans contrat : il devra prévenir, prescrit-il, l'employeur six jours au moins avant la fin du mois, à peine de cinq francs de dommages-intérêts. Le maître sera tenu des mêmes obligations.

Les prescriptions de l'article 5 sont obligatoires, une infirmité totale peut seule en dispenser les parties, décide l'article 6.

Du vagabondage. — L'arrêté 250 s'occupe ensuite du vagabondage, il le définit, puis il l'interdit et indique les peines qui devront être infligées par les tribunaux. C'est l'objet de l'article 7.

Après le vagabondage, l'arrêté traite dans un article 8. le travail des femmes, mais d'une manière très succincte.

Du travail des femmes. — Il ne s'agit point ici d'une réglementation spéciale dans le but de déterminer définitivement les conditions de travail de la femme dans une contrée où les usages exigent souvent qu'elle travaille, tandis que l'homme se repose ou se prépare à la guerre. Non. L'article 8 prévoit uniquement le cas où la femme désirerait s'employer pour des travaux quelconques ; il spécifie que la femme n'est pas obligée de par la loi à travailler, mais que si elle le veut, elle devra s'astreindre aux mêmes obligations et aux mêmes formalités administratives. La patente prise, la carte d'identité délivrée, le livret individuel signé, la femme est libre de s'employer à n'importe quel genre de travail, ainsi que l'homme. Toutefois signalons le caractère humanitaire du dernier alinéa de l'article 8 : « Dans le cas, est-il dit, ou après convention, la femme, pour cause de maternité, ne pourrait plus tenir ses engagements, le contrat serait rompu sans qu'il y ait lieu à indemnité. » C'est une cause de résiliation dirimante introduite heureusement dans l'arrêté.

Dans la province de Mananjary, les dispositions concernant les femmes, sont identiques à celles prises en Imèrina ; mais nous ne retrouvons pas dans l'arrêté de Majunga la clause de résiliation reconnue en Imèrina ; en est de même dans celui de Farafangana.

Avec les prescriptions de l'article 8, se termine la série des mesures prises en vue de l'organisation du travail. Elles ne constituent à vrai dire qu'une base qui devait servir de point de départ lors de l'organisation définitive, dès que la mise en pratique permettrait de se rendre compte, non seulement des points défectueux, mais encore de quelle façon il faudrait s'y prendre pour remédier aux erreurs et modifier les dispositions primitives.

Utilité de l'arrêté 250. — Malgré toutes les critiques que l'on pourrait formuler contre l'arrêté fondamental de l'organisation du travail, il n'est pas moins vrai qu'il faut savoir gré au Général de l'avoir pris, et d'avoir ainsi forcé les Malgaches à faire leurs premiers pas dans la voie du progrès que venait de leur rendre accessible l'acte du 26 septembre. Accoutumés à travailler selon leurs goûts et leurs besoins naturellement fort restreints, les Malgaches libérés n'avaient aucune tendance, aucune aptitude à entreprendre une tâche suivie et surtout assujettissante. Il fallait les y encourager et au début les obliger à s'adonner au travail, en conférant aux Mpiadidy, un contrôle efficace de l'emploi du temps des nouveaux membres du Fokon'olona, permettant ainsi de distinguer et de reconnaître les gens paisibles des rebelles. Le but de l'arrêté 250, et des arrêtés provinciaux, fut pleinement atteint, et dans un temps relativement très bref. Quelques mois à peine s'étaient écoulés que déjà tous les indigènes en Imérina possédaient leur livret sur les feuillets duquel chaque mois ils faisaient religieusement inscrire par le « Vahasa » les renseignements exigés par le gouvernement. Ces mesures que certains considéraient comme devant rester lettre morte, constituèrent au contraire un véritable succès pour la politique intérieure du Général et contribuèrent grandement à la pacification d'un territoire infesté de rebelles.

En somme, l'étude des arrêtés sur l'organisation du travail montre que l'on est parvenu à discipliner une main-d'œuvre particulièrement fugace et à assurer aux colons les moyens de réussir dans leurs entreprises. L'introduction de la pratique du louage des services a fourni les meilleurs résultats sur les côtes, où les grandes Compagnies de navigation recourent uniquement à ce mode de travail. Son extension ne peut que concourir à développer la prospérité de la Grande Ile, les industries futures pourront grandir, les concessionnaires actuels pourront exploiter leurs domaines. La sécurité sera certaine, de part et d'autre, dès que les indigènes auront été mis à même d'apprécier les avantages de la nouvelle législation.

Cependant, si les prescriptions de l'arrêté n° 250 constituent un progrès véritable pour Madagascar, il fallait s'attendre à ce que bientôt de notables modifications y fussent apportées afin de ne point se trouver en arrière et de suivre pas à pas la marche de l'indigène dans les sentiers de la colonisation (1).

Quoi qu'il en soit, l'acte du 27 décembre 1896 n'en restera pas moins un document d'une haute importance, la base de la législation de la main-d'œuvre indigène (2).

---

(1) L'arrêté du 27 décembre 1896 a été successivement modifié par les arrêtés du 16 juillet 1897, du 31 août 1897, la circulaire du 11 décembre 1897, l'arrêté du 14 mai 1898, la circulaire du 28 août 1898, l'arrêté du 29 octobre 1898.

(2) Résultats et conséquences de l'arrêté 250. Rapport d'ensemble

II

Projet de Décret réglementant le travail des indigènes en Imérina.

Deux années se sont écoulées et déjà le besoin s'est fait sentir de remanier entièrement les dispositions de l'arrêté 250.

Le 25 février 1899, le Gouverneur général décidait de nommer une Commission(1) à l'effet de reviser l'acte fondamental et d'élaborer un projet de décret définitif qui serait transmis à M. le Ministre des Colonies pour être soumis à la haute sanction du Chef de l'État.

Ce projet est bien conçu. Il semble répondre entièrement aux besoins de la colonisation et il est à désirer qu'il soit bientôt revêtu de la formule exécutoire qui permettra de le substituer à l'arrêté 250 encore en vigueur.

Sa première qualité est d'être bref et concis ; la précision générale de ses prescriptions, la direction des matières, les sanctions qu'il prévoit, tout concourt à le faire considérer comme une œuvre durable. Il comprend à peine 38 articles répartis en 6 titres, où il est successivement traité du travail habituel et du livret, des conventions de travail pour autrui, des avantages faits aux employés d'européens, des obligations des employés, des obligations de l'employeur, enfin de quelques dispositions générales et des pénalités.

---

du général Galliéni. *Journal Officiel* de la République française, n° 140, p. 3.453 du 26 mai 1899.

(1) Documents annexes.

C'est meilleur et plus pratique. Il est vrai que l'on ne marche plus à l'aventure et que l'on sait ce que l'on veut ou plutôt ce qu'il faut. La situation n'est plus la même qu'en décembre 1896.

Le pays est calme, l'insurrection est terminée, les territoires sont organisés et soumis à une administration régulière. Il n'y a plus lieu de regarder l'indigène comme un ennemi et de la tenir en suspicion. De là, d'importants changements. Cependant, n'oublions pas que la situation actuelle ne permet point encore de doter ces nouveaux sujets de la France d'une organisation du travail telle que la désireraient les Économistes européens. Ce que le Gouvernement poursuit ici, c'est l'encouragement de la colonisation par tous les moyens possibles.

Il faut « s'attacher à gagner la confiance des indigènes, et à ne pas susciter leur hostilité » (1).

Le projet définit d'abord le vagabond, l'être dangereux, que le colon doit craindre. C'est, dit-il, « tout indigène valide, du sexe masculin, âgé de 16 à 60 ans, qui ne paye pas 6 francs d'impôt foncier au minimum, qui n'est pas porteur, engagé, ouvrier d'art ou n'exerce pas une profession patentée ». Le travail est obligatoire et le vagabondage est passible de peines rigoureuses prévues dans l'article 30 du projet.

De 16 à 60 ans, l'indigène devra être titulaire d'un livret individuel qui lui servira de pièce d'identité. Ce livret, comme dans l'arrêté 250 est rigoureusement personnel ; il devra, au cas où le titulaire serait engagé,

---

(1) Rapport d'ensemble du général Galliéni, *J. Of.* de la R. F., p. 3.756 du 3 juin 1899.

mentionner la durée du contrat, la nature du travail, ou le service promis, enfin la rémunération accordée à l'employé.

Les conventions de travail sont mieux déterminées. Les colons, les entrepreneurs pourront traiter avec les travailleurs et passer des contrats :

1° Pour louage de services, d'ouvrage ou d'industrie ;

2° Pour fermage ;

3° Pour colonage partiaire.

Ils pourront exiger d'eux de 6 heures à 10 heures de travail par jour. Si l'engagement est mensuel, le nombre de journées de travail ne saurait être inférieur à vingt ; d'autre part, l'engagement ne pourra être souscrit pour une durée supérieure à 5 ans. Cependant, les porteurs ne seront pas astreints à un nombre effectif de journées de travail qu'il serait difficile de contrôler ; ils devront parcourir annuellement un trajet d'au moins 2.400 kilomètres. Ce n'est point exagéré, si l'on considère que cette intéressante catégorie d'indigènes fournit régulièrement des courses journalières de 50 kilomètres en moyenne.

En outre, les contrats ne seront valables que s'ils sont visés par les chefs de province ou leurs délégués. Cette mesure est très prudente et sert de garantie pour l'employé.

Les parties contractantes peuvent d'un commun accord proroger leurs conventions en observant certains délais ; le projet prévoit aussi les cas de résiliation. C'est par la voie administrative que seront réglés les différends.

Les femmes seront utilisées dans les travaux que l'on croira pouvoir leur confier ; mais le travail n'est point pour elles obligatoire. Toutefois le contrat sera ici résilié de plein droit pour cause de grossesse ou de maternité.

Parmi les avantages faits aux employés d'Européens, nous relevons les exemptions partielles de prestations en nature. Déjà pour engager les indigènes à prendre du service chez nos nationaux, le Gouverneur général n'avait point hésité à dispenser entièrement de leurs prestations, les serviteurs et les travailleurs qui pouvaient exciper de la qualité de leur employeur et témoigner d'un engagement d'un an. Pour des raisons que nous n'avons point à examiner ici, on a dû abandonner cette résolution tout en étendant son principe. En effet, dorénavant le projet décide que les « indigènes ayant contracté avec des colons européens ou assimilés, ainsi qu'avec les services publics un engagement d'au moins un an seront dispensés pendant la durée du contrat, de la moitié de leurs prestations. La moitié restant à fournir pourra l'être en nature ou en argent ». Toutefois, dans certains cas bien déterminés, le bénéfice de l'exemption totale est accordé de plein droit; les bénéficiaires ne pourront dépasser les 4/5 du chiffre des redevables.

Le projet énumère ensuite les obligations des employés; leur situation est analysée; chaque cas est l'objet d'un examen consciencieux. Dans un pays où le travailleur invente mille causes plus ou moins plausibles pour se soustraire à une tâche qui lui procure des ressources au delà de ses besoins, il devenait nécessaire de circonvenir cette tendance si l'on ne voulait point se trouver désarmé. Il convenait en la circonstance de définir sans ambiguïté, ce qu'il fallait entendre par l'état d'absence, et distinguer entre l'absence légale et l'absence illégale.

L'absence légale est celle qui se produit :

1° Avec l'autorisation de l'employeur ;
2° En cas de force majeure ;
3° Pour cause de maladie ;
4° Pour obéir aux ordres, citations, etc.

Dans tout autre cas, on est en état d'absence illégale. Il sera plus commode de se prononcer et d'appliquer à l'engagé les peines prévues dans le nouveau projet. Au bout de cinq jours, l'absent sera considéré comme déserteur, au bout de vingt jours, il sera réputé en état de vagabondage. On ne peut s'empêcher d'applaudir à la sagesse de cet ensemble de mesures dont l'efficacité n'est point douteuse.

L'employeur en retour de ces divers avantages, est tenu de veiller à ce que le livret soit régulièrement à jour, de manière à permettre la constatation de l'exécution des conventions par l'employé, sous peine de n'être point reçu à invoquer contre l'engagé l'application des dispositions dont il s'agit.

Mais nous retrouvons ici une obligation que nous avons blâmée dans l'arrêté 250. Il s'agit du logement que l'employeur se serait engagé à fournir et le projet réédite sans aucun changement les dispositions que nous avons critiquées.

Il est très regrettable que la rédaction de l'arrêté de Majunga si claire et si précise n'ait pas été préférée à celle adoptée par le projet. Durant les deux années qui viennent de s'écouler, il est probable, il est même certain que cette obligation n'a soulevé aucune contestation ; il serait naïf de croire que l'indigène pouvait déjà songer à se réclamer des lois nouvelles. Mais ceci ne saurait durer et le défaut de précision des termes employés sera la cause de nombreux conflits qui pourraient être si facilement conjurés.

Il est à présumer qu'ils ne se produiraient pas en effet si l'on déclarait que l'employeur, au cas où il fournirait le logement, devrait installer ses travailleurs dans des cases conformes à celles en usage dans le pays. Ce serait plus simple et préférable.

Comme dans l'arrêté fondamental, l'employeur, dans les exploitations comptant plus de vingt-cinq ouvriers, devra leur assurer les soins médicaux ; ceux-ci, la plupart du temps, se réduisent à la fourniture des médicaments usuels, le colon étant l'unique médecin de l'endroit.

Il restait un point à résoudre : le colon aurait-il le droit d'opérer des retenues sur les salaires des engagés ? Le projet de décret décide cette possibilité, mais, avec raison, il énumère scrupuleusement les cas où le colon pourra user de ce droit légalement. D'autre part ces retenues ne pourront être effectuées qu'à raison du tiers du salaire acquis pendant le mois. C'est déclarer implicitement l'insaisissabilité des deux tiers du salaire mensuel. Cette prescription était nécessaire, tout au moins pour parer à l'habitude facilement contractée par quelques-uns, le petit nombre, d'infliger des amendes si nombreuses qu'à la fin du mois il advenait que l'engagé leur devait de l'argent.

« Il est indispensable, recommande le général Galliéni, de respecter avec une scrupuleuse exactitude les contrats d'engagement conclus avec les travailleurs indigènes. Le Malgache qui a été trompé une fois perd toute confiance dans ceux qui l'emploient. Il n'admet pas chez le « Vahaza » le défaut qu'il possède cependant lui-même à un si haut dégré. S'il se croit lésé dans ses droits, il ne dit rien, semble s'incliner, mais à la première occasion, déserte, prend la brousse et devient un révolté. Puis comme il est patient il attend le moment favorable pour se venger. »

Des dispositions générales et des sanctions spéciales complètent le projet de décret. Elles ont pour but de réprimer le vagabondage, de châtier la désertion et de punir l'absence illégale ; elles visent les omissions et se montrent sévères pour les déclarations inexactes, ou les engagements concertés entre deux parties sans intention sérieuse de s'obliger, en vue d'échapper aux obligations de la loi du travail, et de s'assurer frauduleusement le bénéfice des avantages accordés par le décret.

Enfin deux dispositions remarquables le terminent. La première vise, sans les nommer, les coalitions et les grèves. Elle donne un cachet d'actualité sociale, une apparence de civilisation européenne à toute une catégorie d'individus qui, si elle n'a pas la passion du travail, songerait plutôt à se soulever contre notre domination qu'à abandonner sa tâche dans le but d'obtenir des employeurs des concessions dont elle n'a que faire. D'autre part les prescriptions édictées en vue de ce danger improbable rappellent presque les dispositions autoritaires que s'apprête à arracher au Reichtag, l'empereur d'Allemagne. Cette coïncidence est curieuse, car n'oublions point que les travaux de la commission nous viennent de l'hémisphère sud et datent de février. Cette mesure nous semble prématurée.

La seconde est presque une réminiscence ; elle paraît s'inspirer du vieux droit malgache, on la dirait extraite du code de Radama II. En effet « les amendes et frais de justice dûs à l'occasion des condamnations prononcées en vertu du présent décret pourront être converties en journées de travail au compte de la colonie, a raison de

1 franc par jour » sous le monarque dont nous parlions et plus tard sous Ranavalo III, les délinquants se libéraient ainsi envers l'État à raison de 0 fr. 62 par jour.

Dans un article final, le projet décrète que tout employeur demeure libre de passer telle convention qui lui plaira en dehors des contrats d'engagement prévus. Ces contrats restent soumis au droit commun.

Ce projet nous semble excellent dans son ensemble ; sa nécessité est indiscutable, et il est à prévoir que le Département des Colonies n'y apportera que de faibles modifications. Nous avons donc tout lieu de croire qu'il constituera bientôt la nouvelle législation, ce qui permettra au Gouvernement local de rapporter successivement les divers arrêtés provinciaux dont nous avons parlé, et de promulguer dans l'île entière le nouveau décret. Nous ne nous dissimulons pas, cependant, qu'il étonnera beaucoup d'entre ceux qui le liront dans le *Journal officiel* de la République française, le jour où ses dispositions seront définitives. Mais il faut bien se pénétrer de cette idée, que ces prescriptions visent une société bien différente de la nôtre, en tout et pour tout. Il s'agit surtout de forcer une population oisive et indocile, sans besoins, à prendre l'habitude, puis le goût du travail.

Quand ce résultat sera pleinement obtenu, il sera temps de légiférer à nouveau et de concéder à ces peuplades, groupées et réunies en nation, les droits que nous voudrions déjà pouvoir leur octroyer.

Avec l'organisation du travail, le Gouverneur général poursuivait la réglementation des prestations, dont l'arrêté fondamental a subi de nombreuses modifications. Il s'occupait aussi du recrutement de l'armée indigène, et ne tardait pas à rendre obligatoire pour tous les hommes valides le service militaire, comme l'étaient déjà le travail et l'impôt (1).

C'en est fait de l'esclavage, cette institution a vécu ! Tous les indigènes se livrent au travail ; ils sont astreints à l'impôt ou aux prestations en nature ; ils doivent tous le service militaire ; autant de privilèges autrefois réservés à l'homme libre !

---

(1) *Journal Officiel de Madagascar* en date du 28 mai 1898. *Annuaire des arrêtés pris à Madagascar en 1897, 1898 et 1899.*

CONCLUSION

Telle fut à Madagascar l'institution de l'esclavage, cette loi générale des peuples de l'antiquité. Mais, ainsi que le remarque M. Charles Dupuis : « Le génie propre à chaque nation, les circonstances où l'esclavage s'est développé, l'importance qu'il a prise, l'influence de la religion et des mœurs, sont autant de causes qui concourent à la rendre, ici plus douce, là plus atroce (1) ».

C'est qu'en effet, si l'esclavage se recrutait à Madagascar de la même façon que dans l'antiquité et chez les peuples modernes, il se différenciait aussitôt de la primitive institution par les caractères très particuliers que nous avons relevés.

La loi malgache, la loi d'Andrianampoinimerina, à la différence de la loi de Manou et comme la loi de Moïse, se montrait favorable à l'esclave. Elle le rejetait de l'armée comme dans la haute antiquité et contrairement aux coutumes admises ultérieurement, mais elle lui permettait d'entrer dans la politique intérieure de l'État et d'occuper des charges publiques; enfin, elle ne le stigmatisait pas en ordonnant de le mutiler. La mutilation, signe de la servitude aussi bien chez les Ammonites, les Chananéens,

---

(1) *Dictionnaire d'économie politique*, p. 930.

les Hébreux, que chez les Grecs, les Romains, les Francs, les Australiens et les Caraïbes, est inconnue.

La peine de mort est réservée au souverain, et la torture n'a point sa place même dans la loi des ancêtres. Les chaînes, les entraves sont destinées aux prisonniers de droit commun ; elles ne sont point faites pour les esclaves.

Cependant la lecture des textes législatifs pourrait laisser croire que la condition de l'esclave était très inférieure. Nous avons vu que l'usage avait corrigé presque partout les rigueurs de la loi et concédé à l'esclave le droit à la vie, à la famille, à la propriété. Enfin, l'affranchi était réellement dégagé de toute sujétion vis-à-vis de son ancien maître ; il n'avait aucune révocation à redouter.

Ces différences éclataient surtout dans ces dernières années ; elles ne pouvaient que s'accentuer, facilitant ainsi considérablement la suppression progressive d'un rouage qui perdait de sa valeur avec son utilité.

Mais il n'entre pas dans nos vues de faire ici un parallèle entre la condition légale de l'esclave malgache et celle, si connue, de l'esclave jadis à Sparte ou à Rome, et plus récemment dans les colonies des nations européennes.

Il suffit de se rappeler qu'à Madagascar les esclaves appartenaient à la dernière caste ; qu'ils pouvaient être la chose du maître, mais qu'ils occupaient un rang dans la société malgache et n'étaient point, en réalité, considérés comme une marchandise. Il aurait été commode d'assurer la cohésion de leur groupe en vue d'une émancipation dont nous nous serions réservé de choisir la date.

Dans ces conditions, une perturbation économique aurait été d'autant moins à redouter que l'homme libre y possède l'amour du travail dans la mesure de ses besoins et y détient généralement le monopole des métiers. Quelques-uns même étaient concédés aux castes de la noblesse en dehors desquelles il était interdit de les exercer.

L'idée dominante qui nous a poussés à abolir si brusquement l'esclavage à Madagascar paraît surtout avoir été provoquée par les souvenirs atroces du fonctionnement de cette institution dans nos vieilles colonies et en Amérique. On ne s'est point demandé si l'économie malgache reposait sur une organisation aussi artificielle. Les Antilles, la Réunion avaient été transformées en manufactures en « fabriques n'ayant en vue que l'exportation du sucre, du café et de quelques autres denrées; elles importaient du dehors la plus grande partie de leurs vivres » (1). Là, quelques hommes en nombre infime, appartenant à la race supérieure, opprimaient des milliers de nègres, les asservissaient à des travaux forcés et ne leur reconnaissaient qu'à regret le peu de droits que leur donnaient pourtant très parcimonieusement l'édit de 1685 ou Code Noir, et les lettres patentes de 1723. L'esclave rendait au Maître en échange du profond mépris dont il était l'objet, une haine implacable. En outre, les plantations de sucre n'étaient exploitées que grâce à la traite « avec une énorme dépense de vies humaines, que de nouvelles recrues remplacent sans cesse » (2), car dans nos Colonies comme à Rome, comme à Athènes, la reproduction de l'esclave coûte cher; elle est mal vue des maîtres qui ne veulent se résoudre à

---

(1) Leroy-Beaulieu. *De la Colonisation chez les Peuples modernes*, p. 206.

(2) Leroy-Beaulieu. *De la Colonisation chez les Peuples modernes*, p. 260.

accorder à la mère le repos qu'il lui faut. L'esclave est véritablement une chose, l'instrument animé d'Aristote, car bien souvent les planteurs n'ont qu'un but « arriver rapidement à la fortune, pour retourner dans leurs pays » (1).

On sait aussi que leur moralité était plus que douteuse.

Nous avons montré au contraire que les esclaves malgaches appartenaient, sinon aux mêmes tribus, du moins à la même race que les maîtres. Seuls les Andriana, chez les Antimérina étaient d'une race différente, mais leurs immigrations dans le pays sont maintenant si anciennes que l'on peut les considérer comme des assimilés (2).

Les mœurs de l'esclave sont, par suite, semblables à celles de son maître; il vit la même vie, participe aux mêmes joies, partage les mêmes souffrances; il comprend son maître, il en est compris. Il travaille quand il en éprouve le besoin, ses biens particuliers stimulent son peu de désir de produire, mais il lui faut, comme à son maître, bien peu de choses pour vivre. Son maître respecte sa personne, et les préjugés de castes suffisent pour écarter à jamais de cette société les scandales que connurent les colonies des tropiques.

Le maître aime son esclave et le châtie lorsqu'il le mérite; l'esclave ne hait point celui qui se trouve tout naturellement, non seulement son protecteur, mais encore son véritable père de famille, appelé quelquefois à devenir un fils adoptif. Et nous avons vu qu'il ne songeait point à l'affranchissement.

---

(1) Mérivale.
(2) *Des Immigrations arabes à Madagascar*, par Ant. Jully; et documents historiques, du même. *Revue mensuelle.*

Cette absence absolue d'antagonisme des classes devenait un sérieux appoint pour la réussite des projets du gouvernement. Enfin le commerce des esclaves, la vente proprement dite était entourée de garanties formelles ; la spéculation était interdite, et pour beaucoup c'était une honte de se défaire d'un esclave, car l'on avouait ainsi une gêne, un besoin d'argent qui humiliait la fierté native de l'indigène. Généralement celui qui était obligé de vendre un esclave lui laissait le soin de chercher un nouveau maître avec lequel il devait s'entendre pour le prix à verser (1). Etait-ce là un commerce ?

Nous aurions donc préféré voir subsister durant quelque temps encore cette inoffensive institution qui aurait disparu d'elle-même, en peu de temps, sans imprimer au pays un ébranlement politique aussi dur et une secousse économique aussi dangereuse.

L'abolition de l'esclavage proclamée, la traite arrêtée, les guerres de tribu à tribu impossibles, l'hérédité supprimée, l'affranchissement vivement encouragé, que serait-il resté de l'institution ?

La libération complète des esclaves ne pouvait tarder et cela très naturellement, sans soubresaut ni révolution ; et tandis que l'émancipation serait entrée dans les mœurs, on aurait eu le temps de parer aux inconvénients. En cela le Brésil nous avait donné un exemple qu'il n'aurait pas été mauvais de suivre. La loi Rio-Branco avait préparé l'émancipation totale au moyen de dispositions analogues (2). En outre, on s'était efforcé de prendre des mesures pour con-

---

(1) *Bulletin du Comité de Madagascar.* Fascicule 7 de juillet 1896, p. 27 et le *Temps* du 14 juillet 1896.

(2) M. Charles Dupuis. *Dictionnaire d'Économie politique*, p. 935.

duire graduellement à la liberté les esclaves existant en 1871. M. Charles Dupuis à qui nous empruntons ces renseignements, nous dit qu'il restait alors au Brésil 1.500.000 esclaves. Or en 1888 le nombre était déjà réduit à 700.000 qui le 13 mai furent rendus à la liberté par l'abolition définitive de l'esclavage. On avait eu le temps de préparer peu à peu la substitution de la main-d'œuvre libre à la main-d'œuvre servile de sorte, qu'au point de vue économique, le Brésil n'aura eu que peu à souffrir de l'œuvre morale qu'il a accomplie.

L'accomplissement d'une œuvre pareille aurait été plus commode à Madagascar.

Cependant, alors que tout donnait à croire que nous nous montrerions aussi prudents et aussi sages, nous décrétions d'un trait de plume l'abolition et l'émancipation, sans même avoir pris des précautions indispensables et analogues à celles de 1845 et 1848, pour conjurer la crise qui devait inévitablement se produire.

Rien n'était préparé à Madagascar en vue d'un événement encore improbable le 26 septembre 1896. Nous l'avons cependant conduit avec bonheur.

Les conséquences politiques furent pénibles et longues, nous avons exposé comment le général Galliéni y a paré non sans peine, mais si son œuvre n'est point encore finie, elle est du moins suffisamment avancée pour qu'on en prévoie la fin. Cependant le vieux parti hova composé des divers éléments qui ont assuré autrefois la fortune des gouvernements de Rasoherina et de Rainilaïarivony n'a point désarmé volontairement. Il conserve toujours, affirme le général Galliéni, « un prestige considérable sur les affranchis et la caste noire, qu'il tenait autrefois sous sa tutelle, et qu'il cherche à persuader que notre établissement à Madagascar n'est que provisoire et pourrait prendre fin prochainement. »

Mais si nous devons nous consacrer à ruiner cette influence, nous ne devons pas perdre de vue les avantages que notre politique pourra ultérieurement retirer, si nous parvenions à rallier à notre cause la puissance et le prestige des vieux Andriana.

Les conséquences économiques étaient encore plus à redouter. Nous savons maintenant avec quelle habileté le Gouverneur général y a fait face, par ses propres moyens sans recourir aux ressources extrêmes que semblent promett c bien souvent sans tenir, les contingents demandés à grands frais à l'immigration indienne ou chinoise.

L'abandon des cultures constituait en quelque sorte le danger le plus réel ; mais il était formidable (1). C'était la disette à brève échéance et plus tard l'abandon par la métropole d'une colonie si onéreuse.

Et l'on pouvait craindre qu'il ne se produisît ce que l'on avait constaté à la Martinique, même avant l'émancipation, si nous nous reportons aux rapports officiels : « Il existe, écrivait au gouvernement à la date du 7 octobre 1842, le substitut du procureur du Roi de Saint-Pierre, dans la seule colonie de la Martinique des milliers d'affranchis que l'inertie et la corruption ont éloignés pour toujours du foyer des joies domestiques, des traditions honnêtes, pour lesquels le bienfait de la liberté est demeuré nul, sans profit, sans utilité pour eux, sans résultat favorable pour l'accroissement de la fortune publique, et qui

---

(1) *Journal Officiel* de la République française, 8 mai 1899. Rapport d'ensemble du général Galliéni.

sont à cette heure une des plaies vives et peut-être incurable de la société coloniale » (1).

Ces craintes n'étaient point chimériques. On était menacé de voir arrêter net à son début l'exploitation, la mise en valeur de Madagascar. On aurait pu répéter la prédiction célèbre de M. Rodd représentant de l'Angleterre à Zanzibar alors qu'il s'agissait d'y supprimer l'esclavage (2).

« Ce sera la nécessité d'augmenter les forces anglaises.

« Vous troublerez l'état social et économique tout entier du sultanat.

« Ce sera la cessation de tout progrès, une vraie révolution, la nécessité de recourir à l'immigration des coolies, la faillite de nombreux négociants, tous les projets accomplis ou rêvés, compromis, la misère, peut-être la famine.

« Vous ramènerez à la barbarie, à l'état sauvage, la population agricole, qui cessera de travailler.

« Les esclaves émancipés qui resteront près de leur maître, cesseront pour la plupart de travailler, ou bien, ce qui revient presque au même, ils travailleront par occasion, quand la nécessité les pressera, mais leur maître ne pourra pas compter sur eux, il ne pourra être sûr de leur

---

(1) *Exposé du patronage des Esclaves dans les Colonies françaises*, imprimés par ordre du ministre secrétaire d'État de la marine et des colonies. 1844.

(2) « A partir du jour où le Gouvernement anglais, qui a une très grande expérience des questions coloniales, a eu la responsabilité de l'administration de Zanzibar, il a pris des moyens termes, en un mot il a éludé l'application du décret de 1889 : cela est parfaitement certain. Je tire ce renseignement d'un article publié tout récemment par un fonctionnaire anglais, le capitaine Lugard. » *J. Of.* Discours de M. d'Estournelles ; interpellation du 16 mars 1896.

concours ni pour les labours ni pour la récolte, ils ne feront rien pour lui et feront peu pour eux-mêmes.

« Ce sera la banqueroute de l'œuvre de la civilisation sans avantage pour les esclaves. Qui aura soin de moi, disent-ils, quand je serai malade et vieux (1) » ?

Il fallait quand même écarter de Madagascar cette calamité désastreuse ; il fallait organiser le travail, créer et discipliner la main-d'œuvre libre et l'offrir aux colons au fur et à mesure de leur débarquement, sous peine de les voir reprendre, découragés et ruinés, le chemin de France. D'autre part il ne fallait point songer à créer de toutes pièces les ateliers coloniaux comme l'on avait pu le tenter avec succès dans nos anciennes colonies. Nous avons montré que la situation n'était point la même.

Cette situation était délicate et pénible ; le bonheur de la colonie, son avenir, sa prospérité, en dépendaient, car ce n'est point une petite affaire d'organiser rapidement la grande classe des sa'ariés dans un pays où l'on ne soupçonne point cette institution.

Il fallait surtout ne point abandonner à eux-mêmes les nouveaux libérés dont l'insouciance ou la paresse aurait été suffisante pour les engager à user du droit à la paresse dont les privait relativement l'esclavage.

Ces douloureuses circonstances ont été évitées à notre nouvelle possession, mais on devine sans peine au prix de quels sacrifices le gouvernement local y est parvenu

---

(1) Nous lisons dans les télégrammes Reuter en date du 23 mars 1899 : « Dans un débat sur l'esclavage à Zanzibar. N. S. John Brodrick a dit que le Gouvernement était obligé de tenir sa promesse et de respecter la loi de l'Islam, qu'il serait téméraire actuellement de bouleverser le marché du travail sur le continent par un affranchissement général des esclaves. »

quelle connaissance de l'indigène il lui fallait avoir pour oser avancer sans hésitation et braver les colères, les haines, les tourments que la peur de la faim allait sourdement soulever contre lui, pour l'entraîner dans un lamentable naufrage, où devait inévitablement sombrer tout espoir de domination nouvelle dans l'Océan indien.

Ces craintes étaient fondées. Nous avons été assez habiles pour les anéantir, soyons en heureux. En somme, dit avec une grande simplicité, le Gouverneur général dans son rapport d'ensemble « par une évolution paisible, les esclaves agriculteurs prirent place sans secousse dans la catégorie des salariés, des métayers ou des petits propriétaires journaliers (1). »

Puis, en attendant que les colons réclamassent leurs bras, les régiments indigènes, la gendarmerie, les milices, la police, les services publics se partagèrent momentanément la majorité des jeunes gens qui prenaient ainsi des habitudes d'ordre et de discipline. Les prestations en nature appelèrent successivement sur les routes et sur les chantiers de l'Etat une grande partie de la population régulièrement répartie en quartiers ou villages, sous-gouvernements et provinces. Les prestataires recevaient la nourriture et une solde minime journalière. Beaucoup se libérèrent en assurant les convois de l'administration militaire. Les occasions de travail ne manquaient point.

D'autre part, les cultures ne furent point suspendues, car le Gouverneur général avait décidé la confiscation de toute rizière laissée en friche pendant une période déterminée, et son adjudication gratuite aux libérés désireux

---

(1) *Journal Officiel* de la République française, n° 125 du 8 mai, p. 3.029.

de la cultiver. Cette dernière décision fut très heureuse ; elle acheva de nous gagner la multitude des anciens esclaves, tout en montrant aux propriétaires terriens qu'il n'était plus de leur intérêt de prêter l'oreille aux conseils pernicieux des chefs des rebelles cherchant à nous affamer.

Cet ensemble de mesures dénote chez son auteur une étonnante perspicacité de l'avenir, étayée d'une connaissance profonde de la race malgache et des ressources futures qu'elle réserve au Gouverneur capable d'en tirer habilement parti. Elles font le plus grand honneur aux hautes capacités du Gouverneur général que le Ministre des Colonies a bien voulu choisir pour accomplir et mener à bonne fin, dans des circonstances excessivement critiques, l'œuvre colonisatrice de la nation française.

DOCUMENTS ANNEXES

EXTRAIT DU CODE DES 305 ARTICLES DE RANAVALONAMANJAKA III

Des Esclaves.

Article 8.

Quiconque introduira dans le royaume des noirs du Mozambique ou d'autres personnes étrangères pour les faire esclaves ou les vendre comme tels, ainsi que ceux qui expédieront des gens à l'étranger dans le même but, seront condamnés aux fers à perpétuité et leurs biens confisqués.

N° 39.

Tout bourgeois dont l'esclave en fuite aura été retrouvé devra payer une somme de 12 fr. 50; si le propriétaire est soldat la somme à verser à cette occasion ne sera que de 9 fr. 40.

N° 40.

Les esclaves de l'Imerina ne pourront être dirigés sur les côtes pour y être vendus; ceux qui ne se conformeraient pas à cette loi, se verraient confisquer les esclaves qu'ils auraient tenté de vendre de cette façon, et le tiers serait donné aux dénonciateurs tandis que les deux autres tiers resteraient acquis à l'État.

N° 41.

Toute personne qui en enverra une autre vendre des esclaves sur les côtes sera punie d'une amende de 100 piastres; celle qui, ayant été expédiée dans ce but, n'en aura pas fait la dénonciation à l'autorité sera condamnée à une amende de 10 bœufs et de 10 piastres. Si l'envoyeur et l'envoyé sont dans l'impossibilité de payer leur amende, ils seront l'un et l'autre mis aux fers dans la proportion de 0 fr. 60 cent par jour et jusqu'à concurrence de leur amende respective.

N° 42

Les esclaves qui se trouvent déjà sur les côtes pourront y être vendus par leurs propriétaires légitimes à condition que l'inscription en soit faite chez les Gouverneurs. Si cette formalité n'était pas accomplie la vente serait nulle et considérée comme un vol de personne.

N° 43.

Quiconque cachera des esclaves ne lui appartenant pas, durant une période de temps supérieure à une semaine, devra payer une somme de 1 fr. 25 par jour et par esclave ainsi caché. Le cinquième de cette amende sera la part du Gouvernement, les quatre cinquièmes reviendront au propriétaire des esclaves cachés. Au cas où le coupable ne pourrait payer son amende, il serait mis en prison dans la proportion de 0 fr. 60 par jour et jusqu'à concurrence du montant de l'amende.

N° 44.

Ceux qui emmèneront avec eux pour aller sur les côtes ou y enverront simplement des esclaves ne leur appartenant pas, sans avoir préalablement obtenu l'autorisation de leurs maîtres, devront verser une somme de 12 fr. 50 par mois et par esclaves ainsi emmenés ou expédiés par eux. Le cinquième de cette amende sera acquis au Gouvernement. Dans le cas où un ou des esclaves pris ou envoyés dans ces conditions mourraient en cours de voyage, celui qui les aurait pris ou les aurait envoyés payerait une indemnité de 30 piastres par esclave décédé. Au cas où le contrevenant ne pourrait ni payer l'amende ni indemniser le propriétaire des esclaves, il serait mis en prison dans la proportion de 0 fr. 60 cent. par jour, jusqu'à concurrence de l'amende non payée et d'autant de fois 30 piastres qu'il y aurait eu d'esclaves morts en cours de voyage.

N° 45.

Les esclaves ne peuvent pas faire l'objet de spéculations commerciales par intermédiaires, leurs propriétaires seuls doivent les vendre; ceux qui se livreraient à des spéculations d'esclaves seraient punis de 10 bœufs et de 10 piastres par esclave ainsi vendu. En cas de non payement de cette amende, le coupable serait mis aux fers dans la proportion de 0 fr. 60 cent. par jour et jusqu'à concurrence du montant de l'amende non payée par lui.

N° 46.

Les esclaves ne peuvent être achetés qu'à la condition qu'ils seront entretenus et élevés par leur maître; quiconque les achèterait pour en faire une spéculation commerciale serait puni d'une amende de 10 bœufs et de 10 piastres parce qu'il importe d'enrayer un trafic qui amènerait la perte de vos esclaves, Peuple. Si les contrevenants ne peuvent payer l'amende dont ils auront été frappés, ils seront mis aux fers dans la proportion de 0 fr. 60 cent. par jour et jusqu'à concurrence du montant de l'amende non payée par eux.

N° 47.

Quiconque achètera des esclaves devra faire enregistrer dans les livres du Gouvernement les noms de l'acheteur et du vendeur. Si cet inscription n'est pas faite, la vente sera considérée comme nulle. Le vendeur et l'acheteur verseront chacun une somme de 1 fr. 25 au Gouvernement à titre de droit d'enregistrement.

N° 48.

Si un esclave se rachète, est racheté par des parents ou libéré par son maître et qu'il ait adopté son ancien maître ou ses enfants comme fils et héritiers, ceux qui auront bénéficié de cette adoption ne pourront être rejetés. Toutefois si l'adopté ne se conforme pas aux stipulations de l'acte d'adoption il pourra être rejeté.

N° 49.

Les libérations d'esclaves faits sujets libres, les rachats faits par les esclaves eux-mêmes ou ceux qui sont rachetés par leurs parents doivent faire l'objet d'une inscription dans les livres du Gouvernement. Cette inscription comporte un droit de 0 fr. 60 cent. qui doit être versé par le propriétaire qui fait la libération et l'esclave qui en bénéficie.

Article 63.

Toute personne qui se mésalliera sera punie d'un emprisonnement de 8 mois pour l'homme, 4 mois pour la femme. Ils seront également punis par les lois de leurs ancêtres. (L'usage antique était de vendre le coupable comme esclave).

Article 107.

Désormais les hommes libres ne pourront plus être réduits en esclavage.

Article 114.

Quiconque déclarerait esclave, un homme libre, serait condamné à une amende de 10 bœufs et 50 francs pour chaque fausse déclaration. A défaut de payement, le contrevenant subirait l'emprisonnement à raison de 0 fr. 62 cent. par jour jusqu'à la libération.

Article 115.

Tout esclave qui se prétendrait être homme libre, sera restitué à son propriétaire.

Article 248.

Les ventes ou prêts faits à un esclave ou entre esclaves hors de la vue du maître, ne pourront donner lieu à aucune réclamation.

Article 249.

Si quelqu'un vend à crédit à un Tsiarondahy et que le Tsiarondahy soit insolvable, le montant de la dette ne pourra être réclamé.

Article 279.

Les esclaves qui voudront fréquenter les écoles, pourront y être reçus, mais s'ils sont réclamés par leur maître, ils ne pourront y être retenus.

Vous avez entendu les lois du Royaume ; observez les bien, ô mon Peuple. Si vous observez bien les lois de mes ancêtres et mes décrets à moi, soyez assurés que « Moi » je serais la protectrice de vos femmes, de vos enfants et de vos biens. Et quand je dis « soyez rassurés, vous pouvez avoir confiance car, moi la Reine, je ne me trompe pas !

N'est-ce pas ô mon peuple? ».

Ranavalonamanjaka III.

Journal Officiel de Madagascar du 27 septembre 1896.

Loi déclarant Madagascar et les îles qui en dépendent colonie française.....

Article unique. — Est déclarée colonie française l'île de Madagascar avec les îles qui en dépendent.

La présente loi, délibérée et adoptée par le Sénat et la Chambre des Députés, sera exécutée comme loi de l'État.

Fait à Brest, le 6 août 1896.

Félix Faure.

Arrêté promulguant la loi du 6 août 1896, déclarant Madagascar et les îles qui en dépendent colonie française.

Le Résident général de Madagascar,

Vu le décret du 11 décembre 1895,

Vu la loi du 6 août 1896 déclarant Madagascar et les îles qui en dépendent colonie française,

Arrête :

Art. 1er. Est promulguée a Madagascar et dans les îles qui en dépendent, la loi du 6 août 1896 déclarant ces pays colonie française.

Art. 2. — Un numéro du *Journal Officiel de la colonie de Madagascar* portant la date du 27 septembre 1896 sera déposé aux greffes des tribunaux de Madagascar.

Art. 3. — Le Procureur général est chargé de l'exécution du présent arrêt qui sera publié et inséré au *Journal offic.el* et au *Bulletin officiel* de la Colonie.

Tananarive, le 18 septembre 1896.

Le Résident général,

Hippolyte Laroche.

Arrêté proclamant l'abolition de l'esclavage à Madagascar.

Le Résident général, dépositaire des pouvoirs de la République française à Madagascar.

En conformité des instructions du Ministre des Colonies du 14 septembre 1896.

Arrête et Proclame :

Art. 1er. — Tous les habitants de Madagascar sont personnes libres.

Art. 2. — Le commerce des personnes est interdit. Tout contrat, de quelque forme qu'il soit, écrit ou verbal, stipulant vente ou achat de personnes, est nul, et ses auteurs seront punis d'une amende de 500 à 2.000 francs, et d'un emprisonnement de 2 mois à 2 ans. En cas de récidive ces peines seront triplées. — Elles s'appliqueront également à l'officier public convaincu d'avoir enregistré le contrat ou prêté son concours pour en faciliter l'exécution.

Art. 3. — Le maximum des mêmes peines frappera toute personne qui aura usé de contrainte pour en entraîner une autre hors de sa province, en vue de la vendre, et l'officier public qui, informé de cette contrainte, n'aura pas usé de son pouvoir pour y faire obstacle.

Art. 4. — Les personnes rendues libres par le bienfait de la présente loi, mais qui se trouvaient auparavant dans la condition d'esclave, conservent la légitime propriété des biens meubles ou immeubles qu'elles ont acquis de leurs deniers ou par héritage. — Les immeubles — et les meubles subsistant en nature — qu'elles tenaient des libéralités de leurs anciens maîtres pourront être repris par ces derniers.

Art. 5. — Les personnes rendues libres par le bienfait de la présente loi, mais qui se trouvaient auparavant dans la condition d'esclave auprès de maîtres dont elles désirent ne pas se séparer, pourront demeurer chez ces anciens maîtres, s'il y a consentement réciproque.

Art. 6. — La France s'interdit de frapper sur le peuple de Madagascar aucune contribution extraordinaire de guerre. Des secours, sous forme de concessions territoriales, pourront être accordés aux propriétaires dépossédés qui seraient reconnus dans le besoin.

Tananarive, le 26 septembre 1896.

Le Résident général,

Hippolyte Laroche.

Tananarive, le 1ᵉʳ octobre 1896.

Voici ce que j'ai à vous dire : Les esclaves ayant été libérés vous inscrirez pour eux à l'avenir les naissances, les décès et les mariages, comme il est dit pour les hommes libres dans la loi 53, 108, 109.

Et en outre de cela, autrefois on n'écrivait rien pour les esclaves sur les livres du gouvernement et beaucoup sont mariés sans que cela soit écrit, et des parents et des enfants ne sont pas écrits non plus.

Aussi vous inscrirez comme étant mariés tous ceux qui se présenteront devant vous pour se déclarer mari et femme.

Et les pères et mères qui vous présenteront les enfants qu'ils ont engendrés, vous écrirez aussi ces enfants comme leurs enfants légitimes.

Et vous ne devez pas attendre simplement que les anciens esclaves viennent vous trouver pour cela, mais vous-mêmes devez le leur faire savoir et les engager à se faire inscrire parce que ceci est pour leur bien et pour le bien et la tranquillité du peuple.

Veillez bien au service du gouvernement de la Reine,

Vivez, etc.

Dit :

RASANJY,
Faisant fonctions de premier Ministre, commandant en chef.

Tananarive le   octobre 1896.

Voici ce que j'ai à vous dire : Vous savez que, conformément au décret du gouvernement en date du 27 septembre 1896, tous les esclaves sont rendus libres, et ce décret n'a pas changé.

Et parce qu'ils sont libres, le gouvernement a jugé utile de les organiser comme l'administration de toutes les populations libres. Conséquemment, ces personnes libres doivent être classées par incorporation, par mille et par cent.

Je vous ordonne donc de faire ce classement, et de donner ordre aux sous-gouverneurs et gouverneurs de villages qui sont dans votre district, de faire par écrit ce classement, en suivant la manière ci-dessous indiquée.

Pour chaque 1.000 vous désignerez :
2 Ben'ny tany (chefs de peuple).
1 chef de 1.000.
2 chefs commandant chacun 500 hommes.
1 chef de 100 (soit 10 chefs pour 1000).
2 chefs commandant chacun 50 hommes (20 pour 1000).

J'ai à vous faire remarquer qu'il est possible que parmi ces personnes rendues libres, les uns se soient transportés dans d'autres districts où se trouvent leurs familles, ou dans des endroits où ils croient pouvoir trouver plus facilement leur besogne. Ceux qui de cette façon auraient changé de demeure, vous ne les forcerez pas à rentrer dans l'incorporation par 1.000 et par 100 qui se ferait dans votre district ; laissez-les rester dans le district où ils se seraient transportés, et c'est là qu'ils seront incorporés en classement par 1.000 et par 100. Vous suivrez cette mesure pour ceux qui entreraient dans votre district.

Envoyez-moi vite le registre sur lequel vous les aurez inscrits en incorporation par classement de 1.000 et de 100.

RASANJY.

Tananarive, le 2 novembre 1896.

Voici ce que j'ai à vous dire : Le Gouvernement apprend qu'il y a des esclaves libérés qui ont quitté leurs anciens maîtres, soit de leur plein gré, soit chassés par ces derniers qui font courir des bruits pour effrayer ceux qui restent encore attachés à leurs anciens maîtres, que s'ils continuent à rester ainsi avec leurs anciens maîtres, ils seront pour toujours esclaves. Aussi je vous donne ordre de démentir au plus tôt ces faux bruits, et d'informer les maîtres et les esclaves libérés qui sont de votre circonscription, qu'ils pourront, comme par le passé, demeurer librement chez leurs anciens maîtres, s'il y a consentement réciproque. L'intention du Gouvernement est de ne pas exposer les libérés à battre le pavé et à devenir ainsi indigents, car en restant avec leurs anciens maîtres ils trouveront nourriture et vêtement et auront des terres à cultiver.

Veillez bien.....

Vivez heureux.

RASANJY,

Faisant fonctions de premier Ministre et Commandant en chef.

Journal Officiel du 24 août 1897.

EXTRAIT

d'arrêt portant condamnation pour faits de traite, publié en exécution de l'article 17 de la loi du 4 mars 1731, concernant la répression de la traite des noirs.

Par arrêt de la Cour criminelle de Nossi-Bé, en date du 26 juillet 1897 et aux poursuites et diligences du Procureur général près la Cour d'appel de Tananarive, ont été condamnés :

1° Amissy-ben-Amady, propriétaire du boutre « Yafharle », né et domicilié à Mascate, en Arabie, fils d'Amadi et de Rabia, marié, père de deux enfants, en cinq années d'emprisonnement ;

2° Sohiuon-ben-Ahmed, officier dudit boutre, né et domicilié à Mascate, en Arabie, fils d'Amadi et de Leheya, marié, père d'un enfant, en quatre années de la même peine ;

3° Robéa, dit Harbaïa, officier dudit boutre, né et domicilié à Mascate, en Arabie, fils d'Amissy et de Halinia, marié, père de deux enfants, en deux années de la même peine ;

4° Soualihé, dit Saly, matelot dudit boutre, né et domicilié à Mascate, en Arabie, fils d'Abdallah et de Fatma, célibataire, en une année de la même peine ;

5° Aly, matelot dudit boutre, âgé de 40 ans, né et domicilié à Mascate, en Arabie, fils de Sélimani et de Rhanié, marié, père d'un enfant, en une année de la même peine.

Et tous solidairement aux frais envers l'État, par application des articles 3 de la loi du 4 mars 1831 et 463 du Code pénal.

Pour s'être, à Soulala, circonscription de Majunga, en septembre 1896, en tout cas depuis un temps non prescrit, ensemble et de concert, rendus coupables de faits de traite, en vendant à des individus demeurés inconnus, des noirs introduits par eux dans la colonie.

Par le même arrêt et en vertu de l'article 5 de ladite loi du 4 mars 1831, ont été ordonnées la saisie et la vente dudit navire « Yafharle », du port de Mascate, lequel avait servi à perpétrer les faits de traite ayant motivé lesdites condamnations.

Pour extrait :

Tananarive, le 18 août 1897.

Le Procureur général,

DUBREUIL.

Arrêté n° 69 au sujet des Prestations des indigènes.

Le Général commandant le corps d'occupation et Résident général de France à Madagascar ;

Vu le décret du 11 décembre 1895 ;

Vu les instructions du Ministre des colonies en date du 15 septembre 1896 :

Le Conseil d'administration consulté,

Arrête :

Titre I. — *Dispositions générales.*

Art. 1er. — Tout habitant valide, de 16 à 60 ans, du sexe masculin, à quelque classe de la société ou à quelque corporation qu'il appartienne, à l'exception des militaires, miliciens et douaniers en activité de service, sera appelé à fournir, chaque année, une prestation de 50 jours au maximum pour le service des travaux publics civils ou militaires.

Une indemnité de vivres de 0 fr. 20 est allouée à chaque prestataire par journée de travail fournie.

Art. 2. — Seront autorisés à racheter leur prestation au tarif de 0 fr. 50 par journée de prestation, les catégories suivantes :

1º Les fonctionnaires et employés du gouvernement ayant un traitement fixe ainsi que leurs ascendants ou descendants directs ;

2º Les officiers à compter de six Honneurs et au dessus, ainsi que les ascendants et descendants directs ;

3º Les gens âgés de 40 ans et au dessus ;

4º Ceux qui auront obtenu un certificat de connaissance de la langue française dans les formes et conditions à déterminer par arrêté ultérieur.

Titre II. – *Confection des rôles.*

Art. 3. — Il sera rédigé, chaque année, dans le courant du mois d'octobre, sous la surveillance des gouverneurs généraux et sous le contrôle des Résidents et Commandants de Cercle, chefs de province, par les soins des Gouverneurs de villages et des mpiadidy ou chef de quartier, dans chaque ville ou village, un rôle des habitants soumis à la prestation.

Art. 4. — Les rôles devront être transmis le 1er novembre de chaque année, par l'intermédiaire des gouverneurs au Commandant de Cercle ou Résident local qui enverra au Directeur des Travaux publics un état récapitulatif des journées, par villages, districts et gouvernements.

Titre III. — *Exécution des travaux*.

§ 1er. — Dispositions générales.

Art. 5. — Le Résident général, sur la proposition des Directeurs des Travaux publics et du Génie, déterminera, chaque année, dans le courant du mois de décembre, la répartition des travailleurs entre les différents travaux civils ou militaires auxquels pourra être affectée la prestation.

Art. 6. — Les Résidents et Commandants de Cercle, chefs de province, détermineront dans leur circonscription la période d'exécution des prestations.

§ II. — Prestations à la journée.

Art. 7. La durée du travail est fixée à neuf heures au maximum par jour, non compris les heures de repos et de repas.

Lorsque les prestataires sont appelés à plus de cinq kilomètres, le temps nécessaire pour parcourir, à l'aller et au retour, les distances excédant cette limite, sera compté comme passé sur le chantier. Les prestataires ne pourront être obligés à se rendre sur des chantiers situés à plus de vingt kilomètres de leur résidence.

Art. 8. — Les Résidents ou Commandants de Cercle, chefs de province, détermineront, après avoir pris l'avis des Gouverneurs généraux, chaque année :

1º La répartition des travailleurs entre leurs divers chantiers ;

2º Les jours d'ouverture et de clôture des travaux de prestation pour chaque chantier ;

3º Les heures d'ouverture et de clôture du travail journalier.

Ils prendront les mesures nécessaires pour assurer l'exécution et la surveillance des travaux ainsi que pour exercer le contrôle du nombre de journées de prestation réellement effectuées.

§ III. — Prestations à la tâche.

Art. 9. — Certains travaux pourront être effectués à la tâche. Le taux de conversion de ces travaux en journées de prestation sera, dans ce cas, déterminé par les Résidents ou Commandants de Cercle, chefs de province.

Les travaux mal exécutés ou non achevés dans le délai fixé ne représenteront qu'un nombre de journées de prestation qui sera fixé par le Commandant de Cercle ou le Résident, chef de province.

§ IV. — Dispositions communes.

Art. 10. — Les Commandants de Cercle ou Résidents, chefs de province, feront recueillir dans chaque village le montant des prestations en argent qu'ils centraliseront et verseront au Trésor.

Art. 11. — Chacun des Commandants de Cercle ou Résidents, chefs de province, enverra au Directeur du Contrôle financier, un mois après la clôture des travaux, un état récapitulatif par village des sommes dues en remplacement de journées de prestation en nature.

Art. 12. — Lorsqu'un mpiadidy ou tout autre agent indigène refusera de prêter son concours pour l'exécution des prestations, il en sera référé au Résident ou au Commandant de Cercle, chef de province, qui prendra les mesures nécessaires. En cas de négligence grave de leur part, les mpiadidy et autres agents indigènes seront condamnés à une amende de 5 à 50 francs.

Fait à Tananarive, le 21 octobre 1896.

Galliéni.

N. B. — Cet arrêté fondamental a subi d'importantes modifications depuis sa mise en vigueur, notamment en ce qui concerne le nombre de journées de prestations réduites à 30, essentiellement rachetables.

ANNEXE

Journal Officiel du 26 juin 1896.

Le Résident général de Madagascar

Vu le décret du 11 décembre 1895 ;

Vu le décret du 28 décembre 1895, et notamment l'article 2 dudit décret qui déclare les lois françaises promulguées dans la colonie ;

Vu les articles 605, 606 et 607 du Code du 3 brumaire an IV, et la nécessité pour leur application de fixer la valeur de la journée de travail dans l'île de Madagascar et ses dépendances ;

Sur la proposition du Procureur général et du Directeur des finances,

Arrête :

La valeur de la journée de travail est fixée à un franc dans toute l'île de Madagascar et de ses dépendances.

Le Procureur général et le Directeur des finances sont chargés, chacun en ce qui les concerne, de l'exécution du présent arrêté qui sera publié et inséré dans le *Journal* et dans le *Bulletin officiel* de la colonie.

Tananarive, le 22 juin 1896.

Le Résident général,

Hippolyte Laroche.

Journal Officiel du 6 novembre 1896.

Note circulaire n° 91.

Les besoins de la colonisation exigent l'adoption dans le plus bref délai possible d'une réglementation sur le travail des indigènes à Madagascar. Cette réglementation s'impose d'autant plus que la récente abolition de l'esclavage est venu troubler profondément les mœurs et habitudes traditionnelles des Malgaches et entraver l'emploi de la main-d'œuvre indigène pour les travaux d'intérêt général ou particulier.

Il faut que nos services publics et nos colons puissent trouver les travailleurs qui leur sont nécessaires pour leurs entreprises diverses et que des relations régulières et bien définies, soient établies entre les uns et les autres. Il y a lieu, notamment, d'étudier la question des contrats à longs termes entre les colons et les indigènes afin que les premiers puissent être assurés toujours d'avoir à leur disposition les ouvriers et cultivateurs nécessaires au fonctionnement de leurs exploitations et que toute garantie soit accordée aux seconds pour l'observation des conditions qui les lient à ceux qui les emploient.

En outre, l'intérêt de la pacification à Madagascar exige qu'une surveillance active soit exercée sur tous les indigènes de chaque région et qu'en Emyrne notamment chacun d'eux puisse justifier de ses moyens de travail et d'existence.

J'ai décidé, en conséquence, qu'une commission serait constituée, composée comme suit :

MM. le commandant Gérard, chef d'État-major, faisant fonctions de secrétaire général dans les territoires militaires, Président ;

Le capitaine Deslions, maire de Tananarive ;

Le docteur Lacaze, chef du bureau des affaires indigènes ;

Jully, architecte, chargé des bâtiments civils à Tananarive ;

Sescaut, colon ; Doërrer, colon ;

Rasanjy, faisant fonctions de premier ministre ;

M. Huvé, commis de résidence détaché aux affaires indigènes, remplira les fonctions de secrétaire de la commission.

Cette commission se réunira à Tananarive sur la convocation de son Président, pour étudier cette importante question et me soumettre, dans le plus bref délai possible, un projet d'arrêté portant réglementation du travail des indigènes à Madagascar.

MM. les Résidents des diverses provinces sont invités à

prendre auprès des fonctionnaires civils, des colons et en général de toutes les personnes résidant dans leurs provinces et pouvant les éclairer à ce sujet, tous les renseignements utiles à la commission, et à les transmettre d'urgence, avec leurs observations, au Résident général.

MM. les colons eux-mêmes sont priés, s'ils le désirent, d'envoyer directement au Résident général, aussitôt que possible, toutes les indications que leur suggérerait à ce sujet leur expérience du pays et de ses habitants.

MM. les Résidents sont invités à donner la plus grande publicité à la présente circulaire, dont ils accuseront réception par le retour du courrier en indiquant les mesures prises par eux pour assurer l'exécution des prescriptions qui y sont contenues.

Tananarive, le 3 novembre 1896.

Le Général commandant le corps d'occupation et Résident général de France à Madagascar,

GALIÉNI.

JOURNAL OFFICIEL du 2 janvier 1897

Arrêté n° 250 réglementant le travail des indigènes.

ART. 1er. — Tout individu valide de 16 à 60 ans, du sexe masculin, devra justifier de ses moyens d'existence en prouvant qu'il fait partie d'une des deux catégories indiquées ci-dessous :

1re *catégorie*. — Les commerçants se divisant en deux classes :

1° Les patentés comprenant : les débitants et commerçants, quels qu'ils soient.

2° les producteurs	Alimentation..	Cultivateurs ou éleveurs, en un mot tous les producteurs qui font commerce de leur culture ou industrie.
	Vêtements ...	Tous les fabricants de produits textiles.
	Habitations...	Chefs d'exploitation ou de chantiers des produits de la forêt : bois, fer, bambou, charbon, lianes, cire, miel, gomme, etc.

2ᵉ catégorie. — Tous les individus non compris dans la première catégorie, et notamment les domestiques, cuisiniers, jardiniers, porteurs, plantons, ouvriers, et en général tous les fonctionnaires, ainsi que les employés des diverses administrations ou des particuliers.

Toutes les personnes de la 1ʳᵉ catégorie devront être munies de la carte d'identité ou de la patente.

Toutes celles appartenant à la 2ᵉ catégorie, du livret individuel.

Art. 2. — La carte d'identité, conforme au modèle ci-joint, sera délivrée par les soins des mpiadidy ou des gouverneurs madinika.

Le prix est fixé à 0 fr. 40.

Les mpiadidy et gouverneurs madinika prendront livraison, contre un reçu,— à Tananarive, à la mairie ; dans les campagnes, près des Commandants de Cercles ou exceptionnellement, près des sous gouverneurs — des séries de cartes numérotées.

Ils devront tous les mois verser aux autorités ci-dessus le montant de leurs recettes, établi d'après un registre où seront portés, en regard du numéro, les noms du détenteur, et présenter d'autre part les cartes non délivrées.

Ces cartes sont rigoureusement porsonnelles et ne peuvent être prêtées. Tout abus de la part de l'autorité chargée de la délivrance entraînerait la révocation, plus un emprisonnement de trois mois à un an ou une amende de 100 à 200 francs ; pour le détenteur, il entraînerait, pour lui et ses complices, un emprisonnement de 1 à 3 mois ou une amende de 20 à 50 francs.

Les cartes délivrées devront être reversées chaque année, dans le courant de décembre, entre les mains des mpiadidy ou gouverneurs madinika qui, contre l'ancienne carte, en délivreront une nouvelle au prix de 0 fr. 40, valable pour l'année suivante.

En cas de perte d'une carte, le propriétaire devra en faire immédiatement la déclaration aux mpiadidy ou gouverneurs madinika qui, eux-mêmes, préviendront l'autorité de laquelle ils ont reçu les cartes et en délivreront un duplicata contre le payement d'une somme de 10 francs.

Le livret individuel conforme au modèle ci-annexé sera délivré dans les mêmes conditions que la carte d'identité. Le prix en est fixé à 1 franc.

Les administrateurs ou les particuliers au service desquels seront les travailleurs porteurs de livret, devront, à la fin de chaque mois, sur la page réservée à cet effet, certifier qu'à cette date le titulaire est toujours à leur service, et apposer leur signature.

Sur cette page, le salaire mensuel de l'employé, approuvé par l'émargement de celui-ci, sera porté en toutes lettres, ainsi que les sommes pouvant être dues par l'employé à l'employeur ou réciproquement.

Le livret est la propriété de l'employé, qui devra le présenter à toute réquisition.

Ce livret, au verso de la première page, spécifiera également le mode d'engagement, la durée du contrat et le prix fixé ; le recto de la dernière page sera réservé aux renseignements sur l'ouvrier.

Dans le cas où l'ouvrier serait autorisé à s'absenter, mention en serait faite sur le livret par l'employeur, qui indiquerait également la date et la durée de l'absence.

En cas de rupture ou de fin de contrat, mention en serait faite sur cette page. En cas de perte, les mêmes dispositions que pour la carte d'identité s'appliquent au livret.

Art. 3. — Les cartes d'identité et les livrets individuels devront autant que possible porter, collées sur la case réservée à cet effet, les photographies des détenteurs.

Dans ce but des photographes, recrutés par les soins de l'administration centrale indigène, parcourront la province et se tiendront, sous le contrôle et avec l'appui des mpiadidy et gouverneurs madinika, à la disposition des indigènes.

Le prix de chaque photographie sera payé par le détenteur; ce prix ne devra pas dépasser 0 fr. 30.

Art. 4. — *Conditions de travail.* - Tout commerçant porteur d'une patente à jour devra justifier, au moment de la réquisition des autorités compétentes qu'il exerce son commerce, soit à Tananarive, soit dans un des centres de l'Imérina ou du Betsiléo Cette vérification pourra se faire par un dépôt de marchandises et par la production de pièces de comptabilité.

Tout porteur d'une carte d'identité devra justifier, au moment de la réquisition des autorités compétentes, qu'il exerce son métier soit à Tananarive, soit dans tout autre point des territoires où la présente loi sera en vigueur ; cette vérification pourra se faire par l'indication de ses ateliers ou de ses terres d'exploitation, champs de culture, etc., etc., et par la présentation des pièces comptables établissant qu'il vend aux commerçants.

Tout individu porteur du livret individuel qui spécifie ses engagements, devra fournir à toutes réquisitions des autorités compétentes son contrat d'engagement ou un titre justifiant sa qualité de fonctionnaire.

Ces contrats peuvent être de deux sortes :

1° D'un mois au moins ;

2° D'un an au plus, avec maximum de cinq années renouvelable au gré des deux parties.

Ces contrats doivent prévoir :

1° La durée de l'engagement ;

2° Le salaire mensuel ;

3° Le mode et le délai de payement.

Art. 5. - *Obligations réciproques de l'employeur et de l'employé.*

Tous les contractants, quel que soit le contrat, seront soumis aux obligations suivantes :

1° Au cas où l'employeur fournirait le logement, celui-ci devra se trouver dans des conditions de salubrité et d'hygiène telles que la santé de l'employé ne puisse en souffrir ;

2º Les médicaments devront être fournis par l'employeur à l'employé, dans les exploitations employant un minimum de 25 ouvriers ;

3" Un maximum de 10 heures de travail par jour, repos le dimanche et jours fériés, sauf clauses spéciales du contrat ;

4º Lorsqu'un patron ne remplira pas les obligations édictées aux trois paragraphes ci-dessus, le contrat sera annulé de plein droit à la demande de l'employé ;

5º Tout employé ou ouvrier s'absentant sans motif valable de 1 à 5 jours perdra le salaire du nombre de jours double de la durée de l'absence. Tout individu s'absentant pendant plus de 5 jours sera déféré devant les tribunaux compétents ;

6º En cas de résiliation ou de renouvellement de contrat, l'accord devra se faire entre les deux parties avant l'époque du départ ou du renouvellement du contrat ; quinze jours pour les contrats inférieurs à un an, un mois pour les contrats d'un an, et trois mois pour les contrats de 1 à 5 ans,

Art. 6. — Nul ne pourra, pour se dispenser des obligations ci-dessus, arguer d'une infirmité, à moins que cette infirmité ne le rende tout à fait impropre à tout travail.

Art. 7. — Les personnes non munies d'une patente, d'une carte d'identité ou d'un livret individuel parfaitement en règle et à jour, seront considérées comme « vagabonds », ne pouvant justifier de leurs moyens d'existence. Elles seront passibles d'une peine de 3 à 6 mois de prison. A l'expiration de leur peine, elles seront classées d'office dans une catégorie de travailleurs, pourvues d'un livret mentionnant la peine subie et employées sur les chantiers de l'État pendant un temps dont la durée sera triple de cette peine.

Art. 8. — *Travail des femmes.*

Le présent règlement ne rend le travail obligatoire que pour les individus du sexe masculin, maie il laisse toute latitude aux employeurs et aux chefs d'administration d'utiliser les femmes dans tous les travaux qu'ils croiront pouvoir leur confier ; dans ce cas, ils devront se conformer, pour la rédaction des contrats, aux obligations imposées à l'article « contrats » du présent règlement.

La femme employée dans ces conditions pourra recevoir un livret si elle en fait la demande.

Dans le cas où, après conventions, la femme, pour cause de maternité, ne pourrait plus tenir ses engagements, le contrat sera rompu sans qu'il y ait lieu à indemnité.

Art. 9. — *Listes à tenir par les chefs indigènes pour les levées et la désignation des professions.* — Les listes établies par les mpiadidy et les gouverneurs des villages, et servant de rôle pour les prestations, devront être tenues à jour à l'aide des livrets, cartes d'identité et patentes versés au fur et à mesure de leur renouvellement.

Ces listes serviront pour les appels extraordinaires chaque fois que le gouvernement aura besoin de mobiliser un grand nombre de travailleurs sur un point donné et pour des travaux urgents et d'intérêt général.

Ces mesures exceptionnelles ne seront décidées que par les Résidents et Commandants de Cercle, de province, qui devront toujours en rendre compte au Résident général.

Les mpiadidy et les gouverneurs de villages resteront détenteurs des listes et recevront pour les levées de travailleurs des ordres de leurs gouverneurs ou sous-gouverneurs.

Par suite, les mpiadidy seront responsables pour les levées extraordinaires dans les mêmes conditions que celles prévues pour les levées ordinaires à l'art. 12 de la loi sur les prestations.

Art. 10. — Les nouvelles listes prévues à l'art. 9, avec groupements par professions, remplacent les anciennes listes de corporations, qui n'ont plus de raison d'être.

Art. 11. — Le bénéfice des circonstances atténuantes pourra être accordé à tous les délits énumérés dans la présente loi.

Art. 12. — Le présent arrêté est applicable en Imérina à compter du 1ᵉʳ janvier. MM. les Résidents chefs de province en dehors de l'Imérina prendront, chacun dans sa circonscription administrative, des mesures analogues à celles spécifiées dans le présent arrêté, en les modifiant suivant les coutumes et les circonstances locales.

Ces mesures feront l'objet d'arrêtés qui seront pris par le Résident général sur la proposition des Résidents chefs de province.

Fait à Tananarive, le 27 décembre 1896.

Galliéni.

Journal Officiel du 31 août 1897.

Arrêté 922 réglementant le travail dans la province de Majunga.

Art. 1er. — Tout individu engagé par un patron devra être muni d'un livret individuel.

Ces livrets seront délivrés par les soins des Gouverneurs moyennant le prix d'un franc.

Art. 2.   (Les 4 derniers paragraphes de l'art. 2 de l'arrêté 250).

Art. 3. — (Parag. 3 de l'art. 4 de l'arrêté 250), plus ce que les contrats doivent prévoir.

Art. 4. — Tous les contractants, quel que soit le contrat, seront soumis aux obligations suivantes :

1" Les employés logés seront installés dans des cases conformes aux cases en usage dans le pays;

2" Le travail aura lieu tous les jours, à l'exception des dimanches et des jours de fête de coutume, sauf clauses spéciales du contrat;

3º (Paragraphe 4. art. 5 de l'arrêté 250);

4º Tout employé ou ouvrier s'absentant sans motif valable de 1 à 5 jours perdra le salaire du nombre de jours double de la durée de l'absence. Tout individu s'absentant pendant plus de 5 jours sera passible d'un emprisonnement de 1 à 5 jours et d'une amende de 1 à 15 francs, ou de l'une de ces deux peines seulement, sans préjudice, s'il y a lieu, de l'application des lois sur le vabondage ; les amendes et condamnations aux frais et dépens ainsi prononcées seront, en cas de non payement, converties en journées de travail pour le compte de la colonie ou des communes, à raison de 1 franc par jour ;

5° (Comme le parag. 6 de l'art. 5 de l'arrêté 250).

Art. 5. — Les engagés non munis d'un livret individuel parfaitement en règle et à jour seront punis d'une peine de 1 à 15 jours de prison et d'une amende de 1 à 50 francs ou de l'une de ces deux peines seulement, sans préjudice de l'application des lois concernant le vagabondage.

A l'expiration de leur peine... (comme la fin de l'art. 7 de l'arrêté 250).

Art. 6. – (Comme l'art. 6 de l'arrêté 250).

Art. 7. – La femme employée pourra recevoir un livret, si elle en fait la demande.

Art. 8. — (Comme l'art. 11 de l'arrêté 250).

Art. 9. — MM. le Procureur général et le Résident de Majunga sont chargés, chacun en ce qui le concerne, de l'exécution du présent arrêté.

Tananarive, le 25 août 1897.

Galliéni.

Journal Officiel du 16 septembre 1897.

Arrêté 973 réglementant le travail des indigènes dans la province de Vohémar.

Le Général commandant le corps d'occupation et Résident-Général de France à Madagascar,

Vu le décret du 11 décembre 1895 ;

Vu l'arrêté du 27 décembre 1896, réglementant le travail des indigènes en Imérina, et l'article 12 dudit arrêté, prescrivant à

MM. les Commandants de cercles et Résidents chefs de provinces de prendre des mesures analogues, en les modifiant suivant les coutumes et circonstances locales;

Vu le décret du 6 mars 1877, sur les attributions législatives des Gouverneurs;

Sur la proposition de M. le Résident de Vohemar, et sous réserve de l'approbation ministérielle,

Arrête :

Art. 1er. — La durée des engagements liant les indigènes, hommes ou femmes, aux colons, négociants et autres, comme cultivateurs, employés ou domestiques et hommes de peine, est fixée à un an, sauf conditions spéciales arrêtées à l'amiable, entre les parties contractantes.

Art. 2. Dans tous les engagements, sauf ceux relatifs au gardiennage des bœufs, la nourriture est due par l'engageur à raison de deux mesures de riz par jour et par personne, soit 800 grammes.

Art. 3. - La solde spécifiée dans l'engagement est due à terme échu tous les premiers du mois, son non payement est un motif de résiliation valable pour l'indigène dès le 3.

Art. 4. — Tout indigène qui, sans cause fondée résilierait son engagement ou s'y soustrairait, est passible d'une amende de 1 à 100 francs et d'un emprisonnement de 1 à 15 jours.

Art. 5. - Tout engageur qui brutalisera, frappera ou surmènera ses travailleurs et engagés, est passible d'une amende de 10 à 100 francs, et, en cas de récidive, de la résiliation du contrat, et d'une amende double de celle infligée précédemment.

Art. 6. — L'engagé indigène cultivateur doit la journée de travail de 8 heures; les heures de cloche annonçant la prise et la cessation du travail sont réglées en conséquence, en tenant compte des conditions climatériques; les dimanches et jours fériés sont jours de repos pour les cultivateurs.

Art. 7. — Tout contrat, pour être valable, devra être enregistré par l'administration à Vohémar, à Sambava ou à Antalaha moyennant un droit fixe de 1 fr. 50 payable par l'engageur, qui recevra, en échange, un imprimé conforme au modèle, où seront mentionnées les conditions de l'engagement, qui seront traduites à l'indigène, puis signées par lui, ou s'il ne sait pas signer, par deux témoins.

Art. 8. — L'engagement liant l'indigène sera mentionné sur son livret avec les dates où commence et expire son contrat ; si l'indigène est une femme, elle devra se pourvoir d'un livret où son engagement sera mentionné.

Art. 9. — Il sera tenu à Vohémar, Sambava et Antalaha des registres où les engagements et contrats seront enregistrés et numérotés.

Art. 10. — Les contrats pourront être prorogés à terme échu pour une nouvelle année ; mention du renouvellement sera faite sur les registres et imprimés, moyennant un droit de 0 fr. 50.

Art. 11. - Aucune réclamation relative aux engagements ne sera admise, tant de la part des colons que des indigènes, s'ils n'ont pas été enregistrés une fois passés ; un délai de 15 jours est toutefois de rigueur avant l'enregistrement définitif, pour permettre aux parties contractantes de s'assurer des avantages et des inconvénients résultant de la convention.

Art. 12. — L'engagement ne dispense pas l'indigène de 50 journées de prestation ; sa solde lui est due par l'engageur pendant qu'il est employé par le gouvernement. L'administration, sauf le cas de force majeure, n'exigera les prestations que pour des périodes de dix jours au plus en choisissant, autant que possible, les époques où les travaux des champs sont moins urgents ; il ne pourra être pris, à la fois à un engageur, plus de la moitié de ses indigènes, s'il en occupe 2 ou plus.

Les dispositions contenues dans le présent article 12 ne s'appliquent pas aux indigènes remplissant les conditions fixées par l'arrêté 949, du 31 août 1897.

Art. 13. — La nourriture de l'indigène en cours de prestations n'est pas à la charge de l'engageur.

Art. 14. — Les engageurs seront prévenus 48 heures à l'avance du nombre de prestataires à fournir, ils auront la faculté de racheter en espèces les prestations restant dues dans la journée où l'avis leur sera notifié : ces 24 heures écoulées, le rachat ne sera plus accepté.

Art. 15. — Tous les différends survenant entre les colons et les indigènes relatifs à leurs contrats spéciaux, seront portés devant les juges compétents pour être réglés le plus rapidement possible.

Art. 16. — Les contrats relatifs au gardiennage et à l'élevage des bœufs restent conformes aux anciens usages, mais sont soumis à la formalité de l'enregistrement prévue à l'article 7 et à l'inscription sur le livret (art. 8) pour qu'une réclamation puisse être admise.

Art. 17. — MM. le Procureur général, le Secrétaire G¹ en territoire civil et le Résident de Vohémar sont chargés, chacun en ce qui le concerne, de l'exécution du présent arrêté.

Art. 18. — Le bénéfice des circonstances atténuantes pourra être accordé à toutes les infractions prévues par le présent arrêté.

Fait à Tananarive, le 10 septembre 1897.

GALLIÉNI.

Par le Résident général :

Le Procureur général, chef du service judiciaire,

Dubreuil.

Par le Résident général :

Le Résident faisant fonctions de Secrétaire général en territoire civil.

Joseph François.

ARRÊTÉ
instituant une Commission chargée de réviser la réglementation de la main-d'œuvre en Emyrne.

Le général commandant en chef du corps d'occupation et gouverneur général de Madagascar et dépendances,

Vu les décrets des 11 décembre 1895 et 30 juillet 1897;

Vu l'arrêté 250 du 27 décembre 1896, réglementant la main-d'œuvre en Imerina et les arrêtés analogues pris dans les diverses provinces de la colonie ;

Vu les instructions de M. le Ministre des Colonies, en date du 24 mai 1898, relatives à l'établissement d'une législation du travail indigène ;

Considérant que l'expérience de deux années a montré que la réglementation actuelle devait être modifiée,

ARRÊTE :

ARTICLE PREMIER. — Il est institué une Commission chargée de reviser la réglementation actuelle de la main-d'œuvre en Emyrne.

ART. 11. — Cette Commission est composée de :

MM. Lallier du Coudray, commissaire adjoint des colonies, directeur des affaires civiles, président ;

Sescau, président de la chambre consultative ;

Hallot, négociant ;

Bouts, igénieur ;

Cotte, entrepreneur ;

Toussaint, substitut du procureur général ;

Lavoisot, commandant du cercle de Tsiafahy ;

Lacaze et Guyon, administrateurs adjoints de 1re classe, chefs de bureau à la direction des affaires civiles.

La Commission pourra, en outre, convoquer toute personne qu'elle jugera utile d'entendre.

ART. 3. - ... etc.

Fait à Tananarive, le 25 février 1899.

GALLIÉNI,

La Commission chargée de la réglementation de la main-d'œuvre en Imérina, par arrêté du 25 février 1899 de M. le général commandant en chef du corps d'occupation et gouverneur général de Madagascar et dépendances, a terminé ses travaux.

Après une dernière discussion dans une séance générale où avaient été convoqués les colons présents à Tananarive, la Commission a arrêté le projet de décret ci-dessous que M. le général commandant en chef et gouverneur général adresse à M. le Ministre des Colonies, pour être soumis à la haute sanction de M. le Président de la République.

PROJET DE DÉCRET

réglementant le travail des indigènes en Imérina.

Le Président de la République française,

Sur le rapport du Ministre des Colonies et du Garde des Sceaux, Ministre de la Justice,

Vu l'art. 18 du sénatus-consulte du 5 mars 1854,

Décrète :

TITRE PREMIER

Du travail habituel et du livret.

Article premier. — Tout indigène valide, du sexe masculin, âgé de 16 à 60 ans, qui ne paye pas 6 francs d'impôt foncier au minimum, qui n'est pas porteur, engagé, ouvrier d'art ou n'exerce pas une profession patentée, est considéré comme vagabond et astreint au travail, sont considérés comme patentés les ouvriers d'art, artisans, fabricants ou marchands, dont la situation, en ce qui concerne la contribution des patentes, est réglé par l'art. 5 de l'arrêté du 31 décembre 1898.

Art. 2. — Tout propriétaire cultivateur dont la propriété

n'est pas suffisante pour que sa contribution foncière atteigne la quotité fixée ci-dessous sera tenu de justifier, pour ses journées inoccupées, de l'exercice habituel d'une profession ou d'un métier, sinon de son travail pour autrui. Toute demande tendant à obtenir, pour cause d'infirmité, la dispense des obligations énoncées au présent décret ou l'annulation d'un contrat, sera soumise à l'autorité administrative, qui aura qualité pour prononcer, s'il y a lieu, la dispense ou l'annulation.

Art. 3. — Tous les indigènes valides du sexe masculin, âgés de 16 à 60 ans, à quelque catégorie qu'ils appartiennent, devront être munis d'un livret individuel sur lequel mention devra être faite, après justification préalable, des revenus de l'intéressé, de la profession ou du métier indépendant qu'il exerce ou de son engagement au service d'autrui.

Le livret est délivré gratuitement aux indigènes, par les soins des autorités locales, toutes les années, dans le courant de décembre. En cas de perte, il en est délivré un duplicata contre la somme de 2 francs.

Le livret est obligatoire et rigoureusement personnel. Il ne peut être prêté. Tout abus de la part du détenteur ou des autorités chargées de la délivrance, toute infraction à l'obligation de la possession de cette pièce sera punie conformément aux dispositions de l'art. 31 ci-après.

Le livret est la propriété du titulaire, qui devra le représenter à toute réquisition de l'autorité. Au cas où le titulaire serait engagé, le livret devra mentionner la durée du contrat, la nature du travail, ou service promis, la rémunération accordée à l'employé. Dans le cas où l'employé serait autorisé à s'absenter, mention en serait faite sur le livret par l'employeur. En cas de fin de contrat, le congé d'acquit sera également donné sur le livret, comme il est indiqué à l'art. 22 ci-après.

TITRE II

Des conditions de travail pour autrui.

Art. 4. — Sont réputées engagements de travail, les conventions faites par des ouvriers ou des travailleurs avec un propriétaire, un chef d'industrie ou toute autre personne :

1° Pour louage de services, d'ouvrage ou d'industrie ;

2° Pour fermage ;

3° Pour colonage partiaire.

Art. 5. — Les contrats d'engagement doivent prévoir pour les engagés dont il a été parlé au § 1er de l'article précédent :

1° La durée de l'engagement ; elle ne pourra être supérieure à cinq ans ;

2° Le nombre de journées de travail par mois ; il ne pourra être inférieur à vingt ; en ce qui concerne les porteurs, le nombre de journées de travail à fournir n'aura pas à être spécifié ; leur contrat sera considéré par l'administration comme étant l'objet d'une exécution effective, justifiant les avantages faits à ces engagés, si les porteurs parcourent annuellement un trajet d'au moins 2.400 kilomètres ;

3° Le nombre d'heures de travail par jour, sans que ce nombre puisse être supérieur à 10 ni inférieur à 6 ;

4° Les gages, rations, vêtements, avances et tous autres avantages qui pourraient être consentis à l'employé. Dans le cas où celui-ci sera engagé à forfait, à la tâche ou payé proportionnellement à la production, l'engagement stipulera le salaire journalier minimum assuré par l'employeur à l'employé.

Le salaire minimum alloué aux porteurs pourra être fixé au poids ou au voyage, le libellé faisant ressortir, en tous cas, le salaire minimum mensuel ou annuel alloué à ces engagés. Les contrats d'engagement ne sont pas transmissibles.

Art. 6. — Ne donneront lieu à l'application des dispositions du présent décret que les contrats conformes aux prescriptions qui sont éditées et qui auront été visés par les chefs de province ou leurs délégués.

Ceux-ci s'assureront au préalable que les engagés ont pleine connaissance de leurs obligations, des avantages offerts et les acceptent. Les autorités sus-mentionnées devront exiger à cet effet que les contrats d'engagement soient passés en leur présence par les deux parties, l'employeur étant autorisé à se faire représenter.

Elles ne viseront que les contrats portant les mentions indiquées à l'article précédent.

Le visa n'est donné que sous toutes réserves, en ce qui concerne la validité des conditions inscrites au contrat au point de vue de droit commun.

La formalité du visa doit être accomplie dans la circonscription où habite l'engagé.

Art. 7. — Les contrats pourront être renouvelés de commun accord entre les parties. Dans ce cas, l'accord devra se faire dans les conditions prévues pour les engagements, aux époques suivantes : quinze jours avant l'expiration de la convention pour les contrats dont la durée est inférieure à un an, un mois avant ce terme pour les contrats de un an ; trois mois pour les contrats de un an à cinq ans.

Art. 8. — Les contrats pourront être résiliés, de commun accord, pendant la durée de l'engagement. Dans ce cas, avis de la résiliation devra être donné à l'autorité dans le délai de huitaine.

Au cas où l'employeur ne remplirait pas ses obligations envers l'employé, notamment celles spécifiées dans les articles 21, 23, 24, 26, 27, 28 et 29 du présent décret, le contrat pourra être résilié sur la demande de l'employé, par décision administrative, après que l'employeur aura été appelé à fournir ses explications. Il en sera de même dans le cas où l'engagé aurait à se plaindre de mauvais traitements, sévices ou brutalités de la part de l'employeur.

Art. 9. — Pourra être également annulé par décision administrative tout contrat inexécuté, à moins que cette inexécution ne provienne du fait de l'employé, dans les conditions prévues dans les articles 14, 16 et 17 ci-après et que l'employeur n'ait prévenu l'administration, comme il est indiqué en l'art. 24 du présent décret. Cette disposition est applicable aux contrats passés antérieurement au présent décret

Art. 10. — Le présent règlement ne rend le travail obligatoire que pour les individus du sexe masculin, mais il laisse aux employeurs toute latitude pour utiliser les femmes dans les travaux qu'ils croiront pouvoir leur confier. Les employeurs, dans ce cas, devront se conformer aux obligations stipulées dans les articles 23, 26, 27 et 28 ci-après. Le contrat sera résilié de plein droit pour cause de grossesse ou de maternité. La rupture ou son inexécution ne seront sanctionnées que d'après le droit commun, à l'exclusion, notamment, des dispositions pénales du présent décret.

TITRE III

Des avantages faits aux employés d'européens.

Art. 11. — Les indigènes ayant contracté avec des colons européens ou assimilés, ainsi qu'avec les services publics un engagement d'au moins un an, seront dispensés, pendant la durée du contrat, de la moitié de leurs prestations. La moitié restant à fournir pourra l'être en nature ou en argent. Dans ce cas, la somme à payer par chaque engagé ne pourra dépasser 15 francs, quel que soit le taux officiel du rachat.

Si, toutefois, l'administration manquait de main-d'œuvre pour l'exécution des travaux publics, le Gouverneur général pourra prescrire, par arrêté, que les indigènes engagés fourniront exclusivement en nature les prestations dont ils demeurent redevables. Dans ce cas, l'administration s'entendra, autant que possible, avec les employeurs pour que les appels aient lieu par fractions.

Seront admis au bénéfice de l'exemption dans les conditions ci-dessus indiquées les domestiques des européens ou assimilés, jusqu'à concurrence de six par famille. Les fonctionnaires indigènes titulaires de leur emploi, en vertu d'une décision ou arrêté pris par le Gouverneur général ou approuvé par lui, sont entièrement exemptés de prestations.

Le bénéfice de l'exemption est aussi accordé aux instituteurs publics ou privés, ainsi qu'aux élèves de certaines écoles, dans les conditions indiquées par l'arrêté du 16 avril 1899 ou les arrêtés subséquents sur la matière.

Art. 12. — En ce qui concerne les exploitations agricoles, les journaliers engagés dans les conditions de durée ci-dessus spécifiées seront exemptés de la totalité des prestations jusqu'à concurrence de deux ouvriers par hectare cultivé, les engagés en surplus restant soumis à l'obligation de fournir la moitié de leurs prestations dans les conditions énoncées dans l'article précédent. Seront considérées comme exploitation agricoles, les plantations forestières pendant les trois premières année de leur établissement, à condition que le nombre des arbres atteigne 400 à l'hectare.

Aucune des exemptions prévues dans les art. 11 et 12 ci-dessus n'est applicable aux conventions pour fermage ou colonage partiaire prévues à l'art. 3 du présent décret.

Le nombre total des exemptions accordées par province ne pourra dépasser les 4/5e du chiffre des redevables. Lorsque ce nombre sera atteint, il sera fait mention sur les contrats enregistrés dans la suite que l'engagé ne bénéficie pas de l'exemption de la moitié des prestations. L'attention de l'intéressé devra être attirée sur ce point par les fonctionnaires chargés de viser les contrats.

TITRE IV

Des obligations des employés.

ART. 13. — Le contrat entraîne pour l'employé l'obligation de travailler pour l'employeur jusqu'à résiliation ou fin de l'engagement.

L'engagement n'est réputé accompli et le travailleur ne peut obtenir son congé d'acquit qu'autant que les journées d'absence illégale auront été compensées.

ART. 14. — Tout engagé qui ne prend pas son travail ou qui l'abandonne après l'avoir commencé est en état d'absence.

L'absence est, suivant le cas, légale ou illégale.

ART. 15. — L'absence légale est celle qui se produit :
1° Avec l'autorisation de l'employeur ;
2 En cas de force majeure ;
3° Pour cause de maladie ;
4° Pour obéir aux ordres, citations ou mandements de la justice ou des autorités locales.

L'absence est illégale dans tout autre cas.

Chaque journée d'absence légale entraine de plein droit la perte du salaire et des vivres de la journée. Toutefois, lorsqu'elle a lieu pour cause de maladie, les vivres continueront à être alloués si leur fourniture est prévue dans le contrat.

ART. 16. — Tout engagé qui s'absente illégalement plus de cinq jours est en état de désertion.

Art. 17. — Tout employé en état de désertion depuis plus de vingt jours est réputé en état de vagabondage.

Art. 18. — L'absence illégale, la désertion, le vagabondage des engagés seront poursuivis et punis conformément aux dispositions des articles 30, 31 et 32 ci-après.

Art. 19. — L'engagé coupable d'une première infraction pourra simplement être ramené chez l'engagiste, sans autre poursuite judiciaire si celui-ci le désire.

Art. 20. — L'engagé est tenu de présenter mensuellement son livret à l'employer pour que celui-ci y porte les mentions indiquées à l'article 21 ci-après.

TITRE V

Obligations de l'employeur.

Art. 21. — Le livret de l'employé devra être visé dans les six premiers jours du mois par l'employeur qui, sauf le cas de force majeure, est tenu de constater ainsi la présence de l'employé à son service.

Si, par la faute de l'employeur, le livret n'est pas tenu à jour de manière à constater l'exécution des conventions par l'employé, l'employeur ne pourra invoquer contre l'engagé l'application des dispositions du présent décret en cas de rupture du contrat par ledit engagé.

Art. 22. — A l'expiration du contrat, l'employeur sera tenu de porter sur le livret le congé d'acquit de l'employé ; à défaut l'inscription sera opérée d'office par les autorités locales.

Art. 23. — L'employeur est tenu, sauf le cas de force majeure, de régler, au plus tard, dans les six premiers jours de chaque mois les salaires de ses employés, de leur fournir les allocations en nature prévues dans le contrat. A défaut, le contrat pourra être résilié par décision administrative, à la demande de l'employé comme il est dit à l'article 8 ci-dessus.

Art. 24. — Tout employeur dont les employés bénéficient des exemptions de prestations mentionnées dans les articles 11 et 12 ci-dessus, devra en cas d'inexécution ou de rupture du contrat d'engagement par l'employé, aviser l'administration dans le délai de huitaine de la constatation de l'inexécution ou de la rupture. L'employeur sera passible, à défaut des peines indiquées à l'article 33 ci-après, et le contrat pourra être annulé. Ces peines seront également applicables à l'employé, dans les mêmes conditions, si toutefois il n'est poursuivi en vertu de l'article 18 ci-dessus.

Art. 25. — Les employeurs seront responsables vis-à-vis de l'administration du payement de la taxe personnelle due par leurs employés ainsi que du prix de rachat de la prestation ou de la fourniture en nature, dans les conditions prévues aux articles 11 et 12.

Les redevances en argent ci-dessus stipulées seront exigibles par douzièmes.

Art. 26. — Au cas où l'entrepreneur se sera engagé à fournir le logement, celui-ci devra présenter des conditions d'hygiène et de salubrité telles que la santé de l'employé ne puisse en souffrir.

Art. 27. — Dans les exploitations comptant plus de vingt-cinq ouvriers, l'employeur devra leur assurer les soins médicaux. Dans les localités dépourvues de médecin européen ou indigène, cette obligation sera limitée à la fourniture des médicaments usuels.

Art. 28. — L'employeur ne pourra exiger de l'employé plus de dix heures de travail par jour ouvrable, conformément aux termes du § 2 de l'article 5 ci-dessus. Toutefois, si les nécessités d'une entreprise spéciale l'exigent, des accords particuliers pourront être établis entre employeurs et employés, en ce qui concerne les heures de travail supplémentaire, qui seront l'objet d'un salaire également supplémentaire.

Art. 29. — Aucune retenue ne peut être opérée sur les salaires des engagés, si ce n'est dans les cas suivants et dans les conditions stipulées ci-dessous :

1° Remboursement des amendes, frais de justice, des impôts acquittés par les employeurs aux lieu et place des employés, remboursement des amendes ou frais de justice encourus par les engagés et dont les maîtres auraient été déclarés civilement responsables ;

2º Pour les journées d'absence légale ou illégale ;

3º Pour le remboursement des avances en argent ou des rations reçues en avance ;

4º Pour le payement des dommages auxquels l'employé peut avoir été condamné envers l'employeur pour perte d'outils, dégâts sur la propriété, etc.

Les susdites retenues ne pourront s'effectuer qu'à raison du tiers du salaire acquis pendant le mois.

TITRE VI

Dispositions générales. — Pénalités.

Art. 30. — Tout indigène qui ne pourra justifier de ressources suffisantes ou d'un travail habituel dans les conditions prévues dans l'article premier et le § 1er de l'article 2 du présent décret sera réputé vagabond et passible, comme tel, d'une peine de 15 à 100 francs d'amende et de un mois à six mois de prison ou de l'une de ces deux peines seulement.

Sera passible des mêmes peines l'employé déserteur réputé vagabond en vertu de l'article 17 du présent décret.

Art. 31. — Tout engagé coupable de désertion dans les conditions indiquées par l'article 16 ci-dessus, ainsi que tout indigène non muni de livret ou dont le livret ne sera pas à jour, si la responsabilité de ce fait est établie à sa charge, sera passible d'une peine de 5 à 15 francs d'amende et de huit jours à un mois de prison ou de l'une de ces deux peines seulement.

Art. 32. — Tout engagé s'étant absenté illégalement sera passible d'une retenue de salaire calculée d'après le double des journées d'absence. Cette retenue pourra être attribuée à l'employeur à titre de dommages-intérêts.

Art. 33. — Toute omission ou inexactitude dans les déclarations d'inexécution ou de rupture de contrats prévue en l'article 24 du présent décret sera punie d'une amende de 15 à 100 francs, sauf le cas où le contrevenant pourra établir sa bonne foi.

Art. 34. — Lorsqu'un engagement aura été concerté entre

deux parties sans intention sérieuse de s'obliger, en vue d'échapper aux obligations de la loi du travail, ou de s'assurer frauduleusement le bénéfice des avantages attachés par le présent décret aux contrats d'engagement, les parties contractantes seront punies d'un emprisonnement d'un mois à un an et d'une amende de 100 à 500 francs ou de l'une de ces deux peines seulement ; sera notamment passible de ces deux peines tout individu convaincu de fausse déclaration, délivrance de certificats de complaisance ou de pièces illégales, délivrance abusive de livret ou de toute autre manœuvre frauduleuse commise dans le but ci-dessus indiqué.

Art. 35. — Quiconque, par dons, menaces ou mauvais conseils, aura déterminé ou excité des gens de travail à abandonner, pendant le cours de leur engagement, l'exploitation ou l'atelier auquel ils étaient attachés, sera puni d'un emprisonnement de trois mois à un an et d'une amende de 50 à 250 francs ou de l'une de ces deux peines seulement.

Art. 36.— Les amendes et frais de justice dus à l'occasion des condamnations prononcées en vertu du présent décret pourront être convertis en journées de travail au compte de la colonie à raison de 1 franc par jour.

Art. 37. — Toutes les infractions au présent décret commises par des indigènes, ainsi que les contestations survenues à l'occasion de l'exécution des contrats y mentionnés, seront jugées par l'autorité administrative.

Art. 38. Tout employeur demeure libre de passer des contrats d'engagement en dehors des prescriptions et formalités du présent décret. Mais ces contrats ne donneront pas lieu à l'exemption des prestations et seront uniquement sanctionnés par les voies et moyens de droit commun.

BIBLIOGRAPHIE

Malouet. — *Mémoire sur l'esclavage des nègres,* dans lequel on discute les motifs proposés pour leur affranchissement, ceux qui s'y opposent et les moyens praticables pour améliorer leur sort. Neuchâtel, 1788.

Rochon. — *Voyage à Madagascar et aux Indes orientales* par M. l'abbé Rochon, de l'Académie des sciences de Paris et de Pétersbourg, 1791.

Souchu de Rennefort. — *Relation du premier voyage de la Compagnie des Indes orientales en l'Isle de Madagascar ou Dauphine.* Paris, 1668, Secrétaire de l'État de la France orientale,

De Flacourt. — *Histoire de la Grande Ile Madagascar,* composée par le sieur de Flacourt, directeur général de la Compagnie française de l'Orient, et commandant pour Sa Majesté dans la dite isle et isles adjacentes, M. DC, LVIII.

— *Relation de la Grande Isle Madagascar,* contenant ce qui s'est passé entre les François et les originaires de cette isle depuis l'an 1642 jusqu'en l'an 1655. Troyes, Nicolas-Oudot, 1661.

M. de V.... — *Voyages de Madagascar,* chez Jean-Luc. Nyon, 1722.

De Modave. — *Mémoire de M. de Modave.*

P. Luiz Mariano. — *Un voyage de découvertes sur les côtes occidentale et méridionale de l'île de Madagascar en 1613-1614.* Relation traduite et résumée par M. A Grandidier, membre de l'Institut. *Bulletin de Madagascar,* 4e année, Fle. XII, du 5 décembre 1898, Paris.

Benyowsky. — *Voyages et mémoires de Maurice Auguste, comte de Benyoswsky, gouverneur des établissements de Madagascar*, contenant les détails de l'établissement qu'il fut chargé, par le ministère français, de former à Madagascar, Paris, F. Buisson, 1791.

	Lot d'Andrianampoinimerina	Affaires indigènes Malgache	Tananarive	Archives de l'ancien gouvernement
Code de Ranavalona Ire	1828	—	—	—
— Radama II	1862	—	—	—
— Rasoherina	1863	—	—	—
— Ranavalona II	1868	—	—	—
— Ranavalona III	1881 dit Code des 305 articles	—		

Jacques de Lasalle. — *Mémoire sur Madagascar*, de Jacques de Lasalle (1797), extrait des archives de Sainte-Marie (de Madagascar) et annoté par M. A. Jully, adjoint au directeur des travaux publics, p, 555, 17e livraison, 3e volume, notes, reconnaissances et explorations, 31 mai 1898, Imprimerie officielle de Tananarive.

Jully. — *Les Immigrations arabes à Madagascar*, par M. A. Jully, adjoint au Directeur des travaux publics, p. 438, 16e livraison, 3e v. Notes, R. et E. 30 Juillet 1898, Imprimerie Of. de Tananarive.

— *Documents historiques*, par M. A. Jully, p. 890, 19e liv., 4e v. N. R. et E., 31 juillet 1898, Imp. Of. de Tananarive.

— *L'habitation à Madagascar* (notes) par M. A. Jully, p. 899, 19e livraison. N. R. et E.

— *Notes sur Robin*, par M. A. Jully, p. 511, 17e livraison, 31 mai 1898. N., R. et E.

A. Duchesne. — *Les lois malgaches de 1868*, par M. Albert Duchesne, procureur général p. i. près la Cour d'appel de Tananarive, chef du service judiciaire, p. 597, 17e livraison, N., R. et E., 31 mai 1898.

A. Grandidier. — *Les Hova*, par M. Alfred Grandidier, membre de l'Institut, président d'honneur du Comité de Madagascar, p. 113, *Bulletin du Comité de Madagascar*, 1re année, fascicule 3, juin 1895. Paris.

A. Grandidier. — *Histoire physique, naturelle et politique de Madagascar*, par M. A. Grandidier.

— *La fortune des Malgaches*, par M. A. Grandidier, p. 15, *Bulletin du Comité de Madagascar*, 2ᵉ année, fascicule 7 et p. 77, Fˡᵉ 8, juillet et août 1896.

Oliver (Samuel Pasfield). — *Madagascar Or, Robert Drury's Journal.... Edited...* by Pasfield Oliver 1890.

— *Madagascar and the Malagasy. Day and son :* London (1868).

Samuel Coptand. — *A History of the island of Madagascar.*

Antananarivo Annuar. — Publié à Tananarive par *la London Missionary Sociéty.*

William Ellis. — *History of Madagascar.*

R. P. de Lavaissière. — *Vingt ans à Madagascar*, d'après les notes du P. Abinal et de plusieurs autres missionnaires de la Cⁱᵉ de Jésus. p.p. vii, 363, Paris, 1885.

Jean Carol. — *Au pays rouge, chez les Hovas*, 1898. Paris. Ollendorf.

Martineau. — Etude de politique contemporaine. Madagascar en 1894.

Robert Dumeray. — Boutou Kely. *Revue des Deux-Mondes*, LXVᵉ année, 4ᵉ période, t. CXXIX. 1ʳᵉ livraison, p. 163. *Souvenirs de la vie malgache*, 1ᵉʳ mai 1895.

Le Correspondant. — Relation de M. de Mandat Grancey, officier de la marine française, en station à Madagascar. Nº du Correspondant en date du 10 mars 1890.

Documents Officiels. — Livre Jaune, distribué par le Gouvernement au moment de la rentrée des Chambres après les premières affaires de Madagascar, p. 71, *Bulletin du Comité de Madagascar*, Fˡᵉ ii, 2ᵉ année, février 1896. *Journal Officiel* de la République Française.

— L'interpellation du 19 mars 1896. *Journal Officiel* de la République Française et p. 177, fascicule 4, 2ᵉ année. avril 1896. *Bulletin du Comité de Madagascar*, p. 261, fascicule 5 même année.

« L'Avenir de Madagascar ». — Journal de la colonie, n° du 25 mars 1896.

« Le Courrier de Madagascar ». — Journal de la colonie n° du 31 mars 1896.

Le « Temps ». N° du 14 juillet 1896.

Bénévent. — *Etude sur le Bouéni*, par M. Bénévent, interprète de la province de Majunga, p. 355, liv. 6e et p. 49. liv, 7e. Notes, R. et E. des 30 juin, 31 juillet 1897. Tananarive.

Dr Merleau-Ponty. — *Le Pays Sihanaka*, par le Dr Merleau-Ponty, médecin du poste d'Ambatondrazaka, p. 344, 6e livraison, Notes R. et E. du 30 juin 1897.

Dr Besson. — *Etude ethnologique sur les Betsiléos*, par M. le docteur Besson, administrateur en chef de Fianarantsoa. p. 538, livraison 12e. Notes, R. et E. du 31 décembre 1897.

Lt Vallier. — *Etude ethnologique sur les Bezanozanos*, par M. Vallier, lieutenant-chancelier du Cercle de Moramanga, p. 65, livraison 13e, N., R. E. 31 juillet 1898.

Lt Vallier. — *Recherches sur l'origine ethnique des Bezanozanos*, par M. Vallier. *Journal Officiel de Madagascar et Dépendances*, p. 2447 et suivantes, nos .304, 305, 307 et 308. 15e année. N. S. en date de septembre 1898.

Gautier. — *Notes d'histoire malgache*, par M. Gautier, directeur de l'enseignement à Madagascar, p. 294, livraison 15e, N., R. et E. du 31 mars 1898. Tananarive.

— *Atlas de l'Imbongo*, par M. Gautier, p. 1,379, liv 23e, N., R. et E. du 30 novembre 1898.

— *L'enseignement à Madagascar*, par M. Gautier, p. 517, livraison 17e. N., R. et E. du 31 mai 1898.

Lt Lefebvre. — *Les Mandiavatos*, par M. le lieutenant Lefebvre, p. 862, livraison 19e, N , R, et E. 31 juillet 1898.

— *Le Cercle d'Anjozorobé au Pays des Mandiavatos*, par M. le lieutenant Lefebvre, p. 1.397, livraison 23e. N., R, et E. du 30 novembre 1898.

L. Huot. — Vasanga. *Etude mœurs malgaches* avec préface de Paul Vigné (d'Octon) 1898. Paris, Société d'éditions littéraires.

Bulletin du Comité de Madagascar. — *Discours de M. Grandidier* mars 1895, 1re année, Fle 1, p. 5. Paris.

— *Les Vœux de Madagascar*, mars 1896, 2e année, Fle III, p. 128.

— *Question de l'esclavage*, juillet 1896, 2e année, Fle VII, p. 24.

— *Le Voyage de la Reine Rasoherina à la Côte en 1867*, p. 594.

Fle V, 3e année, novembre 1897 ; Fle IV, 4e année, avril 1898 ; Fle I, 5e année, janvier 1899 ; Fle II, 5e année, février 1899.

— *Ny Gazety Malagasy*, journal officiel de Madagascar et de ses dépendances. Nouvelle série, 13e année.

De Villèle. — *Etude sur les Antaimoro*, par M. de Villèle, garde principal de milice. *Journal Officiel de Madagascar et Dépendances*, p. 2.614, 15e année, n° 321, du 29 octobre 1898.

Journal Officiel de Madagascar et Dépendances. Tananarive :

— 5 juillet 1898, n° 271, p. 2.109 et n° 273, p. 2.126. — Le droit coutumier malgache. Droit coutumier hova.

— 19 juillet 1898, n° 277, p. 2.166. — Le droit coutumier malgache. Droit coutumier des Sakalaves de l'intérieur.

— 2 août 1898, n° 283, p. 2.246. — Le droit coutumier malgache. Droit coutumier des Sakalaves de la côte.

— 30 août 1898, n° 295, p. 2.357. — Cérémonie indigène de l'Isotra, au camp de Tranombaliny, sur la Mahela (route de Tamatave à Tananarive.)

— 12 avril 1898, n° 234, p. 1.715. — Le droit coutumier Betsimisaraka.

— 14 avril 1898, n° 235, p. 1.720. — Le droit coutumier dans le secteur de Vohilena.

— 3 mai 1898, n° 243, p. 1.805. — Le droit coutumier dans la province de Farafangana.

Journal de Madagascar et dépendances, 5 mai 1898, n° 244, p. 1.813. — Le droit coutumier chez les Sihanakas.

— 9 août 1898, n° 286, p. 2.269. — Mœurs et coutumes des Bara-Bé.

— 4 novembre 1897, n° 166, p. 1.109. — Arrêté 1 088 réglementant le travail des indigènes de la province de Nossi-Bé.

— 10 février 1898, n° 208, p. 1.477. — Arrêté 1.394 portant réglementation du travail des indigènes dans le cercle annexe de Fort-Dauphin.

— 5 mars 1898, n° 218, p. 1.565. — Arrêté 1.456 réglementant le travail des indigènes dans la province de Maroantsetra.

— 22 septembre 1898, n° 305, p, 2.455. — Arrêté réglementant le travail des indigènes dans la province de Tulléar.

— 31 août 1897, n° 138, p. 849. — Arrêté 922 réglementant la main-d'œuvre dans la province de Majunga.

— 31 août 1897, n° 138, p. 849. — Arrêté 923 fixant la main-d'œuvre des indigènes dans la province de Farafangane.

— 7 septembre 1897, n° 141, p. 873. — Arrêté 933 réglementant le travail des indigènes dans la province de Mananjary.

— 16 septembre 1897, n° 145, p. 620. — Arrêté 973 réglementant le travail des indigènes dans la province de Vohémar.

— 22 avril 1899, n° 392, p. 3.245. — Projet de décret réglementant le travail des indigènes en Imerina.

Annuaires des arrêtés pris à Madagascar. Imprimerie officielle. Tananarive 1896, 1897, 1898, 1899.

Journal Officiel de la République française. Rapport d'ensemble du général Galliéni sur la situation générale de Madagascar, p. 2.991 et suivantes, n° du 6 mai 1899 et suivants. De l'affranchissement des Esclaves. Conséquences.

Exposé du patronage des esclaves dans les Colonies françaises, imprimé par ordre du ministre, secrétaire d'État de la marine et des colonies, 1844. Edit. de 1685 ou Code Noir. Lettres patentes de 1723.

DE CLERCQ. — *Recueil des traités de la France* : Traité de paix et de commerce conclu à Tananarive le 8 août 1868 entre la France et Madagascar. Acte général de la conférence de Bruxelles pour la répression de la traite, du 2 juillet 1890. Paris A. Durand et Pedome-Lauriel.

VALLON. — *Histoire de l'esclavage dans l'antiquité*, Paris, Imprimerie Royale, 1847.

Charles DUPUIS. - *De l'esclavage. Dictionnaire d'économie politique.*

Ed. BIOT. — *Mémoire d'Ed. Biot* (condition des esclaves et des serviteurs gagés en Chine) *Journal asiatique*, mars 1837.

DICTIONNAIRE DE LA GRANDE ENCYCLOPÉDIE. — Esclavage.

Paul LEROY-BEAULIEU. — *De la Colonisation chez les Peuples modernes* 1886.

Guide de l'Immigrant à Madagascar, publié par la colonie avec le concours du Comité de Madagascar. Tome III. Législation. Armand Colin et Cie 1899.

Bulletins du Comité de Madagascar. Paris. 1895 :
— 1895, 1re année. F^{les} 1 et 3.
— 1896, 2e année. F^{les} 2, 3, 4, 5, 6, 7 et 8.
— 1897, 3e année. F^{les} 5 et 6.
— 1898, 4e année. F^{les} 4, 6, 8, 10, 11, 12.
— 1899, 5e année. F^{les} 1 et 2.

Notes, reconnaissances et explorations. *Revue mensuelle* ; Imprimerie officielle. Tananarive 1897 et 1898. Livraisons 6e, 7e, 8e, 9e, 10e, 11e, 12e de 1897. Livraisons 13e, 15e, 16e, 17e, 18e, 19e, 22e, 23e de 1898.

Journal Officiel de Madagascar et Dépendances. Imprimerie officielle à Tananarive.

Journal de Madagascar et dépendances. Année 1897, numéros 138, 141, 145, 152, 153, 158, 160, 166, 167, 169, 171, 172, 187.

— Année 1898, numéros 200, 201, 208, 214, 218, 220, 225, 234, 235, 237, 243, 244, 256, 265, 271, 273, 274, 277, 283, 286, 295, 296, 299, 300, 302, 304, 305, 307, 303, 310, 317 321, 324, 333, 335, 336, 337.

— Année 1899, numéros 377, 383, 392

TABLE DES MATIÈRES

                                                  Pages.

INTRODUCTION 1

CHAPITRE PREMIER

Origine historique des esclaves à Madagascar.............. 9

   I   Comment on devient esclave ; sources diverses.......... 9
          a) Conquête.. 10
          b) Hérédité... 21
          c) Pénalités, esclavage pour dettes.................. 22
          d) Importation.. 43
   II. Différentes castes d'esclaves........................ 44
          a) De la société malgache............................. 44
          b) Différentes castes d'esclaves 46

CHAPITRE II

Situation de l'esclave dans la société Malgache.............. 61

   I.   L'esclave et la religion 61
   II. Devoirs de l'esclave envers le maître. Dépendance et obligations ; de la vente des esclaves..................... 72
   III. Droits de famille et de propriété 79
          a) Famille : naissance, paternité, filiation, minorité, tutelle.. 80
             Mariage... 84
             Adoption.. 92
             Décès... 96

		Pages
	b) Propriété : des biens de l'esclave, du pécule........	96
	De sa capacité ; contrats et obligations...	99
	Transmission de la propriété, succession, rejet..............................	100
IV.	Dispositions pénales favorables et défavorables à l'esclave	104
	a) Dispositions favorables..........................	104
	b) Dispositions défavorables........................	105
V.	Devoirs de l'esclave envers l'État....................	107

CHAPITRE III

De l'affranchissement.................................. 111

- I. Modes d'affranchissement........................... 111
  - *a)* Du rachat..................................... 112
  - *b)* De l'affranchissement verbal.................... 114
  - *c)* De l'affranchissement par testament............... 115
- II. Effets de l'affranchissement ; de la situation civile et politique de l'affranchi................................ 116
  - *a)* Des catégories d'affranchis...................... 116
  - *b)* Des obligations de l'affranchi envers l'État........ 118
    - 1º Service militaire 118
    - 2º Impôt, corvée, recensement................... 119
- III. Procédure de l'affranchissement...................... 123

CHAPITRE IV

Du commerce des esclaves et de la traite.................... 129

- I. Historique et progrès de la traite..................... 130
- II. De la politique anglaise et de la politique française en vue d'arrêter les progrès de la traite..................... 137
- III. Des mesures prises par M. le général Galliéni, pour réprimer la traite ; valeur marchande de l'esclave..... 146
  - *a)* De la vente des esclaves, répression de la spéculation 150
  - *b)* Valeur marchande............................ 154
  - *c)* Mesures prises par le gouverneur général 157

CHAPITRE V

De l'abolition de l'esclavage 161

   I. Des tentatives d'abolition de l'esclavage et de libération des esclaves avant l'occupation française............. 161

   II. Des mesures prises à l'effet d'abolir l'esclavage après la conquête... 165

   III. Arrêté du 26 septembre 1896........................... 170

CHAPITRE VI

Conséquences de l'abolition de l'esclavage 175

   I. Conséquences politiques................................ 175
      a) Réveil et répression de l'insurrection de 1896....... 175
      b) Institution de l'état-civil ; répartition de la population ; nomination des chefs de 1,000, de 500 et de 100... 181

   II. Conséquences économiques............................. 185
      a) Rapports nouveaux établis entre les maîtres et les libérés 185
      b) Mesures prises pour éviter l'abandon des champs et la demeure de maître 189

CHAPITRE VII

De l'organisation du travail................................... 193

   I. Arrêté n° 250 réglementant le travail des indigènes dans la province de l'Imérina ; des arrêtés provinciaux...... 194
      a) Des catégories de travailleurs..................... 194
      b) Des modes de délivrance des pièces d'identité...... 195
      c) De la photographie du titulaire................... 197
      d) Des conditions du travail 198
      e) Obligations réciproques de l'employeur et de l'employé 200
      f) du vagabondage.................................. 203
      g) Du travail des femmes........................... 203
      h) Utilité de l'arrêté 250 204

   II. Projet de décret portant réorganisation du travail dans la province de l'Imérina.................................. 206

		Pages.
	Conclusion..	215
	Documents annexes...	227
I.	Extraits du Code des 305 articles de Ranavalonamaujaka III	227
II.	Loi déclarant Madagascar et les îles qui en dépendent colonie française...	231
III.	Arrêté promulguant la loi du 6 août 1896, déclarant Madagascar et les îles qui en dépendent colonie française..	232
IV.	Arrêté proclamant l'abolition de l'esclavage à Madagascar	232
V.	Proclamation du 15 octobre 1896 de Rasanjy faisant fonctions de premier ministre et de commandant en chef, au sujet de la constitution des registres de l'état-civil pour les libérés..	234
VI.	Proclamation du octobre 1896 de Rasanjy, ordonnant la répartition des libérés par classement de 1.000 et de 100	234
VII.	Proclamation du 2 novembre 1896 de Rasanjy au sujet des nouveaux hommes libres...........................	235
VIII.	Extrait d'arrêt portant condamnation pour faits de traite	236
IX.	Arrêté n° 69 au sujet des prestations des indigènes.....	237
X.	Arrêté du 22 juin 1896 fixant la valeur de la journée de travail	241
XI.	Note circulaire n° 91, nommant la commission chargée d'élaborer un projet de réglementation de la main d'œuvre et d'organisation du travail.................	241
XII.	Arrêté n° 250 réglementant le travail des indigènes.....	243
XIII.	Arrêté n° 922 réglementant le travail dans la province de Majunga...	249
XIV.	Arrêté n° 973 réglementant le travail dans la province de Vohémar...	250
XV.	Arrêté du 25 février 1899, nommant la commission chargée d'élaborer un projet de décret de réorganisation du travail	254
XVI.	Nouveau projet de réglementation de la main d'œuvre..	255
	Bibliographie...	265

Ar. ROUSSEAU, Imprimeur-Éditeur. — Paris.

Arthur ROUSSEAU, Éditeur, 14, Rue Soufflot, Paris.

EXTRAIT DU CATALOGUE GÉNÉRAL

ASSER (T.-M.-C.), *conseil du Ministère des affaires étrangères du royaume des Pays-Bas, avocat, professeur à l'Université d'Amsterdam.* **Éléments de droit international privé ou du conflit des lois**. Droit civil. — Procédure. — Droit commercial. — Ouvrage traduit, complété et annoté par M. Alphonse Rivier, *professeur à l'Université de Bruxelles*, 1884, in-8 .... 8 fr.

BONFILS (Henry), *professeur à la Faculté de droit de Toulouse*. — **Manuel de Droit international public** (Droit des gens). 2ᵉ édition, revue et mise au courant par M. Paul Fauchille, *directeur de la Revue de Droit international public*. 1898, 1 vol. in-8 .... 12 fr.

CALVO (Carlos), *ancien ministre, membre correspondant de l'Académie des sciences morales et politiques et de l'Institut de France, de l'Académie royale d'histoire de Madrid, fondateur de l'Institut du Droit international, etc.* — **Le Droit international théorique et pratique**, précédé d'un exposé historique des progrès de la science du Droit des gens, 5ᵉ édition revue et complétée par un supplément. 1896. 6 vol. gr. in-8 .... 90 fr.
  Tome VI. — *Supplément seul*. 1896, gr. in-8 .... 15 fr.
— **Manuel de Droit international public et privé**, conforme au programme des Facultés de Droit, 3ᵉ édition, 1892, in-18 .... 7 fr.
— **Dictionnaire de Droit international public et privé**. 1885, 2 vol. gr. in-8 .... 50 fr.
— **Dictionnaire manuel de Diplomatie et de Droit international public et privé**. 1885, gr. in-8 .... 25 fr.

CHAUVEAU (M.-L.), *agrégé des Facultés de Droit, professeur à l'École de Droit d'Alger*. — **Le Droit des gens ou Droit international public**. Introduction. Notions générales. Historique. Méthode, 1892, in-8 .... 4 fr.

CHOUBLIER (Max), *docteur en Droit, avocat à la Cour d'appel*. — **La question d'Orient depuis le traité de Berlin** (Étude d'histoire diplomatique). 1899, 2ᵉ édit., 1 vol. in-8 .... 7 fr. 50

HOLTZENDORFF (Franz de), *professeur à l'Université de Munich*. Trad. de l'allemand par M. Zographos, *docteur en Droit*. — **Éléments de Droit international public**. 1881, in-8 .... 5 fr.

MONICAULT (de), *docteur en Droit*. — **La Question d'Orient. Le traité de Paris et ses suites** (1856-1874). 1898, in-8 .... 7 fr.

PILLET (A.), *professeur agrégé à la Faculté de Droit de Paris*. — **Les lois actuelles de la guerre**. 1898, 1 vol. in-8 .... 8 fr.

RIVIER (A.), *professeur à l'Université de Bruxelles*. — **Principes du Droit des gens**. 1896. 2 vol. in-8 .... 25 fr.

SURVILLE (F.) et ARTHUYS, *professeurs à la Faculté de Droit de Poitiers*. — **Cours élémentaire de Droit international privé**, conforme au programme des Facultés de Droit. Droit civil. Procédure. Droit commercial. 2ᵉ édit. 1895, gr. in-18 .... 8 fr.

www.ingramcontent.com/pod-product-compliance
Lightning Source LLC
Chambersburg PA
CBHW070737170426
43200CB00007B/559